図書館と読書の

原風景を求めて

小川 徹　奥泉和久　小黒浩司

青弓社

館外閲覧票

昭和　年　月　日

請求番号		著者名	
		書名	
帯出証番号		氏名	性別　男・女　年齢　　　才
住所			
職業		中 学 生,　　　高 校 生（大学浪人を含める）,　　　大 学 生 （研究生ゎ各種学生生徒を含める）,　　　工・鉱 業, 農・水産業,　　　商・交通・通信業,　　　教育文化関係, 公 務 員,　　　その他の職業,　　　無 職,　　　主 婦	

☆該当する事項を○でかこんで下さい。
☆この票は閲覧係にブック・カード，帯
　出証，入館票と一緒にお出し下さい。

青弓市図書館

図書館と読書の原風景を求めて　　目次

まえがき　　　　　　　　　　　　　　　　　　　　　　　　小黒浩司　13

第1篇　古代日本図書館史考

小川　徹

第1章　聖徳太子　　　　　　　　　　　　　　　　　　　18
——著作者として姿を現した最初の人物、その書斎は最古の図書館

1　隋の皇帝の叱声　19

2　太子、斑鳩に移り住む　21

3　斑鳩宮での勉学　26

4　書物の流転　27

第2章　図書寮について　　　　　　　　　　　　　　　　31

1　経籍について　33

2　図書について　34

第3章　大宰府の書殿　　　　　　　　　　　　　　　　　37

第4章　芸亭一考　　　　　　　　　　　　　　　　　　　41

1　石上宅嗣のこと　41

2 芸亭を作る 43

3 芸亭設置の時期 45

4 芸亭の意義 46

第5章 東大寺のこと 49

1 華厳別供、もしくは華厳供所 49

2 図書館としての役割をもつ経蔵 51

第6章 古代における「司書」の姿
―― 東大寺学僧・智憬に及ぶ 54

1 経典の貸し出し・返却の担当者 55

2 東大寺華厳宗の学僧・智憬のこと 57

第7章 奈良時代の経典の貸し借り、所蔵の様子について 64

1 仏教の伝来、経典の到来、写経 64

2 所蔵された経典の貸し借りの様子など 66

3 寺院の経蔵について 68

4 蔵書家だった学僧、大安寺僧・審詳の場合 70

第2篇　経蔵考

小黒浩司

第1章　古代——校倉造の経蔵　　75

1　唐招提寺の経蔵　75

2　校倉造について　75

3　唐招提寺経蔵後方の滄海について　76

第2章　中世——鎌倉時代の経蔵　　78

1　中国における経典印刷　78

2　日宋間の交流　79

3　禅宗の伝来と新興宗派の興起　80

第3章　輪蔵　　82

1　経蔵内の排架　82

2　中国における輪蔵の登場　82

3　仏教の大衆化　83

4　信仰と営利　85

第4章　近世──日本における輪蔵　　　　　　　　　88

1　仏教の世俗化と輪蔵　88
2　経典印刷技術の向上　89
3　幕府の宗教政策　91
4　土蔵造の輪蔵　92

第5章　読書のかたち──『禅苑清規』にみる　　　　　95

1　『禅苑清規』とは　95
2　禅林での読書　95
3　再び信仰と営利について　97

第3篇　佐野友三郎補記と寸感
小川　徹

第1章　佐野友三郎「日本の公共図書館」　　　　　102

第2章　佐野友三郎は"reference"を「閲覧」と理解していた　　　　　109

| 第3章 | 佐野友三郎、台湾総督府在職中のこと | 116 |

| 第4章 | 佐野友三郎の辞世の句 | 118 |

| 第5章 | 余話ひとつ──「代読」 | 120 |

| 第6章 | 「佐野文夫文庫」補考 | 123 |

| 第7章 | 安曇青年会書籍館覚書 | 127 |

第4篇　図書館運動の諸相
──会員制図書館の系譜と展開
奥泉和久

| 序章 | | 132 |

1　会員制図書館の定義　133

2　先行研究　135

3　分析の視点　137

第1章　会員制図書館の概要　143

1　会員制図書館の類型:その1　143
2　会員制図書館の類型:その2——本篇での種別について　146

第2章　団体内に設置された図書館　150

1　団体による図書館運営　150
2　小学校同窓会・校友会図書館　152
3　地域・産業　155

第3章　住民有志による図書館運動　164

1　旧藩士による運動　164
2　小学校教員による運動　167
3　地方行政官の場合　169
4　地域の名望家の場合　170
5　個人会員の広がり　173

第4章　趣意書は何を物語るのか　185

1　趣意書作成の経緯　185
2　共同購入による書籍の共有　186
3　読書の効能　188

    4　資料の保存と継承　189

    5　教育環境の整備　191

第5章　図書館運動の展開　197

    1　図書館の運営と継承　197

    2　団体内に設置された図書館　200

    3　住民有志による図書館運営の状況　206

第5篇　日本におけるライブラリー・ビューロー製の図書館用品
——三井文庫所蔵の三井物産資料を中心に
小黒浩司

第1章　三井物産の経営の展開　228

第2章　LBとの代理店契約の締結　233

第3章　LBの岐路　236

| 第4章 | 代理店契約の更新 | 239 |

| 第5章 | 三井物産取扱のLB品目 | 243 |

| 第6章 | 幻の「日本ライブラリー・ビューロー」 | 249 |

| 第7章 | 代理店契約の解除 | 253 |

| 第8章 | 日本鋼鉄家具との関係 | 257 |

あとがき　　　　　　　　　　　　　　　　奥泉和久　261

索引　265

装丁——Malpu Design［清水良洋］

まえがき

小黒浩司

　この国の図書館文化史を振り返ると、2つの大きな画期の存在を指摘できる。

　まず6世紀後半から8世紀初頭にかけて、中国から（多くは朝鮮半島を経由して）文字や製紙技術を得た。記録すること、その記録を保存することが可能になり、また書物を介して儒仏の教えが伝来した。図書館と読書の歴史の起点である。

　次に、19世紀中頃から20世紀初頭に西洋の文化・文明を受容した。江戸時代以前とは大きく異なった欧米の諸制度のひとつとして「ライブラリー」が導入され、展開した。図書館と読書の歴史の一大転換点である。

　本書は、この2つの新しい時代に焦点を当てた小川徹、奥泉和久、小黒浩司の3人の論考を集めた。新時代を切り開いた人物や図書館の姿を、文字どおり「三者三様」に描いたものである。以下に、本書の成り立ちを簡単に述べる。

　2016年6月、小川、奥泉、小黒の3人は『人物でたどる日本の図書館の歴史』(1)（以下、『人物でたどる』と略記）を刊行した。その「おわりに」で小黒は、小川の「前近代の図書館史をまとめる」と奥泉の「近代の図書館を理解するための参考図書」という次なる計画がすでに動き始めていることにふれている。(2)

　この『人物でたどる』は本文660ページの巨冊だが、そのなかで小川の「佐野友三郎研究」は300ページを占めている。小川の佐野研究は『人物でたどる』の核であるとともに、小川の図書館史研究の代表作であることは間違いない。しかし、佐野研究は「小川図書館史」の一部であり、すべてではない。小川にとって『人物でたどる』はひとつの通過点で、到達点ではない。

　私たちとしても、小川にはここで立ち止まることなく引き続き斯学を先導してもらいたいという願いがあった。これだけの大作を書き上げたのだ

から、ここでひと休みというのが常識かもしれないが、後学のためにも「前近代史をまとめる」計画を実現してほしいと思った。そこで間髪を入れずに、新しい企画を起動させたのである。

　そのあと、小川が私たちに示した次作の構想は、古代を中心にしながら、中世から近世、さらに近代に及ぶものだった。小川は少しずつ原稿を書き進めていた。奥泉と小黒も、「近代の図書館を理解するための参考図書」の準備を始め、採録事項の候補の選定などを進めた。

　もっとも、この2つの企画はともに完成時期については特に明確な目標を定めていなかった。『人物でたどる』の結実には約10年の歳月を要していた。それを考えれば、5年や10年の長い時間をかけて煮詰めていくことになるだろうと思っていた。

　私たちはこれまで月に1回程度、当初は法政大学の小川研究室に、小川の退職後は同大の教員控室に集まり、とりとめのない「雑談」を繰り返してきた。『人物でたどる』もそのなかから生まれたものだ。この2つの計画も同様に、じっくりと進めていけばいいと考えていた。

　ところが1933年生まれの小川に、徐々に「老い」が現れてきた。足腰が衰え、歩行、特に階段の上り下りを苦手とするようになった。

　そこで2018年の夏から、小川の自宅に近い武蔵野プレイス内の喫茶店などに議論の場を移し、あわせて計画の見直しを図った。その結果、小川の論考の出版を優先して進め、2019年末の刊行を目標にし、小川の論考に奥泉と小黒の論考を加えた『人物でたどる』の続篇（本書）を作ることに決めた。

　小川の研究領域は大きく分けて2つある。1つは古代期であり、「図書寮と写経事業⁽³⁾」などの論文がある。もう1つは近代期であり、佐野研究のほかに「1920—30年代の農民運動と図書館⁽⁴⁾」などの論文がある。これら既発表作品に新たな論考を加えた著作集を編むのも一案である。しかし小川は書き下ろし作の集成を望み、本書に落ち着いた。本来の専攻である日本古代史の知見を生かした諸編をまとめたい（第1篇）、『人物でたどる』の佐野研究で論及しなかったこと、書かなかったことを補いたい（第3篇）、という小川の意向を尊重した。

　こうして私たちも再び小川に同行することになり、奥泉は以前から調査

を続けていた日本の「会員制図書館」に関する論文をまとめることになった（第4篇）。また、当初計画していた小川の著作集には小黒がコラム的な一文を寄せることになっていて、これが第2篇の原型になった。さらに全体の構成を考えて近代部分を増強することになり、書きかけの用品史の原稿をまとめた（第5篇）。

　本書は、以上のような経過で形作った。このため、『人物でたどる』では人物という共通した論点があったが、本書にはそうした軸に欠けている。文献表記などは統一化に努めたが、各篇（各章）で異なっている部分が少なくない。また年号表記については、近代部分は原則西暦、前近代部分は西暦（和暦）表記とした。しかし本書は旧暦と新暦、日本と中国に架橋する内容であるため、不整合の部分がある。ほかにも至らぬところが少なくないと思う。ご了承願いたい。

　文末になってしまったが、『人物でたどる』に続いて本書の出版には青弓社の矢野恵二氏にお世話になり、前著と同様にいろいろとご配慮いただいた。お礼を申し上げる。

2019年9月

注

（1）小川徹／奥泉和久／小黒浩司『人物でたどる日本の図書館の歴史』青弓社、2016年
（2）同書652―653ページ
（3）小川徹「図書寮と写経事業」、図書館史研究会編「図書館史研究」第1号、日外アソシエーツ、1984年、11―36ページ
（4）小川徹「1920―30年代の農民運動と図書館」、図書館史研究会編「図書館史研究」第10号、日外アソシエーツ、1994年、1―24ページ

第1篇　古代日本図書館史考

小川　徹

第1章　聖徳太子
──著作者として姿を現した最初の人物、その書斎は最古の図書館

はじめに

　ここでは、聖徳太子（以下、太子と略記）が人生の後半を過ごした斑鳩宮の書斎（private library）は、太子の私的な図書館といっていいのではないか、という推論を立てながら論考をすすめる。そのため太子についてふれるが、いうまでもなく太子についての文献は数知れずあり、その評価はさまざまである。私は関連文献のほんのわずかしか目を通していないため、あれこれいうことがはばかられることもある。この点についてはお許しいただきたい。

　まず、簡単に歴史について見ておこう。倭国は、5世紀は倭の五王といわれている讃（応神天皇あるいは仁徳天皇）、珍、済、興、武（雄略天皇）の時代であり、諸王は当時の中国の宋（420─479年）との間に交流があった。
　前述の五王のあと、北陸の豪族が大和の地に入り、この五王の血筋の女性を后に迎え、継体天皇として倭王の座につくことになる。その子孫が王位を継承し、安閑・宣化・欽明天皇と続く。宣化天皇のときに、蘇我氏が大臣になり、政治の中枢に姿を現す。
　欽明天皇のあと、その3人の子息が相次いで敏達天皇、用明天皇、崇峻天皇となるが、崇峻天皇は蘇我氏と対立し、蘇我馬子に暗殺された。
　592年、崇峻天皇の後を継いで、欽明天皇の息女で敏達天皇の皇后だった豊御食炊屋姫が即位して推古天皇となる。崇峻天皇の殺害、また推古天皇の即位をめぐってはさまざまな議論があるが、そのなかで、推古天皇は幼名が額田部皇女であり、その死後に与えられる諱は豊御食炊屋姫だった

ことについて注目する見方がある。なぜその名前になったのかが、問われるところである。額田部皇女と名乗っていたのは、この皇女の養育のために与えられた土地が額田部で、そこで働いてこの皇女に仕える人々が額田部氏だったからだろう。ではその死後、豊御食炊屋姫という諱が与えられたのはなぜなのだろうか。この名前の意味を確認すると、「とよみけ」は神に捧げる食事である。「かしきや」はそれを調理する炊事場である。そのような名前がつけられたのは、この皇女がその役割を果たしていたからだろう。言い換えれば、この皇女は神に仕える女性だったのである。ときに神がかりすることがあったのだろうかと、推察したくもなる。この女性が天皇になるということは、天皇の地位にいる者が、神に仕えることを指す。それは遠い昔の卑弥呼の再現にほかならない。つまり、そういう人物を天皇にしなければ、崇峻天皇殺害後の混乱を収めるにはほかに方法がなかったのではないのだろうか。

1　隋の皇帝の叱声

　翌593年（推古元年）、欽明天皇の子息・用明天皇の子である太子が蘇我馬子とともに王権を担う体制ができる。

　蘇我馬子は欽明天皇のときに、政権をサポートした蘇我稲目の子で、550年生まれの熟達した政治家だった。太子は574年生まれで、太子の妃の1人は馬子の娘だった。太子は、少なくとも最初の頃は何かにつけて馬子に相談し、その判断に従っていただろう。最後まで馬子とは親密な関係にあった。

　当時、朝鮮半島は新羅、百済、高句麗が互いに牽制しあっていて、緊張状態が続いていた。倭国は朝鮮半島の南端の任那に出先機関をもち、そこを自国の領土と見なす新羅とにらみあい、新羅と対立していた百済や高句麗と交流をもっていた。

　595年（推古3年）、高句麗の僧・慧慈を招いた。同じ年に百済の僧・慧聡が招かれて来朝した。彼らはともに太子の師となる。時期は不明だが、高句麗から外典の博士・覚哿が招かれている。太子はこれらの師から仏

教・儒学を学ぶとともに、アジアの国際情勢についての最新の情報を得たと思われる。

596年（推古4年）、588年（崇峻元年）に建設が始まった飛鳥寺（法興寺）が完成する。来朝した慧慈と慧聡はここに住むことになる。

時代は前後するが、中国では479年に南北朝期の宋が滅亡したあといくつもの国に分かれて争っていた。そのあと、589年に隋（581—618年）が統一した。

600年（推古8年）2月、新羅が任那を攻め始めたため、倭国は任那を守るために派兵をおこなう。

同年、倭国は隋に使者を遣わしている。おそらく高句麗・百済から招いた僧侶らから大陸のことについて詳細に情報を得てのことだったのだろう。隋との交流を求めてのものと思われるが、あるいは、そこには隋の皇帝に新羅を牽制し、任那を救ってほしいと頼む目的もあったのかもしれない。

ただ、中国の王朝とはその時期の100年ほどの間、いわゆる倭の五王（讃珍済興武）の最後にあたる武・継体天皇が478年に宋に使いを出したのを最後に交流がなかった。そのため、大陸の事情にうといままだった。

隋の皇帝・文帝は役人に、倭国の使者から伝え聞いた倭国の風俗についての話を聞かせた。使者は、「倭王は天をもって兄となし、日をもって弟としています。倭王は天が明ける前に政務をみ、日が出たらやめて、弟に政務をゆだねます」と答えた。皇帝は、倭国のこのような風俗はとても理解できないことであり、「これは大いに道理がないことだ」といって倭国の使者に伝え、改めさせた。⁽¹⁾

帰国した使者から隋の皇帝の言葉とともに、隋の都のこと、王宮のことなど目にし耳にしたことが伝えられ、倭国の宮廷は大きな衝撃を受けたと思われる。そこで、倭国は政治のあり方の改革に取り組むことになる。

翌601年（推古9年）2月に太子は斑鳩に宮室を建て、同年3月、高句麗と百済に使者を遣わし、任那を救ってほしいと頼む。602年（推古10年）、新羅を撃つべく軍隊を九州に送るが、軍を率いる大将軍が病死するなどのことがあり、出兵は断念した。

603年（推古11年）10月、宮廷では王宮としての形が整った小墾田宮を、飛鳥寺の北、雷丘の東に造営した。

同年12月に冠位十二階の制が定められた。これは、朝廷に出仕する官人の序列を定めたもので、儒教の徳目にちなんで、大徳、小徳、大仁、小仁、大礼、小礼、大信、小信、大義、小義、大智、小智とした（儒教の徳目は徳仁義礼智信）。官人は出仕するにあたり、それぞれの位の色の冠をかぶることにした。

604年（推古12年）、十七条の憲法が作られた。太子が作ったとされているが、蘇我馬子が関わったのではないだろうか。いずれにせよ、これは朝廷に仕える者の心得を示したもので、和を尊ぶこと、仏教を敬うこと、詔を受けたら謹んで従え、朝廷に出仕する者は礼をすべての根本とせよ、など17項目からなり、その終わりの項目では、物事は独断でおこなうことなくみんなで議論せよ、と述べている。

同年9月に朝廷での儀礼作法を改定し、605年（推古13年）には諸王・諸臣の礼服にあたる平帯着用を決めるなど、諸制度と風習について改めていくことになる。

2　太子、斑鳩に移り住む

太子は、605年（推古13年）、諸制度改革が一段落したのを見計らって、かねて（601年〔推古9年〕）作っておいた斑鳩の宮室に一族ともども移った。

太子はなぜ、小墾田宮から北北西にほぼ15キロも離れたところに移り住むことにしたのだろうか。政治の中心地、別の言い方をすれば推古天皇の居所から離れたところに居を移した理由に何があったのだろうか。河内とつながっている大和川に近いために、外国の使者をひとまずここで応接するためだという考えもあるが、外国からの使者は頻繁にはこない。きたときに迎えにいけばいいのであり、斑鳩から馬で飛ばせば1時間で着くとはいうものの、政権を日々支える仕事をするには不便であり、太子がそこに移り住む理由にはならない。太子はそこに移り住み、そのことによって日常の政治の第一線から身を引いたとみるべきである。そこには、身を引

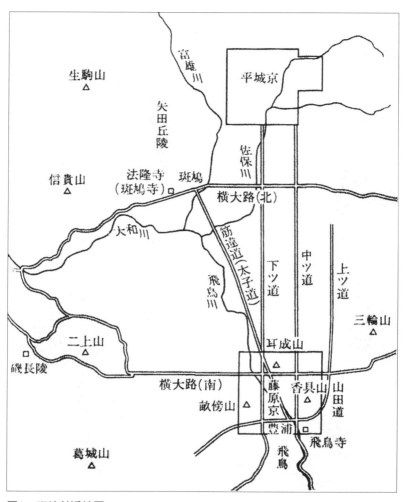

図1　斑鳩付近地図
(出典：吉村武彦『聖徳太子』〔岩波新書〕、岩波書店、2002年、68ページ)

かなければならない事情があったとみるべきだろう。

　こうした経緯から、太子にはかねてから仏典研究に没頭したいという思いがあったかとも考えられる。だがなにより、隋の皇帝から道理に合わないこととして、倭王は日の出前に政務をみ、日が出ると弟に政務を委ねるという風習を改めるようにいわれたことと関わるのではないだろうか。

　この風習は、はるかにさかのぼってみれば、『魏志倭人伝』が伝える卑弥呼と男弟の関係にほかならない。それがそのあとも続いておこなわれたのだろうか。長らく続いていたことを示す記述が『古事記』『日本書紀』にわずかにみられる。

　『古事記』には、崇神天皇のときに流行病が多発し、天皇が神床に座していたら夢に神が現れて、オオタタネオに自分を祀らせれば国安らかになるだろうと教えた、という記述がある。また仲哀天皇のとき、筑紫のカシヒ宮で熊襲を討とうとして、天皇が琴を弾き、竹内宿祢大臣が神の命を請い、神功皇后が神の言葉を受け取り熊襲征討は無駄だと伝えた。しかし、天皇はその言葉を信じず、琴を弾かなかったために神の怒りを買った。竹内宿祢は天皇を戒め、天皇は琴を手にするが、間もなく琴の音が途絶え、火を挙げてみると天皇は死んでいた。

　『日本書紀』によれば、仲哀天皇8年9月、天皇が熊襲を討つため諮ったときに神が皇后に言付かり、やめるようにいう。しかし天皇は神のお告げに背いて熊襲を討つべく兵を差し向けたが敗北する。翌年、天皇が死ぬことになる。この死は、神がいうことに背いたからだといわれた。

　また、翌仲哀天皇9年3月、神功皇后は吉日を選んで斎宮に入り、神主になって竹内宿祢に琴を弾かせ、中臣使主を審神者にする。七日七夜ののちに神のお告げがあった。

　皇后に神がかりして、神のお告げを審神者に告げる。これは、卑弥呼の時代の風習が、そのあとも引き続いて大和朝廷でおこなわれていたことが伝承として『古事記』や『日本書紀』に書かれていたことを示している。戦にあたって天皇が先頭に立ったという記述はない。伝承でしかないが、神武天皇は九州から遠征して大和に入り、多くの戦いを率いている。しかし、それは天皇になる前のことである。そのあと、景行天皇の時代に日本武尊が戦いで兵を率いたとされる。

天皇は神の声を聞く、ということがずっと続いていたのか、5世紀の大きな古墳に眠っている天皇は絶対的な権力を握っていたと考えられている。だが『古事記』からも『日本書紀』からも、そのような天皇像が見えてこない。垂仁天皇は皇后の膝に枕して昼寝していた。そのとき妃が天皇を殺害しようとしてやめた話がある。安康天皇は昼間に妃と寝ているところを殺されるのである。また『日本霊異記』の最初の話には、雄略天皇が后と大安殿で寝て婚合しているとき、随身の少子部栖軽が知らずに入ってきて天皇は恥じて云々、という記述がある。これも日中のことだ。

　これらのように、昼間寝ているというのは、夜、神の声を聞くために起きていたことを物語るのではないだろうか。

　神のお告げを聞く者、そのお告げによって政治をおこなう者がいる。5世紀の状況をそのように描いた論考は、筆者の知るかぎりない。しかし、それは続いていたのであり、推古天皇と太子の関係に及んでいると考えられる。

　太子は隋の皇帝の指摘によって、その仕組みに疑問を抱くようになったのではないだろうか。そしてその仕組みをやめるためには、自分が政治の世界から退き、天皇が政治の中心にいることにし、そのことを隋皇帝に示さなくてはならない。そのためには、自分が天皇のそばから離れなくてはならないと考えて、斑鳩に移ったのではないだろうか。このことは太子の独断ではなく、天皇とも蘇我馬子とも話をして、両者の了解を得てのことだったにちがいない。

　そのためだろう。605年（推古13年）以後の『日本書紀』の王宮の行事に関する記述から、翌606年（推古14年）、天皇に「勝鬘経」「法華経」講読をおこなったこと、その翌年に大臣と百寮を率いて神祇を祭拝したという記事を除いて、太子の姿が見られることはない。

　608年（推古16年）、小野妹子が隋の使者を伴って帰国し、隋の使者が朝廷にやってきた。使者を迎える儀式が『日本書紀』に細かく書かれていて、行事に参加した者を「皇子、諸王、諸臣」と表現しているが、ここには太子の姿が見えない。

　610年（推古18年）、新羅と任那の使人が朝廷を訪れる。朝廷での使人を迎える儀式の様子が描かれているが、応対したのは大臣であり、ここでも

太子の姿は見えない。

　612年（推古20年）正月、宮中での宴があり大臣が歌を詠んでいるが、ここにも太子の姿はみえない。同年2月、欽明の妃、太子の祖母の姉にあたる堅塩媛の欽明天皇陵への改葬にあたり諸皇子らが参列しているが、太子は姿を現さない。

　これらの記事をみるかぎり、太子は斑鳩に転居して以来、その姿を政治の表舞台に見せることはない。これらの場面に太子はいたが、『日本書紀』は書かなかったのだといわれればそれまでだが、太子はそこにいなかったとみるべきだろう。

　このことについて、海外からの使者への応対には太子は携わらなかったという説もあるが、そのほかの行事に姿を見せていないことについての説明はない。

　太子は宮廷の公的な行事には参加していないのである。

　太子は政治上のことで助言を求められても意見を言わなかったのではないだろうか。仮に言ってしまえば、そのことがいずれは隋の皇帝の耳に入り、元も子もなくなるだろうことを気遣ったものと推察される。

　前後するが、607年（推古15年）、『隋書』「倭国伝」によれば、倭国は隋に使いを出した。そのとき使者がもたらした国書に、「日出ずる処の天子、書を日没する処の天子に致す。恙無きや」とあった。隋の皇帝・煬帝はこのような無礼な国書は取り次ぐなと怒ったという。このことについて、「日出ずる処」「日没する処」は仏典によった表現で東と西を指すということであり、煬帝が怒ったのは野蛮な倭国の王のことを「天子」といったからだといわれるようになった。それはたしかに考えられるところだが、倭国を「日出ずる処」、中国を「日没する処」と表現したのには別の意味もあったものと考えられる。天皇が夜に神の声を聞き、それに基づいて王子が政をするという考えが当時の倭国にあったとすると、「日没する処の天子」が物事を決め、「日出ずる処の天子」はそれに従って政をするという関係を表していて、決して隋の王を下に見ているわけではない。しかし、そのことが理解されないので、翌年倭国王は、皇帝を敬っていることを隋の使者に伝えたのだろう。

第1章　聖徳太子　　25

3 斑鳩宮での勉学

　斑鳩宮にこもった太子は、595年（推古3年）に高句麗から招いた高僧・慧慈のもとで（同年に百済から渡来した僧・慧聡も加わったかもしれないが）もっぱら仏典について学んだと思われる。それは斑鳩宮に移る前からのことだっただろうが、本格的には政治の第一線から身を引くと決めて斑鳩に移ってからのことだろう。

　斑鳩宮に太子が移り住んだ頃、その隣に斑鳩寺が作られていたと考えられていて、太子にとってこの地は信仰・読書・思索の場であり、志をともにする者たちの助けを得ながら仏典の研究に励んだ。

　これまでの発掘調査によって、斑鳩宮の一角が瓦屋根になっていたことがわかった。そこは大切な場所だったと思われる。それは仏堂であり、太子の死後に作られた釈迦三尊像を安置していたのではないかと考えられている。一歩推測を進めて、そこは（推測の域を出ないのだが、あるいは瓦屋根の部分とそれにつながる一定の大きさの部屋というべきなのかもしれない）太子の存命中は、経典や書物が置かれている太子の勉学の部屋だったと考えられるのではないか。おそらくそこで太子は、高句麗の僧・慧慈、百済の僧・慧聡らの協力を得ながら「法華経」の注釈書『法華義疏』、「勝鬘経」の注釈書『勝鬘経義疏』を作り（「維摩経」の注釈書『維摩経義疏』もあるが、これは別人の手になるといわれている）、その作業を終えたあと、蘇我馬子と『天皇記』『国記』『本記』の編纂にとりかかった。この場合も、その作業を手助けする人々の出入りがあっただろう。

　この部屋は太子の書斎というよりも作業場であり、太子の私設図書館だったといっていいのではないだろうか。

　この私設図書館は、知られるかぎり、そういうかたちで生まれた日本最古の図書館といっていいだろう。

　『日本書紀』は、606年（推古14年）7月に太子が推古天皇の求めに応じて

「勝鬘経」を講説し、またこの年に「法華経」の講説をおこなったと伝える。太子は620年（推古28年）から蘇我馬子と『天皇記』『国記』、『臣連伴造国造百八十部併公民等本記』（以下、『本記』と略記）の編纂に取り組んだ。すでに天皇家の系譜、諸氏の物語の記録化はおこなわれてきた。それをまとめる作業であった。『天皇記』は天皇家の系譜、事跡の記録であり、『国記』は神代から推古期までの歴史の記述だろう。『本記』は王権に仕えていた人々の先祖からの個々の由来をまとめたものと考えられる。

　これらの編纂に取り組んだのは、大陸の王朝の歴史書に匹敵する史書を作ろうという意気込みがあったからではないだろうか。

　ただ、太子は翌々年2月に没している。その作業はどこまで進んだのだろうか。これらは太子の死後、蘇我家に手渡されたのだろうか。それとも両者が1つずつもっていたのだろうか。このあたりは不明だが、後者とみることはできないだろうか。

　ともあれ、『法華義疏』『勝鬘経義疏』の注釈者として、また『天皇記』『国記』『本記』の共編著者として蘇我馬子とともに太子の名がみえることは、初めて個人として書物の編著者が姿を現したことにほかならない。このことは、倭国の書物の歴史にとって、この時代がひとつの画期であることを示しているのではないだろうか。

　太子は622年（推古30年）に斑鳩宮で死去した。これは法隆寺金堂の釈迦如来像の光背銘ほかの資料によっている。『日本書紀』では没年は621年（推古29年）だが、間違いである。ちなみに626年（推古34年）、蘇我馬子が死去している。

4　書物の流転

　628年（推古36年）に推古天皇が死去した。
　その後を誰が継ぐかで政権は混乱する。蘇我蝦夷は太子の子・山背大兄王を退け、敏達天皇の孫・田村王子を立てる。王子は即位して舒明天皇と

なる。舒明のあとは舒明の皇后が継ぎ、皇極天皇となる（642年）。蘇我氏は、その後継が確実に舒明と蝦夷の娘の間に生まれた古人大兄皇子になるように山背大兄王を排除しようとして、643年、太子の死後、山背大兄王ら一族が住んでいた斑鳩宮に兵を遣わして襲わせた。山背大兄王らはよく防いで、隙を狙って脱出、生駒山に隠れた。斑鳩宮は焼かれた。

　山背大兄王は周囲の者に東国にいって再挙を図ろうと進言されたが、それを退けて斑鳩寺に戻り、そこで一族ともども自尽して果てた。『日本書紀』に「子弟妃妾」と「自経」したとある。『上宮聖徳法王帝説』（平安時代、11世紀初め？）では「山代大兄及其兄弟等十五王子等悉滅」と伝えている。

　自尽する覚悟だったのであれば、なぜひとたび斑鳩宮から脱出して生駒山にいったのだろうか。その理由を物語るものは『日本書紀』にも、また後世の史書にもない。これまでの研究などでの議論もないようだ。

　しかし、ここには隠された動機があったのではないだろうか。

　山背大兄王はひとたび斑鳩宮から脱出するときに太子の遺品を運び出し、それを近隣の太子ゆかりの豪族、おそらく山部氏のところに運び込んで秘匿することを依頼したのではないだろうか。そこには、太子の身の回りの品々、釈迦三尊像、「三経義疏」などの仏典、『天皇記』『国記』『本記』があったのではないかと考えられる。

　太子の遺品が無事山部氏の手元に届いたことを確認して、山背大兄王は斑鳩寺に戻り、一族ともども自害したのではないだろうか。

　太子の遺品を預かった山部氏はそれらを秘匿し、世に出す時期をじっくりうかがってきたのではないか。天智天皇のときに法隆寺が焼け、天武天皇のときに再建が始まり、その再建には山部氏などが関わっていたと考えられている。奈良時代の早い時期にできた法隆寺に、どの段階かでそれまで秘匿していた太子の遺品を納めたのではないかと思われるのである。

　山背大兄王の行動をこのように理解しなければ、釈迦三尊像など太子の遺品が今日まで残ることができた理由がわからないのではないだろうか。

のちのことだが、元興寺の僧・行信が『法華義疏』四巻、太子の持ち物だった鉄鉢一口、古様錫杖一枝などを探し出して法隆寺に納めたという。このことは太子の遺品が山部氏の手元から流出していたことを物語るのだろう。

　最後に、現在の法隆寺の金堂の釈迦三尊像は、前述のように危うく救い出されて今日まで伝えられたのだが、ではこの釈迦三尊像が座している台座（二重宣字座）は、釈迦三尊像が作られたときのものなのだろうか。それが通説のようだが、斑鳩宮から釈迦三尊像を持ち出したとき、台座も持ち出したのだろうか。そこまでは無理だったのではないかと思われる。したがって、現在の台座は法隆寺の金堂に釈迦三尊像を納めたときに作られたとみるのが妥当ではないだろうか。

　平安時代、摂関政治期の天皇は、宝剣とともに平安宮の天皇が日常暮らしていた清涼殿の、四面がしっかり隔離された部屋＝「夜のおとど」に1人でいなければならなかった。だがそれは院政期になると失われた。天皇は夜1人で神とともにいなければならないというしきたりは、それまで続いていたのである。

　そのしきたりを太子はやめさせようとしたのだと考えられる。しかしその頃は、それをやめることはまだ無理だった。奈良時代の様子について『続日本紀』に記述がないので不明だが、おそらく続いていて、平安時代も半ばを過ぎ、そのしきたりに頼ることが形式的なものになり、意味を失ったとみていいのではないだろうか。

注

(1)　藤堂明保／竹田晃／影山輝國全訳注『倭国伝──中国正史に描かれた日本』講談社（講談社学芸文庫）、2010年、186─201ページ

(2)　「法隆寺縁起資財帳」、東京大学史料編纂所編『大日本古文書』第4巻（復刻）、東京大学出版会、1968年、510─518ページ

第1章　聖徳太子　　29

（3）益田勝実「火山列島の思想」、鈴木日出男／天野紀代子編『益田勝実の仕事2』（ちくま学芸文庫）所収、筑摩書房、2006年、196—201ページ

参考文献

家永三郎／藤枝晃／早島鏡正／築島裕『聖徳太子集』（「日本思想大系」第2巻）、岩波書店、1975年

石井公成『聖徳太子——実像と伝説の間』春秋社、2016年

石田尚豊編集代表『聖徳太子事典』柏書房、1997年

井上光貞『古代仏教の展開』（「井上光貞著作集」第9巻）、岩波書店、1985年

小笠原好彦『日本の古代宮都と文物』吉川弘文館、2015年

曾根正人『聖徳太子と飛鳥仏教』（歴史文化ライブラリー）、吉川弘文館、2007年

東野治之『聖徳太子——ほんとうの姿を求めて』（岩波ジュニア新書）、岩波書店、2017年

黛弘道／武光誠編『聖徳太子事典』新人物往来社、1991年

森田悌『推古朝と聖徳太子』岩田書院、2005年

吉村武彦『聖徳太子』（岩波新書）、岩波書店、2002年

第2章 図書寮について

　奈良時代、国の中央官庁のひとつである中務省に置かれた多くの役所のなかに、図書寮があった。図書寮について、これまで『図書館情報学用語辞典』には、

> 「ずしょりょう」と読む。令制のもと、中務省の中の図書・仏典・仏像の保管と共用を担当した部局、〔頭・助など四等官のほか写書手、装潢手、造紙手らが配置され：引用者注〕、紙・墨の自給や書写作業・造本も管理した。[1]

とあり、岩猿敏生『日本図書館史概説』には、「今日の図書館業務の範囲より幅広い業務[2]」を扱う、とある。

　他方、『国史大辞典』は「養老職員令によると、経籍図書の管理、国史の修撰、仏典・仏像の保管と宮中仏事の供用、書写・校正・装丁の工程管理、紙・筆・墨の調進供給のことを掌った[3]」と述べる。

　小野則秋『日本文庫史研究』は、「図書寮の任務が朝廷の図書の管理保管にあった事は謂ふまでもない[4]」と述べる。

　これらが普通の理解とみていいだろう。

　しかし再考するなかで、見直さなければならない問題があることに気づいた。

「図書寮」は江戸時代の本『黒川本字類抄』に「フムノツカサ」「ツシヨレウ」と読まれている[5]。「図」は「フミ」とともに「ツ」とも読まれていた。したがって、「図書」は今日の書物の意味で使われるとともに、「ツショ」とも読まれていた。

奈良時代の法律の基本は律令で、律は刑法、令はそれを除く法律である。奈良時代に作られた最初の大宝律令はいまは散逸してしまった。令の注釈書『令集解』が編纂されて今日に伝わっていて、それが『国史大系』に収められている。以下、これによっている。

　さて、図書寮についてみるうえで、なにより、なぜ図書寮が中務省のもとにあるのだろうかが問われる。
　『養老令』によれば、中務省の卿、つまり長官がつかさどることのなかに、「侍従、献替、賛桴礼儀、審署詔勅文案」などの仕事があるが、中務省の卿の役割はなにより天皇の日常生活の場での「侍従」としての仕事にあった。「献替」は天皇がこうしたいということに、必要なとき、それはこうなさりませと別のことを勧めることである。「賛相礼儀」は、天皇の日常のなかでの立ち居振る舞い（礼儀）を助け導くこと、「審署詔勅文案」は天皇の名前で出す詔や文書の文案を吟味することにあった。
　これらの中務省の卿の仕事をサポートするために、図書寮のほかに内蔵寮、縫殿寮、陰陽寮などの役所が置かれていた。そのなかで図書寮はどのような役割を果たしていたのだろうか。

　そのことについて述べる前に、ここでいう「図書」が通説では書物と理解されているようだが、はたしてそうなのだろうか。そこからみていこう。「図書」はいまはトショと読まれているが、かつて明治の初めまではヅショと読まれてきた。この言葉は古くは普通の書物を表す言葉ではなかったのだ。下って1603年刊行の『日葡辞書』に、

　　　［Zzuxo. ヅショ（図書）　内裏の邸内におけるある官位、または、役職］
　　　［Xomot. ショモッ（書物）　Caqimono（書き物）文書、帳面、本、など］

とみられるように、書物を表す言葉としては使われていない。
　明治になって書籍館が図書館に変わる。そこには書籍を図書というよう

になった変化が根底にある。図書がトショと読まれ、普通に書物を表す言葉として用いられるようになったのは歴史的にみて比較的新しい出来事なのである。

では、「図書寮」の「図書」は何を指すのだろうか。これから詳しく述べるのだが、それは「禁書」を指している。結論からいえば、図書寮は現在普通にいわれている書物を収集・所蔵する図書館ではない。

図書寮の頭、すなわち長官がつかさどる仕事は次の5つがあった。

①経籍図書

②修撰国史

③内典、仏像、宮内礼仏

④校写、装潢、功程

⑤給紙筆墨

ここでみるのは①の「経籍図書」についてである。「経籍図書」は書物を指す用語のように思われるが、事は簡単ではない。

1　経籍について

経籍は、当時の学問が四書五経を中心とするものだったことからすれば、それが図書寮に収集されたのは当然だが、少し考えたい点がある。

中務卿の職掌に、上記のように「侍従、献替、賛相礼儀」がある。これらは（当時は唐〔618―907年〕の帝室のあり方をモデルにしていたので）儒教による儀礼に基づくものである。

この儒教に基づく儀礼の根拠になる文献が経籍であり、中務卿が献替する際、その文献上の根拠をそろえておくことが大切であり、ここに図書寮が中務省に置かれて経籍を収集した直接の理由をみることができると考えられる。

また、「審署詔勅文案」がある。中務卿が詔勅の文を整えるうえでさまざまな文献が必要だったはずだ。儀礼の根拠になる文献、それが経籍である。

2　図書について

　図書という言葉について『令集解』にみえる奈良時代の法律家の解釈によれば、
①「在 レ 図之書」であり、
②「河図洛書」である。
　私たちが今日普通に書物を図書といっているのとは異なる解釈がある。
　奈良時代の法律家によれば、この「図」は「図諜」のことである。占いをして赤雀、白亀、青馬などが出ると、それがどのようにめでたいことなのかを「図諜」によって調べる。そういう書だといっているのである。
『万葉集』の巻第1の歌番号50の「藤原宮の役民の作りし歌」、その終わり近くに

　　我が国は常世にならむ図負へるくすしき亀も新た代と泉の河に持ち越
　　せる
　　（訳：わが国が永久不変の国になるという不思議な図を背負った亀も、新
　　たな時代だと出てくる）

とある。また、『続日本紀』の708年（和銅元年）2月11日の詔、平城京への遷都に関わって、「まさに今、平城の地、四禽図に叶い、三山鎮を作し、亀筮並びに従う。都邑を建つべし」とある。「四禽図に叶い」の「四禽」は東西南北を表す神獣、東は竜、西は虎、南は朱雀、北は亀身蛇頭を指している。それが「図」であり、平城京への遷都は文字どおり「図」に合っていると述べられている。
　同じく『続日本紀』の729年（天平元年）8月5日の詔に、藤原朝臣麻呂が図を負った亀を1匹奉るが、それは元正天皇の厚く広い徳、高き貴いおこないによって現れたもの、その貴い瑞のものである、そのために神亀6年を天平元年とする、とある。
　図書とは、これらにある「図」が描かれた書にほかならない。

当時、この意味での図書は天文の書、兵書などとともに、私有してはならないと決められていた。

律令の律、すなわち刑法のなかに、「凡玄象器物、天文、図書、讖書、兵書、七曜暦、太一雷公式、私家不得有、違者徒一年」とある。吉凶を占う書物や器具は、兵書とともに私有してはならないものと定められているのだ。

朝廷はこうした禁令を敷くとともに、同じく中務省に属する陰陽寮の職掌に「天文、暦数、風雲気色」をみる役割をもたせている。これは、朝廷にとって不可欠の役割とみられていたからにほかならないが、それは天皇の古くからの呪術的・宗教的性格と関わるところがあったからなのである。天皇は古くから呪術的・宗教的力能を有すると信じられ、その力能が農業生産を確実にすると見なされたのだが、そうした力能の保持者と信じられている天皇が「天文遁甲」の術をよくするとされること（『日本書紀』の天武天皇即位前紀）と、天皇が未来を予知する力能をもつとされることとは結び付く。天文をみて吉凶を占うということは、そうした意味では天皇に固有の力能だと考えられていたのである。

あらためて述べれば、経籍は、天皇や朝廷に仕える人々の立ち居振る舞いの根拠となる文献であり、図書は同じく天皇や朝廷に仕える人々が何かを決める際に吉凶を占うための「図ある書」である。

図書は、今日の書物を言い表す当時の用語ではなかったのだ。

注

(1) 日本図書館情報学会用語辞典編集委員会編『図書館情報学用語辞典』第4版、丸善出版、2013年、125—126ページ

(2) 岩猿敏生『日本図書館史概説』日外アソシエーツ、2007年、29ページ

(3) 国史大辞典編集委員会編『国史大辞典』第8巻、吉川弘文館、1998年、98ページ

(4) 小野則秋『日本文庫史研究 改訂新版』上、臨川書店、1988年、45ページ

（5）中村幸彦／岡見正雄／阪倉篤義編『角川古語大辞典』第4巻、角川書店、1994年、438ページ

（6）『新訂増補 国史大系』第23—24巻、吉川弘文館、1966年

（7）土井忠生／長南実／森田武編『邦訳日葡辞書』岩波書店、1980年、793、845ページ

第3章　大宰府の書殿

　『万葉集』巻第5に、「書殿にて餞酒せし日の倭歌」四首（巻5、876—879）がある。
　その四首の歌は、

　　天飛ぶや鳥にもがもや都まで送りまをして飛び帰るもの
　　（訳：鳥になれれば、あなたを都まで送って飛び帰ることができるのに）

　　ひともねのうらぶれ居るに竜田山御馬近づかば忘らしなむか
　　（訳：あなたは大和の竜田山がみえるところまでいけば私たちのことはお忘れになるのでしょうか）

　　言ひつつも後こそ知らめとのしくもさぶしけめやも君いまさずして
　　（訳：みんなあれこれ言っているけれど、あとになればその寂しさは深いものになるでしょう、あなたがいないのですから）

　　万代にいましたまひて天の下奏したまはね朝廷去らずて
　　（訳：いつまでも長生きして天下の政に携わってください、朝廷を去ることなく）

である。これらは730年（天平2年）、大宰府帥（長官）だった大伴旅人が大納言に任じられて京に帰るのを送る集いを「書殿」でおこない、そこで酒を飲みながら別離の歌を詠んだものである。これらを詠んだ人の名はないが、山上憶良といわれている。しかし、そうだとしても、この書殿に集ったのは憶良だけではないだろう。『万葉集』にはこれらだけが採られたの

だと思われる。この巻第5はほとんど憶良と旅人の歌、あるいは2人に関わる歌で占められている、特異な巻だといわれている。

大伴旅人は大納言安麻呂の子息で家持の父である。中務卿、中納言を経て、727年（神亀4年）後半か翌年初め頃に大宰府の長官となり、妻とともに赴任した。妻は大宰府にいって間もなく亡くなっている。729年（天平元年）2月、長屋王が謀反の罪で自尽し、翌730年（天平2年）6月に旅人は脚に瘡を生じて苦しむが、幸い2カ月足らずで癒えたという。10月には大納言に任ぜられて12月に帰京する。翌731年（天平3年）7月に没している。

726年（神亀3年）頃に筑前国司として赴任した山上憶良は旅人と親しく交わったとみられ、旅人の妻が亡くなったとき「日本挽歌」とその反歌5首を旅人に贈っている（巻5、794—799）。憶良は732年（天平4年）頃に京に戻っている。この2人が筑前国にいたとき、周辺のたくさんの人々と歌を詠むようになり、それは「筑紫歌壇」と呼ばれるほどになり、楽しんでいた。

730年（天平2年）正月、旅人の家に大勢が集まり、宴会、参列者30人が詠んだ梅花の歌が残されている（巻5、815—852）。

ここでは、この宴がおこなわれた「書殿」について少し考えてみよう。

大宰府の建物の姿は、大宰府の全貌を明らかにするために時間をかけて発掘がおこなわれてきたなかで、概要が次第に明らかになってきた。政治が執り行われた政庁は、奈良のミヤコの姿を似せて作られている。平城宮の大極殿に対応する正殿、その前が中庭、正殿の左右に脇殿、これを囲む回廊からなっている。その周囲が官庁街だった。「蔵司」、学校院跡、観世音寺跡が発掘によって明らかになったが、多くはまだわかっていない。「書殿」がどこにあったのかも不明である。

こういうことがあった。大宰府は769年（神護景雲3年）10月、朝廷に以下の要請を送った。大宰府は天下一の都会であり、学者が多い。「府庫」には五経、すなわち儒学の基本『経書』『易経』『書経』『詩経』『礼記』『春秋』はそろっている。しかし三史（『史記』『漢書』『後漢書』）の正本がないので、どうしても列代諸史を送ってほしい。管内に伝えて学業を活性化させたいと願っている。だが、これをみるかぎり、三史はもともとなか

ったのか、あったのに紛失したのかは不明のままだ。それはともかく、朝廷はこれに応えて、『史記』『漢書』『後漢書』『三国志』『晋書』各一部を送っている。

ここでの「府庫」を大宰府の府学と理解する向きもあるが、「府学」とはいっていない。大宰府の庫である。書物だけでなく、いろいろなものをしまっておく蔵なのだろうか。

大宰府のほか各地で国庁の発掘調査がおこなわれ、いまも続いている。国庁とともに国司館と、長官の館、次官（介）の館があったことは文献上わかっているが、発掘調査のなかではそこまではまだわかっていない。

大宰府にも政庁とともに帥のための館はあっただろう。しかし、まだその場所ははっきりとしていない。

書殿は旅人邸とも山上憶良邸とも、あるいは大宰府の公舎ともいわれている。断言は難しいところだが、個人の邸の場合「家」「宅」と書かれている。そのなかのある部屋を指すとするには、「書殿」という表現は似つかわしくない。「殿」は普通は建物を指している。『万葉集』の有名な浦島の子の物語（巻9、1740）に「常世に至り　海若（わたつみ）の神の宮の内の重（へ）の妙なる殿に　携はり　二人入り居り」とあり、『正倉院文書』には「桧皮葺殿一宇」「板葺殿三宇」などの表現がみられる。このことから、書殿は大宰府にある書物が置かれている建物とみていいだろう。何人もの人が入って書物を読むことができる文庫、つまりいまの言葉でいえば図書館といっていいだろう。

旅人はおそらく親しい友人らと「書殿」で酒を飲み、歌を詠んでいた。図書館は読書する場であるとともに、酒を飲みながら語りあう場でもあった。それは、当時は普通だったのだろうか。たったひとつの事例なので、図書館で宴をすることが普通にあったことなのかどうか、はここではっきりとはいえない。

ところで、『万葉集』には
巻第18、4136「天平勝宝二年正月二日、国の庁に諸郡司等に饗を給ふ宴」
巻第19、4229「（天平勝宝三年）正月二日守の館に集宴しき」

第3章　大宰府の書殿　39

同　　　4230「（天平勝宝三年）正月三日介内蔵忌寸縄麻呂の館に会集ひて宴楽」

同　　　4238「（天平勝宝三年）二月二日、守の館に会集ひて宴して」歌つくる

という記述がみえる。いずれも大伴家持が越中国司だったときのことである。「国の庁」、つまり国司の公舎で宴がおこなわれていたことがわかる。国庁は公の場であり、郡司らを集めて指示・命令の伝達などがおこなわれた場所である。儀式もおこなわれ、そのあと饗宴もあった。これは朝廷の仕組みの地方版だった。一方、「守の館」、つまり国司館は国司の私的な空間だった。長官である国司とともに、次官である介にも館があり、そこでも宴楽がおこなわれた。ともにくだけた宴席だった。

　国司が離着任するときも、饗宴が国司館でおこなわれていた。そのことは『土佐日記』にもみることができる。土佐国司が任期4年ほどを終えて京に戻るところから話が始まる。新国司から、帰京する前の国司に招きがあり、国司館に向かう。そこで漢詩を声高く詠み、和歌を主人も客人もほかの人も詠みあった、と書いて、続けて漢詩は書かない、といいながら、新国司と前国司の和歌を書き留めている。

　こういう離別の宴は奈良時代にも普通におこなわれていたのだろう。

　今日、広場としての図書館が図書館の理想的な姿として語られるようになっているが、実は、それは遠く奈良時代にその「原風景」があったことをあらためて思い起こさせるものがある。

第4章　芸亭一考

芸亭はいまでも、石上宅嗣が作った日本最古の公開図書館といわれている。

本当にそうなのだろうか。

1　石上宅嗣のこと

宅嗣は石上朝臣乙麻呂の子で、物部朝臣麻呂の孫である。古来の名族、物部氏の裔であった。

以下、背景になる奈良時代の歴史についてごくごくかいつまんでみてみよう。

宅嗣が生まれ（728年〔神亀5年〕）成長していった頃、724年（神亀元年）に聖武天皇が即位し、長屋王が左大臣になる。729年（天平元年）に長屋王が謀反の疑いをかけられて自殺し、藤原氏が政権をにぎる。しかし737年（天平9年）、その前々年北九州で発生した天然痘が畿内にまで広がり、政権の中枢にいた藤原氏の4人の高官が相次いで没するなど動揺の時期にあった。

聖武天皇、光明皇后は、不安定な世の中にあって、次第に仏教にのめりこみ、「一切経」の書写をおこない、国々に国分寺・国分尼寺の建立を求めるとともに、745年（天平17年）に東大寺大仏を作り始め、752年（天平勝宝4年）、大仏開眼供養会がおこなわれた。聖武天皇は出家し、側近の藤原仲麻呂が政権の中枢にあり、権力をにぎる。

宅嗣は、759年（天平宝字3年）に三河守、761年（天平宝字5年）に上総守を歴任し、藤原仲麻呂政権の下で順調に官人としての道を進む。

第4章　芸亭一考　　41

宅嗣は761年（天平宝字5年）に遣唐副使に選ばれた。33歳のときである。宅嗣は名門の出であり、文章をよくし草・隷書に巧みで数十の詩賦があり、「文人之首」と称されていた。大陸文化への理解も深かったと思われる宅嗣には、適任だった。遣唐副使となったのを機に、宅嗣は住宅を寺として阿閦仏を祀り（阿閦寺の創立）、航海の安全を祈った。

　ところが翌762年3月に解任されてしまう。結局、このときの遣唐使は、船が破損して2船で渡海することにしたらしいが、それも中止になった。

　宅嗣は763年（天平宝字7年）正月に文部大輔に任じられたものの、同年3月頃、宅嗣も加わった藤原仲麻呂を排除しようとした大伴家持ら反仲麻呂グループの謀議が発覚し、宅嗣の文部大輔解任など、関係者は、その職を解かれ、翌年正月に宅嗣は大宰府に、大伴家持は薩摩になどと遠ざけられてしまう。

　藤原仲麻呂は次第に力をもつようになるが、孝謙上皇との間に距離が生まれ、その年の9月に上皇は仲麻呂を追い落とす。仲麻呂は挙兵するが敗れてしまう。

　そのあと、宅嗣は九州から呼び戻されて従五位上から正五位上に上り、常陸守に任じられた。そのあと765年（天平神護元年）に従四位下、中衛中将、翌年には右大弁、従四位上から正四位下へ、そして参議と昇進している。768年（神護景雲2年）には従三位になり、この頃式部卿となっている。

　孝謙天皇は758年（天平宝字2年）に譲位する。しかし即位した淳仁天皇と不仲になり、764年（天平宝字8年）に淳仁天皇を廃し、称徳天皇として戻ってくる。そのもとで道鏡は思うように振る舞い、ついには天皇の座を狙って失敗し、770年、下野に追いやられてしまう。まさに混乱のひと時であった。

　称徳の死のあと擁立されて即位した光仁天皇は天智天皇系であり、宅嗣はその祖父・麻呂が近江朝に仕えていたこともあり、穏やかな日々を過ごしたようだ。770年（宝亀元年）に大宰師として転出したが、翌771年（宝亀2年）、式部卿、次いで中納言に昇進する。そしてそのまま780年（宝亀

11年）になると大納言に任じられた。翌781年（天応元年）、光仁天皇が桓武天皇に譲位し、その即位のあとの叙位で正三位に叙される。その年の6月に53歳で死去した。

2 芸亭を作る

宅嗣薨去を伝える『続日本紀』781年（天応元年）6月24日の記事のなかに、旧宅を捨てて阿閦寺とする、とある。さらにその説明として、寺の一隅に特に外典の院を置き名づけて芸亭という、もし好学の徒があって閲覧したい者は誰でも許す、ここに規則を記してあとに残す、とあり、芸亭の経営方針である「条式略」が掲載されている。これは漢文で記されているが、読み下してみよう。

> 内外の両門、本一体たり、漸と極とは異なるに似たれども、善く導けば、殊ならず、僕、家を捨てて寺とし、心を帰すること久し。内典を助けむが為に外書を加え置く。地は是れ伽藍なり。事すべからく禁戒すべし。ねがわくは、同じ志を以て入る者は、空有に滞ることなくして、兼ねて物我を忘れ、異代に来らむ者は、塵労を超え出でて覚地に帰せむことを

宅嗣はまず、「内外の両門、本一体たり」という。続く文章では、「内外」は仏教と儒教のこと、この2つは根本では一体のものである。それぞれの教えの「漸」＝はじめと、「極」＝行き着くところが異なっているようにみえるが、よく学んでいけば、結論は同じになる。自分は家を阿閦寺として、その世界に帰ろうとしたが、なかなかかなえられなかった。それがようやくかない、「内典を助け」＝仏典の理論を補強するために「外典」、つまり儒教の書物を集めた、と述べている。

内外一体といいながらも、仏教の教えの弱点を儒教で補うところにポイントがある。これは理論の世界に限定されるものではなく、現世で仏教の力が強くなり、政治の世界をゆがめてしまうことが、道鏡の出現など実際

に起こっていて、それをどのようにただすのかという問題が根底にあったのである。

　さらに宅嗣は続ける。ここは伽藍である。同じ志をもって入門を願う者は現世を離れて我執を忘れよ。次の世代の者で入門を願う者は現世を超越し、悟りの境地にいてほしいといっている。

　家を阿閦寺としたのは、前述のように遣唐副使として大陸にいくにあたって航海の安全を祈るためだった。だが、実際にはいくことなく終わった。そのあとしばらく、宅嗣は反仲麻呂グループの謀議に関わるなど慌ただしく、芸亭を作りそこで思索の日々を送ることはとても許される状況ではなかった。そのことを「心を帰すること久し」と表現している。では、それがようやくかなったのはいつのことなのか。芸亭設置時期のことはあとで述べることにして、この芸亭がどのようなものだったのか、わずかながら伝えてくれている文献があるのでみてみよう。

　東大寺の僧・宗性が1249年（建長元年）から51年（建長3年）にまとめた著書『日本高僧伝要文抄』に収められている思託著『延暦僧録』（788年〔延暦7年〕。思託は唐の僧侶であり鑑真の弟子。鑑真とともに来日）は日本最古の僧伝だが、そのなかに「芸亭居士伝」がある。これは石上宅嗣の伝記である。芸亭について和訳すると、

　　寺の東南に芸亭院を造る。山を作り、沼を作り、竹を植え、花を栽えている。河には生死を渡す橋があり、彼岸にいく船がある。芸亭の西南に禅門を構え、心は八定に遊ぶ。芸亭の東北に方丈室を建てる、唯一床だけ、心を常に慎み、三宝に存念する。講肄、つまり学習にあたっては詳しく極める、論弁にあたっては勝義、つまり真理について諮詢、つまり問いただす。[1]

と書いている。この記述から考えると、阿閦寺の東南に芸亭院がある。芸亭の西南に禅門があり、芸亭の東北に方丈室があることから、これが正しければ、私たちが芸亭と呼んでいる施設を芸亭院といい、禅門のほか芸亭と方丈室からなっていると理解できる。これらは別棟なのだろう。渡り廊

下でつながっているのかについては不明である。

芸亭は書庫だと思われる。ここから必要に応じて仏典や儒学の書物を借り出して、方丈室で読みながら、三宝に存念、つまり思索にふけり、あるいは議論をおこなったと考えられる。

この芸亭に通ったことでその名が残っているただ1人の人である賀陽豊年について、『日本後紀』815年（弘仁6年）6月17日条にその伝がみえる。そこに、

「大納言石上朝臣宅嗣、礼待周厚、屈芸亭院、数年之間、博究群書」

と記されている。豊年が、宅嗣の「礼待周厚」という温かい態度のもとで、「屈芸亭院 数年之間」「屈」するという表現には、礼を尽くして宅嗣が主宰する学問の場に入る許しを得て数年通うというような意味があるとみていい。

繰り返し述べるなら、前述のように、宅嗣の伝には、芸亭は好学の徒であって学びに熱心な者には門戸が開かれていると記されていて、条式の主張と違うようにみえるが、これはどのように考えればいいのだろうか。条式は芸亭開設にあたっての運営方針だから、むしろこれに引き付けて理解すべきである。実際、宅嗣の考えに共感する者が芸亭の門をたたいていたので、「芸亭居士伝」の筆者は、芸亭が好学の徒には誰にでも開かれていると理解したのではないだろうか。

芸亭は仏典が足りないところを外典の理論で補うために、思索・学習・論議がおこなわれる場であり、そこに参加した人々は精神的に親しみをもちうるグループだったのではないではないだろうか。ここはアカデミックな外典研究の場、外典研究所と理解すべきである。

3 芸亭設置の時期

芸亭、つまり外典之院設立の構想は早くから芽ばえていたと思われるが、その実現のときをなかなか得られなかった。しかし、奈良時代の末期、光仁天皇治世下の770―780年（宝亀年間）、それまでのような激しい貴族社会内部の抗争がなく、ようやく設立のめどが立つようになる。また仏教の

政治への極端な介入といった異常な事態からの政治体制の回復も課題としてあった。それはかねてから宅嗣が考えてきた仏教の教えの足りないところを儒教の教えによって補おうとする思想と合致するところがあり、宅嗣は年来の夢の実現、外典之院開設に踏み切ったのだろう。

　この時期はまた、例えば775年（宝亀6年）、宅嗣は物部朝臣姓をたまわり、779年（宝亀10年）に石上大朝臣に復している。宅嗣が物部朝臣をたまわったのは、ほかの旧族たち、大伴、佐伯、阿部らのなかで、石上でなく旧姓をもって対応させようという朝廷の姿勢がみえ、そういう復古的な風潮が光仁朝にあったと思われる。

　しかし、宅嗣はそうした旧族たちの結合と拮抗によって、奈良時代末期に政治が展開するとは考えていなかったのではないか。むしろそうした関係を超越した、儒仏一致論に基づくような原理を求めて思想動向を模索し、それが芸亭開設へとつながったのではないだろうか。

　そのため、自分の蔵書を公開するに際して、自分が属する一族の者を利用者として限定することなく、また閲覧したい好学の徒には誰でも許すというのではなく「同志」の者に利用を許すという原理を導入している。ここに宅嗣の思想的立場があるといっていいだろう。

4　芸亭の意義

　当時、人々が学ぶ場は、内典の場合、その閲読や研究の場として寺院があり、各宗派がそれぞれ学団を形成して活動をおこなっていた。これは公認の内典研究の場である。一方、外典については大学があって儒教の教授や研究がおこなわれたが、官吏養成機関の域を出るものではない。

　他方、大陸の文化や学問について学び、語りあう私的な場がなかったわけではなく、古くは大化の改新直前、中臣鎌足や中大兄皇子が「周孔之教」を南淵請安のもとで学び、また旻法師の堂には「群公子」が集って「周易」を聞いていた。これらは単なる読書会ではなく、政治的な目的での集いだった。

　奈良時代になると『万葉集』や『懐風藻』などによって、貴族、官人た

ちの私的な宴のことが知られ、彼らが詩歌のやりとりに興じていた様子がうかがえる。

長屋王は佐保邸で宴を催していたことが知られている。藤原武智麻呂の周辺にサロンがあって、それを「文会」と称し、文人や学者が競って参じていた。佐保邸の場合のように、詩酒のやりとりを伴うものだっただろう。当時宮廷では賜宴、宴遊が盛んにおこなわれ、多くの貴族官人がこれに列し、詩賦を競っていて、貴族官人たちの会合は、華やかな風雅の集いだったにちがいない。しかしこれらは学ぶ場とはいえない。

宅嗣の「外典之院」開設はこうした点からみると際立ったものである。宅嗣は「助内典」、つまり内典研究のために「加置外書」をおこなう場として芸亭を寺院内に置いた。芸亭は外典研究をおこなう場だった。その開設は光仁朝におこなわれたが、この時期は宅嗣にとって比較的安定した時期だったこととあわせ、「同志」をもつ者が集まって外典を研究するための条件が整った時期でもあった。

奈良時代末期、宅嗣は貴族社会に新たな試みを持ち込んだ。外典研究所として、そこで内典とともに外典について閲読し、研究、講義、論弁もできる場として芸亭を設立し、思想的刺激を与えようとしたところに芸亭開設の意義を求めることができる。

宅嗣は芸亭という名の外典研究所の所長だった。そこで、「文人の首」といわれたように学殖豊かだった宅嗣がどんな仕事をしたのかはわからない。ただ、想像をふくらませることが許されるならば、所長として訪れた人たちに書物を書庫から探し出して提供し、語りかけている姿が思い浮かぶ。それは私には「司書」としての仕事のように思われる。これらのことから、宅嗣には scholar librarian としての側面があるといってもいいのではないか。このあとで紹介する東大寺の学僧・智憬とともに、librarian はそのようなものとして、その最初の姿を現したのではないだろうか。

なお、宅嗣には多くの詩賦があったが、残っているのは、歌（『万葉集』19の4282）、鑑真追悼の詩1首（『唐大和上東征伝』）、詩賦各1首（『経国集』）、「浄名経賛」1巻（『東域伝燈目録』）だけである。

注

（1） 宗性「日本高僧伝要文抄」、黒板勝美／国史大系編修会編『新訂増補 国史大系』第31巻所収、吉川弘文館、1965年、89―90ページ

参考文献

藏中しのぶ『『延暦僧録』注釈』大東文化大学東洋研究所、2008年

藏中進「文人之首〔その二〕――石上宅嗣の生涯と文学」、日本文学協会編「日本文学」第21巻第1号、日本文学協会、1972年、11―28ページ

新村出「石上宅嗣の芸亭につきて」『典籍叢談』岡書院、1925年

高島正人「奈良時代における議定官補任氏族の個別的研究 3 ――奈良時代の石上氏」、立正大学文学部編「立正大学文学部論叢」第60号、立正大学文学部、1978年、27―54ページ

林陸朗『奈良朝人物列伝――『続日本紀』薨卒伝の検討』思文閣出版、2010年

第5章　東大寺のこと

1　華厳別供、もしくは華厳供所

752年（天平勝宝4年）、東大寺ができ、大仏の開眼会がおこなわれた。その準備のために「華厳経」の研究がおこなわれ、それを支援する機関として華厳別供すなわち図書館ができる。

東大寺ができるまでのことについて、ごくかいつまんでみてみる。

724年（神亀元年）に聖武天皇が即位し、長屋王が左大臣になる。しかし長屋王は、729年（神亀6年）に謀反の疑いをかけられて自殺する。その後、藤原不比等の4人の息子が政権を独占した。ところが737年（天平9年）、天然痘の流行のためにこの4人が相次いで亡くなってしまう。そのあと、聖武天皇の側近の僧正・玄昉と吉備真備が権力を振るうようになる。そして不比等の三男・宇合（馬養とも呼ばれる）の長子・藤原広嗣が大宰府に次官として赴任しているとき、玄昉と吉備真備を退けることを聖武天皇に進言するとともに、兵を挙げた。しかし、朝廷は兵を出して広嗣を討った。玄昉と吉備真備にはとがめなどはなかった。

ところがその戦闘のさなかに聖武天皇は都を離れ、4年あまり恭仁京、紫香楽宮、難波宮とその居場所を転々とした。

王朝が揺れに揺れていた。

740年（天平12年）2月に聖武天皇は河内の知識寺に参詣し、盧遮那仏像を拝して、盧遮那大仏造立の詔を出す。これが東大寺の大仏造立につながる。

この頃、のちに東大寺となる場所の南の山にはいくつかの寺があった。そのひとつである金鐘寺を728年（神亀5年）に創建した僧・良弁が、大仏

建立のための準備として「華厳経」の講説を、当代の第一級の華厳宗の僧侶、大安寺の審詳らを招いて740年（天平12年）から751年（天平勝宝3年）にかけて金鐘寺でおこなった。

講説では、講師に助手の役割をする複師がついた。受講生は16人の学僧だが、彼らは講師、複師とともに「華厳経」の教理を研究し、盧遮那仏の姿の研究、さらにはその鋳造方法も研究したと考えられている。

その研究を支えるために、知識華厳別供が744年（天平16年）に置かれた。華厳供所とも書かれている。それは講説がおこなわれた金鐘寺にあり、「華厳経」の研究機関ともいわれている。

華厳供所は「華厳経」講説を支援する研究機関だが、経典の書写を写経所に依頼しているため、図書館としての役割ももっていたといっていいかもしれない。

この講説は、初めの頃は古くから伝来していた60巻本の「華厳経」（「旧華厳経」）をテキストにしておこなわれたが、「旧華厳経」とともに、奈良時代になって伝わった80巻本の「華厳経」（「新華厳経」）もそこで学ばれたといわれている。

748年（天平20年）、華厳供所は「一切経」の書写のために設けられた写一切経所に新旧の「華厳経」の注釈書の書写を依頼している。

こうして準備が進むなか、745年（天平17年）、いまの東大寺の地で大仏の工事が始まり、2年後に大仏鋳造が始まる。長門国（山口県）の銅山の大量の銅や陸奥国（宮城県）産出の黄金を使い、751年（天平勝宝3年）に完成する。この年初めて東大寺と呼ばれるようになる。

752年（天平勝宝4年）は『日本書紀』が仏教公伝、すなわち百済の聖明王が釈迦仏像と経論を朝廷に献じたとする552年（欽明天皇13年）から200年目にあたり、釈迦の誕生日とされている4月8日に大仏開眼供養会が予定されていて、前述の「華厳経」の講説はその準備のためのものだった。

そのとき、大仏はまだ鍍金、銅座工事などの作業は続けられていたが、脇侍はほぼ完成し、大仏殿もほぼ出来上がり、内部は壮麗に飾られ、大仏殿の両側に七重の塔が立った。

大仏開眼供養会は、4月8日の釈迦降誕の日を予定していたが、その日は結局避けたとも、あるいは雨のため順延になったかともいわれているが、

1日延期されて4月9日におこなわれた。会には1万余の僧侶と貴族らが参加した。その開眼供養会の導師は、736年（天平8年）に来日して大安寺に居住していた天竺のバラモン僧正・菩提僊那が、聖武上皇に代わって務めた。開眼の儀式のあと「華厳経」の講説がおこなわれ、続いて古来の歌・舞、外国の舞楽が奏されるなど、華やかな一大イベントだったといわれている。

2　図書館としての役割をもつ経蔵

　東大寺はそのあと、大仏殿と南大門との間の左右に七重の左右両塔が建立され、大仏殿の北側に講堂が作られた。講堂を囲んで、東・西と北側の三面に、僧が居住する部屋、すなわち僧坊（三面僧坊という）が門の字の形に作られた。東西の僧坊と講堂をつないでいる軒廊に経蔵と鐘楼が置かれた。僧坊は762年（天平宝字6年）に、また経蔵もその年のうちに作られている。

　この僧坊は917年（延喜17年）、失火によって講堂ともども焼失した。このことを伝える『日本紀略』に「東大寺講堂一宇、僧坊百二十四間焼亡」とある。

　東大寺に伝わるさまざまな記録をまとめた『東大寺要録』（平安時代、12世紀の初めにはできていたと考えられている）には、こんな話が伝えられている。

　三面僧坊の東室南端の第二坊は作られて以来鬼神が住み、ここに住む人がいないため荒れ放題だったが、聖宝僧正が若い頃ここに住み、夜になると明かりをともして終夜学問にいそしみ、眠気覚ましに傍らに茶を置いて鬼神を待っていた云々とある。聖宝僧正はのちに醍醐寺（上醍醐）を開創する。僧正は東寺一長者となり、909年（延喜9年）入滅。のちに理源大師の諡号を与えられた。

　もう一つ、西室北より第三坊は法蔵僧都の住坊で、実相院といっていた。僧都はここで夏中「最勝王経」を講じた。聴衆者のなかに竜が鬼者形で現れて僧都と対話する云々とある。この法蔵僧都は、東大寺法相宗の僧と考

第5章　東大寺のこと　　51

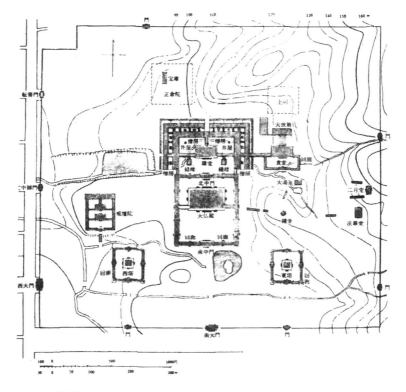

図2　三面僧坊
(出典：福山敏男『日本建築史研究』墨水書房、1968年、359ページ)

えられる。

　これらから、僧侶がこの僧坊で眠気覚ましに茶を飲みながら終夜学問にいそしんでいたこと、さらに僧侶が僧坊で経典について講じることもあったことがわかる。

　付言すると、『東大寺縁起』に空海が「弘仁元年、当寺別当ニ補ス、勅ニ依ッテ西室第一僧坊ヲ賜フ、寺務、四箇年」とある。ただこの縁起の現物やそのコピーを見ることができなかったので、これについては司馬遼太郎『空海の風景』(1)によった。

52

僧坊に居住する僧侶は経蔵から読経・勉学に必要な経典を借り出したの
だろうが、経典の貸し借りの様子はわからない。この経蔵は、三面僧坊に
起居・修行する僧侶のためのものであるという面からみると、今日の言葉
でいえば、会員制の図書館の役割を果たしているといっていいだろう。

　三面僧坊は、大安寺、興福寺などにもあり、唐招提寺については、同寺
の造営と竣工に関する751年（天平勝宝3年）のときに作られたと考えられ
ている用度帳の、釘がどこにいくつ使われたかを記すなかに、東北第一房、
経蔵、佐官師御房経蔵とあるが、詳細はわからない。

注

（1）司馬遼太郎『空海の風景』下、（中公文庫）、中央公論社、1978年、209
　　ページ
（2）「造唐招提寺用度帳」、東京帝国大学史料編纂所編『大日本古文書』第25
　　巻、東京帝国大学、1940年、251—255ページ

参考文献

栄原永遠男／佐藤信／吉川真司編『東大寺の新研究』全3巻、法藏館、2016—
　　18年
筒井英俊編『東大寺要録』全国書房、1944年
東大寺監修、堀池春峰著、東大寺史研究所編『東大寺史へのいざない』昭和
　　堂、2004年
平岡定海『東大寺辞典 新装版』東京堂出版、1995年
福山敏男『日本建築史研究 続編』墨水書房、1971年
堀池春峰「華厳経講説よりみた良弁と審詳」、南都仏教研究会編「南都仏教」
　　第31号、東大寺図書館、1973年、102—127ページ
山本幸男「『華厳経』講説を支えた学僧たち——正倉院文書からみた天平十六
　　年の様相」、南都仏教研究会編「南都仏教」第87号、東大寺図書館、2006
　　年、38—63ページ

第5章　東大寺のこと　　53

第6章　古代における「司書」の姿──東大寺学僧・智憬に及ぶ

はじめに

　奈良時代、現在は司書という専門職名があるのと同様に、書物を扱う施設で働く人に何らかの職名があったのだろうか。

　東大寺を管理する役所である造東大寺司に、もっぱら仏教の経典、高僧の著作などを網羅した叢書である「大蔵経」（「一切経」）を大陸で手に入れた書写本によって書写していた写経所があった。そこで働いていた人たちのなかに、「司書工上楯」という人名がみえる。それは、『大日本古文書』第14巻に収められている「正倉院文書」のうちの、758年（天平宝字2年）11月29日付のこの人物を含む6人の11月中の出勤状況報告を書いている文書のなかにある。この人物は「司書」とみられて、出ているページの頭注欄に「司書」と書き入れてある。しかし、この人は「司書」だったのだろうか。司書で工上楯という名前の人なのだろうか。

　『日本古代人名辞典』でみてみると、「司書工上楯」では出てこない。この人物は「上村主楯万呂」として、あるいは上盾、畫師上楯万呂などとしてもみえる。これらからみると、この人物は上が姓、村主は渡来人に与えられる姓（朝廷に仕える氏々に与えられた地位・職務を表す称号）であり、名は楯万呂である。また、「書工」は実は「画工」「画師」であり、「司」は普通「造東大寺司」の略として使われている。したがって「司書工上楯」は、造東大寺司に画師として出仕していた上楯、にほかならない。近江国の人である。

　残念ながら、「司書」という職名はこの時代にはなかった。

この『大日本古文書』の最初の版の第14巻は1921年（大正10年）の発行で、発行所は東京帝国大学である。当時、1897年（明治30年）に帝国図書館に司書長と司書が置かれ、1906年（明治39年）の図書館令改定によって公立図書館に司書を置くことができるようになり、東京帝国大学附属図書館に08年（明治41年）に司書官と司書が置かれた。『大日本古文書』第14巻の編纂担当の人は、この「司書」のことが念頭にあって、この頭注を入れたのではないだろうか。

　なお、直木孝次郎編『正倉院文書索引』[3]、「正倉院文書データベース」[4]に「司書」が採用されているが、いずれも前述の頭注によっている。

1　経典の貸し出し・返却の担当者

東大寺写経所の場合

　奈良時代、司書という名称はなかった。しかし、経典を貸し借りするところにはその仕事があった。造東大寺司に置かれていた写経所（以下、写経所と略記）では膨大な写経事業を担っていた。写経に必要な経典をほかの寺院や図書寮、あるいは個人から借り出すことがあった。また所蔵している経典を、寺院などの求めに応じて貸し出していた。

　その様子は『正倉院文書』にみることができる。経典を借りたい者は、使者に借りたい経典名を書いた文書を持たせて写経所に遣わす。写経所では使者が持ってきた文書に担当の者の名前を書いてその経典を貸し、その文書は出納帳に張り付けておく。その経典が戻ってきたら、その文書に戻ってきた年月日を書き、担当の者の名前を書いている。

　経典を貸すときも戻ってきたときも、担当の名前が書いてある。担当者名が1人の場合もあるが、2人の場合もある。戻ってきたときは2人の場合が多い。1人は写経所の四等官（長官、次官、判官、主典）の最後の主典（ときにはその上の判官、まれに次官）で、もう1人はその下の案主とか領と呼ばれていた人たちである。

　写経所で書写したい経典が写経所になくて貴族やほかの寺院がもっている場合、そこから借りてくるとき、また写経が終わって返すときも同様の

第6章　古代における「司書」の姿　　55

手続きをとっている。

　そこにみえる四等官は別として、その下で出納の仕事をしている人はもっぱら「司書」としての仕事をしていたのだろうか。おそらくは、そうはいえない。彼らは写経所の写経に必要な料紙、筆、墨などのほか、仕事のときに着る衣、食料、写経の仕事量に応じて経師らに布施として与える布などの管理もしている。

　彼らは写経所の担当として経師らの仕事の裏方としての仕事をするとともに、出来上がった経典の保管や貸し借りに関わる仕事をおこなっていた。つまり、「司書」として経典の管理・貸出業務だけに専念していたわけではないのだ。

寺院ではどうだったのだろう

　寺院の管理者が経典の管理に携わっていた事例がある。751年（天平勝宝3年）、大安寺の経典を東大寺の写経所から返却したと記す文書の終わりに金堂司行徳の名がある。また同年、元興寺が「一切経」の目録を受け取ったという文書に受け取り人として堂建僧善□の名がある。754年（天平勝宝6年）、河内伊吉寺で「大般若経」1部600巻を櫃3つに納め終わったとする書類に堂達僧［名前欠］が登場する。さらに、755年（天平勝宝7年）、「華厳経」2部を法華寺西堂に安置したとあるところに堂達と尼全曜が併記されていることから、金堂司、堂建、堂達は堂の責任者だったことがわかる。以上の事例は、責任者が経典の管理に直接関わっていることを物語っている。

　他方、司書として自立した存在ではないが、事実上司書としての仕事をしていた僧侶が寺にいた。その役割を果たしていた東大寺華厳宗の学僧・智憬の仕事の様子がわずかながら記録に残っているので、その姿を見てみよう。

2　東大寺華厳宗の学僧・智憬のこと

智憬、経典を借りる使いとして現れる

　東大寺という名は、747年（天平19年）に大仏が作られ始めた頃に出て
くる。東大寺ができる前、東大寺の東の山にいくつかの寺があった。その
ひとつ、山房という名の寺が奈良時代の初め、728年（神亀5年）にあった。
それはのちに東大寺で中心的な役割を果たすことになる良弁が728年（神
亀5年）に建立した金鐘寺のことだろうといわれている。良弁はこの寺の
僧坊にいた。741年（天平13年）9月28日、良弁は金鐘寺の写経所から経典
を借りるのだが、そのとき智憬が使いとなっている。智憬の名が現れた最
初の記事である。智憬の出生については不明。智憬は良弁のもとで、僧侶
となるべく修行中の身であった。

　747年（天平19年）10月25日、良弁の命で写経所から借りた経典を智憬
師が受け取っている。ここでは「智憬師」と書かれているので僧侶になっ
ていることがわかる。

　翌年正月13日、写経所が東大寺から借りた経典を返したとき智憬師が
それを受け取った。同年10月28日には、東大寺堂司として智憬は写経所
から経典を借りている。「堂司」の「堂」がどこの堂を指しているのかに
ついては、のちに羂索堂司とみえるので（後述）、この堂のことかと思わ
れる。

　同じく748年（天平20年）に経典を写経所から借り出し、写経所から良
弁の命で借り出した経典を智憬が受け取っている。

東大寺の「華厳経」講説の講師となる

　智憬が姿を現す前の年、740年（天平12年）2月に聖武天皇が河内の知識
寺に参詣し、盧遮那仏像を拝して、盧遮那大仏造立の詔が出される。これ
が東大寺の大仏造立につながる。

　この年、良弁が提案して、この大仏造立のための「華厳経」講説が金鐘
寺で始まる。

第6章　古代における「司書」の姿　　57

講説の講師は、当代の第一級の華厳宗の僧侶であり、講説は4回おこなわれた。「華厳経」の教理の研究とともに盧遮那仏の姿の研究、さらにはその鋳造方法も研究したと考えられている。この最後の講師を智憬が務めている。

大仏製作および東大寺の建立工事全体を取り仕切った渡来系の国中公万呂の指揮のもと、必要な膨大な資材を用意して、工事に必要な技術者をはじめ多くの人々の参加のもとに、745年（天平17年）、いまの東大寺の地で大仏の工事が始まり、2年後に大仏鋳造が始まり、大仏殿の建造もおこなわれた。

752年（天平勝宝4年）、この年は『日本書紀』が仏教公伝とする552年（欽明天皇13年）から200年目にあたり、大仏の頭部はできたが、首から下はまだ補修中であり、東大寺もまだ建立途中だったが、4月9日に大仏開眼供養会がおこなわれた。

智憬は羂索堂司である

翌749年（天平感宝元年）閏5月7日、写経所は良弁の命によって智憬師所から経典を借りている。「智憬師所」と書かれているから、僧坊をもって自立していたことがわかる。

さらに751年（天平勝宝3年）に「羂索堂智憬師」とあることから、この堂の司だったこともわかる。

智憬は東大寺の羂索堂の堂司であった。堂司は羂索堂の管理者だと思われる。智憬とともに何度か経典の貸し借りにあたって連署している華厳僧・教輪も堂司だった。智憬が「華厳経」講説で講師を務めたとき複師だった春福や、のちにこの講説で講師になった命緒は堂官だった。堂司と堂官の違いはわからないが、ここには華厳学僧のグループがあり、それぞれ一定の役割を果たしながら修行し、学僧として学んでいたと考えられる。

智憬には『無量寿経宗要指事』『無量寿経指事私記』などの著書がある。

智憬の名で、年月未詳だが、東大寺の五宗（法相宗・三論宗・律宗・倶舎宗・成実宗）の責任者にそれぞれの宗派の基本となる経典をそろえるようにと求めている文書がある。そろえられた経典は宗ごとに櫃に納められ、

58

大仏開眼供養会に際して大仏殿に納められたと考えられている。

　同じく年月未詳だが、「応写疏本勘定目録」と名づけられている目録がある。書写しようとする経典について、何がどこにあるのかを調べ記した目録の一部である。その最初に、

「応写疏等　且勘定交名進上如左、但莫知他人、智憬等之所視也」

と書いてある。これは、智憬らが調べたものなので、ほかの者は手をつけるな、といっている。この文書と関連すると思われる文書がこの前後に収められている（「応請疏本目録」）。これらはどの経典がどこにあるかを書き連ねているもので、経典ごとに調べたものを所蔵者ごとの目録に書き直したと思われる。大仏建立事業のひとつとしておこなわれていた「一切経」写経事業のために、テキストとすべき経典がどこにあるのかを調べる仕事と考えられている。

　ここに「智憬等」と書いてあるのは、この調査が智憬をチーフにした前述の羂索堂の華厳学僧のグループが協力した集団の作業だったことを物語っている。

　これらの仕事は、智憬が東大寺の華厳宗を代表する学僧としておこなったのだが、同時に経典について深い学力を備えた「司書」としての力量も買われてのことだった、そういえるのではないだろうか。

短い生涯

　智憬は753年（天平勝宝5年）5月に写経所から借りた経典を返却する。しかしまだ仕事が終わらない3巻について、1、2日返却を猶予してほしい、と記された文書にその名を残しているのを最後に姿を消す。つまり、記録から消えているのである。没年が近かったからだろうか。

　智憬は東大寺の経営には関わらず、羂索堂の堂司として典籍の貸し借り、保管の役割を果たしながら学僧としての生涯を終えた。

　智憬は記録に742年に現れ、753年に消えた。光芒一瞬である。

scholar librarian としての智憬

　智憬は東大寺の華厳宗の宗所だった羂索堂の責任者であり、ここに収蔵されていた経典の管理の責任者でもあった。いってみれば、華厳宗の研究

者であり、研究所長であり、同時にその研究所の図書館長として、経典の管理とともに目録作成に携わっていたとみていいだろう。

　智憬は日本の古き時代の人物であり、その姿をわずかにしか私たちは知ることができない。だが、私たちの遠い先輩にあたる司書であり、司書の原型だったといっていいのではないだろうか。

　智憬は学者であり、司書だった scholar librarian と考えていいだろう。

おわりに

　智憬のような立場の人は、当時どれほどいたのだろうか。そういう立場の人は前近代社会、古代から近世にかけてそれなりにいたのではないだろうか。ヨーロッパでは前近代社会のなかで、そのような立場の人たちが修道院にいて、近代の司書へつながっていった歴史がある。日本でのその歴史を発掘していくことはこれからの課題である。

追記

　当時、司書の職名はなかったが、同様の仕事をしていた人がいたことをわずかではあるが垣間見ることができた。のちのことになるが、司書という名称がみえるのは江戸時代になってからである。司書という言葉は中国では『周礼』に出ていて、簿記をつかさどる役、六典をつかさどる役を指している。後者は書物を扱う。江戸時代後期に各藩が藩校を作るようになり、すべての藩校がもっているわけではないが、そこに文庫ができる。そこから、その係が生まれる。その名称のなかに書物奉行といった名前とともに、司籍、典籍、司典、司書という職名が現れてくる。

　明治になって、いまの国立国会図書館の前身である東京図書館で司書という職名が使われる。幕末の文庫の掛のさまざまな職名から、なぜ司書が採用されたのか、にっきりしたことはわからない。明治の初め、外国の図書館を紹介するなかで、「吏員」や「掌書」という言い方が出てくる。また、「図書」という言葉が使われるようになり、書籍館とか典籍掛などと呼んでいたのが図書館、図書掛と変わった。こうした経緯もあって、

「典」や「籍」の字が使われなくなったのではないかと考えられる。

　もう少し付け加えておきたい。

　数年前のこと、芸亭の主宰者である石上宅嗣と、東大寺の学僧で司書の仕事をしていた智憬のことについて竹内悊先生に話したところ、彼らは"scholar librarian"だと教えてくださった。外国の図書館にうとい私はこの言葉について知らなかったのだが、まさしくそのとおりであり、教えてくださったことに感謝しながら、この言葉を使うことにした。

　後日、常盤繁「図書館をつくった人々 9 ジャスティン・ウィンザー（Justin Winsor, 1831-1897）」を読んだ。ウィンザーは1831年にボストンに生まれ、ハーバード・カレッジで学び、歴史家としての出発点となる著書を著した。そのあと、ボストン公共図書館評議員、ついでボストン公共図書館長、ハーバード大学図書館長の仕事をしながら、歴史の研究を続けた。図書館長であり歴史家であった。

　その死の翌年 *Library Journal* に "Justin Winsor, librarian and historian, 1831-1897" が掲載される。のちに W. Cutler と M. H. Harris の *Justin Winsor, scholar-librarian* が出ている。

　図書館の歴史のなかで、そこで仕事をしていた人物をたずねていくのは、楽しみのひとつである。ここでみた scholar librarian を発掘していくのはそのひとつである。

余談

　藤沢周平に小説『蟬しぐれ』がある。これは映画にもなった。舞台は架空の海坂藩、主人公・牧文四郎は海坂藩士。友人の島崎与之助は江戸で学び、帰藩して藩校三省館の司書となり、のち藩校の助教になった。小説は庄内藩の藩校・致道館をモデルにしている。致道館には学校総奉行を頂点に、祭酒（釈典をつかさどる）、司業（校長）、学監（副校長）、助教（教師）、典学（書記兼子弟の監督）、句読師（幼少年に句読を教える）、そして司書がいた。『鶴岡市史』によれば、司書から典学に転じた者、典学兼助教、典学兼司業となった者がいる。藤沢は前掲『蟬しぐれ』で、島崎与之助が司

書から助教になったことについて、文四郎に「それは、一足とびの出世だ
な」と言わせている。司書から助教へはすんなりとなることはできないこ
とに気づいて、そのうえでの創作なのだろう。細かいところに気を配って
いる藤沢の一面をみる思いがする。

注

（1） 東京大学史料編纂所編『大日本古文書』第14巻（復刻）、東京大学出版
　　会、1969年、267―268ページ
（2） 竹内理三／山田英雄／平野邦雄編『日本古代人名辞典』第2巻、吉川弘
　　文館、1959年、536ページ
（3） 直木孝次郎編『正倉院文書索引 ──官司・官職・地名・寺社編』平凡
　　社、1981年
（4） 正倉院文書データベース作成委員会「正倉院文書データベース」（http://
　　somoda.media.osaka-cu.ac.jp/）［2019年9月1日アクセス］
（5） 常盤繁「図書館をつくった人々9 ジャスティン・ウィンザー（Justin
　　Winsor, 1831-1897）」、「図書館雑誌」第75巻第10号、1981年、日本図書館
　　協会、638―639ページ
（6） William Coolidge Lane and William H. Tillinghast, "Justin Winsor, librarian
　　and historian, 1831-1897," *Library Journal*, vol.23, 1898, pp.7-13.
（7） Wayne Cutler and Michael H. Harris eds., *Justin Winsor, scholar-librarian*,
　　Libraries Unlimited, 1980.
（8） 藤沢周平『蟬しぐれ』（文春文庫）、文藝春秋、1991年
（9） 鶴岡市役所編『鶴岡市史』鶴岡市役所、1927年
（10） 前掲『蟬しぐれ』364ページ

参考文献
愛宕邦康「『遊心安楽道』の撰述者に関する一考察──東大寺華厳僧智憬との
　　思想的関連に着目して」、南都仏教研究会編「南都仏教」第70号、東大寺
　　図書館、1994年、16―30ページ
井上光貞「東域伝灯目録より見たる奈良時代僧侶の学問」、史学会編「史学雑
　　誌」第57巻第3―4号、山川出版社、1947―48年
井上光貞「東大寺華厳の浄土宗家、智憬」『日本浄土教成立史の研究』山川出

版社、1956年

堀池春峰「華厳経講説よりみた良弁と審詳」、南都仏教研究会編「南都仏教」
　　第31号、東大寺図書館、1973年、102—127ページ

宮崎健司「東大寺の『華厳経』講説——テキストと経疏をめぐって」、仏教大
　　学総合研究所編「仏教大学総合研究所紀要別冊 宗教と政治」1998年3月
　　号、仏教大学総合研究所、47—66ページ

山本幸男「天平十二年の『華厳経』講説」、続日本紀研究会編『続日本紀の諸
　　相——創立五十周年記念』所収、塙書房、2004年

山本幸男『『華厳経』講説を支えた学僧たち——正倉院文書からみた天平十六
　　年の様相」、南都仏教研究会編「南都仏教」第87号、東大寺図書館、2006
　　年、38—63ページ

第7章　奈良時代の経典の貸し借り、所蔵の様子について

　奈良時代の書物といえば、僧侶が書写し、所蔵し、読んでいた経典である。貴族は中国渡来の文献にわずかな者が手を出していたにすぎない。むろん庶民は書物を読むことはなかった。

　古代寺院の経典のことは、これまで図書館文化史のテーマとして語られることはなかった。当時書物といえば経典であり、その保存や貸し借りがあったことは本文でも触れたとおりである。しかし、図書館文化史の立場からの言及はこれまでなかったといっていいだろう。言い換えれば、そこまでは手が回らないまま現在に至っている。

　他方、日本古代史、古代仏教史研究ではこの領域について古くから研究が進められてきた。また、奈良時代の寺院史研究の一端にあった写経所やそこでの写経の実態の研究に不可欠の資料源である『正倉院文書』研究の環境が『正倉院古文書影印集成』『正倉院文書目録』「正倉院文書研究」の刊行などで大きく変わり、今日では『正倉院文書』のデータベース化がおこなわれるなど、いっそう環境は変わってきている。

　そのなかで、写経所の実態や経典の書写などについての研究が盛んにおこなわれてきた。それらから学び、図書館の歴史の一端として、経典の保存・流通などに関わる問題について少しみてみよう。

1　仏教の伝来、経典の到来、写経

　中国から朝鮮に伝来していた仏教は朝鮮からの渡来人がいつ頃かこの日本列島に伝えたのだろうが、民間にどのように伝えられたかははっきりしない。公的に伝来したのは、欽明天皇13年に、百済の聖明王、朝廷に仏

像・経典・僧を送る、と『日本書紀』が伝えている。『日本書紀』ではこれは西暦552年である。今日では538年とされている。そのとき以来、経典が伝来している。飛鳥白鳳期についてはわずかなことしかわかっていない。

　653年（白雉4年）、道昭は学問僧として入唐し、玄奘三蔵に師事した。帰国にあたって多くの経典を持ち帰ったという。この経典は文字が整っていて美しく、過ちがないといわれたが、そのことは道昭が持ち帰った経典が、書写のテキストとして適しているということにほかならない。そのような経典を手に入れるのは容易なことではなかったにちがいない。優れた写本は皇帝、あるいはその周辺にあった。それを優れた能筆家に書写してもらうなど、玄奘法師の力を借り、相当の謝礼を払って写本の入手がおこなわれたと思われる。道昭は帰国後、元興寺の隅に禅院を建てて住み、ここに経典を持ち帰った。

　奈良時代、何人もの学問僧が唐や新羅で学び、帰国にあたって多くの書籍・経典を持ち帰った。いずれも大枚をはたいて、手づるを頼って優れた書写本を手に入れたのだろう。753年（天平勝宝5年）に帰国した玄昉がもたらした5,000余巻の経典は貴重だった。鑑真など大陸からの渡来僧もたくさんの書籍・経典をもたらした。こうして伝来した経典は死蔵されることなく、写経・法会・研究などに活用されたと思われる。なにより、当時経典を借りて書写して蔵書にするのが普通だったことから写経は盛んにおこなわれていた。大陸から伝えられた経典は優れた本だったので、写経のテキストとして引っ張りだこだった。

　仏教を国の精神的な支えとし、さらに唐を手本にし、そこに追い付こうとしていた当時、「一切経」をもつことは、都に大寺、全国に国分寺・国分尼寺を建てることとともに国の重要な戦略だった。何度も「一切経」が作成された。736年（天平8年）9月29日、和上所（玄昉所）から「一切経」目録と数千巻の経典を借り出して書写が始められた。この「五月一日経」といわれる光明皇后発願の「一切経」は、奈良時代に作成された「一切経」の背骨になるものといわれている。その完成には、玄昉が持ち帰った経典とともに、広く大陸からもたらされた経典が使われた。

　ところで、写経は寺だけでなく宮廷や貴族の家でもおこなわれたが、大

量の写経を支えたのは東大寺の造営・維持管理をつかさどった造東大寺司にあった写経所である。この写経所の変遷については多くの研究が重ねられてきた。その前身についても議論がある。東大寺ができる前、いまの大仏殿の東の山にはいくつもの堂舎からなっていた寺があった。そのうち福寿寺と金鐘寺にあった写経所がやがて東大寺の成立（747年〔天平19年〕に大仏の鋳造が始まり、建物の建造へと進む）に伴い、東大寺の工事と管理にあたる役所である造東大寺司の写経所に移り、場所も造東大寺司があった大仏殿の西に移ったと、近年は考えられている。

東大寺には、いまは失われているが、建立された頃、大仏が置かれている大仏殿の後ろの北側に講堂があり、これを囲んで僧坊があり、それらは東室、北室、西室といわれる三面僧坊があった。その一画に経蔵があった。唐招提寺にも2階建ての経蔵があった。石山寺にも2階建ての経蔵があって、法隆寺には経楼があった。大きな寺には独立した経蔵があったのだろう。

2　所蔵された経典の貸し借りの様子など

造東大寺司にあった写経所は大がかりな写経の場として大量の経典を書写するだけでなく、数多くの経典を蓄積していた。そして求めに応じて経典を貸し出していた。写経に必要なテキストを借り受けるために、どこにどんな経典が所蔵されているかの調査をおこない、記録していたのである。いわば経典についての図書館、あるいは情報センターとしての性格をもっていたといっていいだろう。

写経所では、経典に記号をつけて分類・整理して保存していた様子がうかがえる。貸し出しにあたって「代本板」が用いられたともいわれている。正倉院に長さが経巻の軸長ほどの木簡（29センチ×4センチ）があり、表裏に「法華経」の貸出先、借り出した理由、借りにきた人、貸出担当者の名が記されていることからそのように考えられている。それが「代本板」であれば興味深いところなのだが、まだ1つだけしか見つかっておらず、「代本板」としてどれほど一般的に使われていたかは明らかではない。あ

るいは、帯出簿に書き取るための伝票の役割をもっていたとも考えられる。

　また、経典の貸し借りにあたっては「奉請」という言葉が使われていた。この言葉が貸すことも借りることも指していて、どの場合が貸し出しで、どの場合が借り入れなのか、さまざまな議論があるがこれもいまだにはっきりしない。

　この「奉請」のほかには「借」「受」が使われている事例が奈良県の山田寺遺跡出土の木簡にみられる。

　経典を借りるときの手順をみておこう。

　一例として、東大寺の僧・教輪が写経所に「仁王経」「仁王経疏」の借用を願い出たときの文書がある（十二420〔『大日本古文書』の巻数とページ数、以下同〕）。まずこれこれを借りたいという「申状」を送る。後日「堂童子」に「謹啓　奉請経並疏云々」の手紙を持たせて使いに出す（2月23日の日付あり）。写経所のほうでは、この手紙の端に貸し出す経典の書名などを書き、末尾に「右、以五年二月廿三日、奉請教輪師所、即使」、そして担当者名を記して保存し、手紙を持ってきた使いに経典を持たせて貸し出す。返却するときは、返却する経典を持たせる使いに、これこれを使いの誰それに持たせて返します、という返送状をあわせて持たせた。

　貸す側が持っていても、ないと断ることもあった。借りるほうは、どうしても借りたい「事尤切要」と書き、続けて「勿在隠惜」と念を押した例（三493）がある。東大寺の写経司が大安寺の法宣大徳房と元興寺暁仁大徳房に出した文書で、751年（天平勝宝3年）のことである。

　写経所では、頻繁にその所蔵する経典が借りられているので、例えば「瑜伽論帳」と呼ばれるように個別の経典について誰が借り、返却されたかを記入した文書がある。また、「納櫃本経検定并出入帳」と呼ばれる文書を作って対応している。これには、櫃ごとに納められている経典についていつ誰が、なんという使いをよこして借りたかを書き、返却されればそこに「返了」あるいは「返送了」と書き込んだ紙片が貼り付けてある。

第7章　奈良時代の経典の貸し借り、所蔵の様子について　　67

3　寺院の経蔵について

　経蔵という言葉は、『日本書紀』の天武天皇の14年（685年）3月条にみられ、諸国の家ごとに仏舎を作り、仏像と経を置き、礼拝、供養せよ、と命じている。そのことについて『日本書紀』の持統天皇の5年（691年）2月1日条に書いてあり、天武天皇は公卿に、仏殿と経蔵を作るようにと命じたと記している。「天武天皇紀」に「家毎」というのは「持統天皇紀」にいう「公卿」のことである。

　海外からもたらされた経典、書写された経典は朝廷・貴族の手元にも収められたが、多くは寺院が所蔵していた。飛鳥や奈良の大規模な寺院はもとより、各地の寺院も多かれ少なかれ経典をもち、その量が多くなれば経蔵に収蔵し、経蔵には経典だけでなく仏具、外典、書画など貴重なものも納められていた。

　寺院では、寺院自身が所有するほか、寺院にある宗派の宗所や僧侶個人が僧坊にもっていた。それらについてみてみよう。

寺院自身所蔵の事例

　例えば写経所が、飛鳥寺から151巻の経典を辛櫃一合に納めて借りる（二510）、新薬師寺に使いを遣わして法華経疏を（十327）、金光明寺から「法華経」を（三31）求める、という場合、経典は寺が所蔵している。法華寺三綱が写経所に13部の書の貸し出しを依頼する場合（三117）も主体は寺である。これらのことは、経典が寺のものだったことを示していると考えられる。それらは寺の経蔵に納められた。例えば法隆寺には経楼があり、そこに「大般若経」1部600巻、「華厳経」1部80巻、「雑経」2,152巻などを納めていた。大安寺の場合、「一切経」そのほかがあり、経楼とともに僧房、禅院舎でも保存されていた。西大寺には「一切経」が4部あった。4部の「一切経」合わせて1万7,223巻、「雑経律」3,200巻を1部ずつ境内諸堂に納めていた。すなわち、弥勒堂に1部4,613巻を5基の漆泥厨子に収納、薬師堂に1部2,942巻と「雑経」を5基の漆泥厨子と漆塗りの3合

の櫃に収納、四王堂（雙堂、いずれか）に1部5,283巻を厨子四基に収納、十一面堂の東楼に1部、「一切経」とそのほかの経典4,383巻を8基の厨子に、「雑経」2,542巻を黒漆櫃4合、辛櫃7合、漆泥厨子7基に収納していた。いずれも経典は帙に包んでいた（以上、それぞれの寺院の資財帳、『法隆寺伽藍縁起並流記資財帳』、『大安寺伽藍縁起並流記資財帳』、『西大寺資財流記帳』による。これらは『寧楽遺文』中巻に収められている）。⁽⁵⁾

宗所が所蔵していた経典、貸し借りの様子

仏教が渡来してしばらくの間、寺院には宗派が違う僧侶が一緒に居住していた。法隆寺には三論衆・唯識衆・別三論衆がみられる。大安寺には修多羅衆・三論衆・律衆・摂論衆・別三論衆があり、東大寺では、大仏開眼会がおこなわれる少し前に法相宗・三論宗・律宗・倶舎宗・成実宗の宗派があって、最後に華厳宗が大仏を作ることとの関連で新たに入って六宗になった。

僧侶はこれら各衆（宗）のいずれかに属して修行し、学んでいた。それぞれの集団には宗所があり、宗所は研究所の役割をもっていて経典を所蔵しており、この各宗は大学の学科と対比できるのではないか。また、東大寺の大仏殿の裏にはかつて講堂・三面僧坊・経楼があったが、これは全寮制の学校の宿舎と教場・図書館の関係のようなものではないか、と考えられている。⁽⁶⁾

宗所が経典を貸し借りしていた様子は、例えば写経所が、三論宗僧などに「開元目録」を貸し（三549）、倶舎宗に「倶舎論」などを貸し（三554）、成実宗所に「成実論」などを（四89）、また律宗所に「四部律疏」などを（四91）それぞれ求めているところにみえる。東大寺の千手堂から「雑経」を借り（十一45）、阿弥陀堂から「金字最勝王経」を借りている（十二172）こともその一例である。そうした事例は多くみられる。

自房に経典を持っていた僧侶

いつ頃のものか年月日が欠けているので不明だが、おそらく751年（天平勝宝3年）頃のものと考えられる「応写章疏等目録」（十二12）という目

録がある。これは、東大寺の僧・智憬が東大寺写経所に依頼されて調査したもので、どこ（誰）がどんな経典をもっているかを書き上げたものである。これをみると、調べた経典は、例えば「在観音寺書中」とあるように寺が所有すると記してある場合もあるが、多くは「興福寺栄俊師所」「大安寺慶俊師所」というように某師所にあると書かれている。

　一般に審詳師所、道慈師所、大唐和上（鑑真）所、教輪師所、平摂師所、性泰師所などの表記はしばしばみられる。つまり、それぞれの僧侶の僧坊である。経典は寺院あるいは宗所という共通の場で保存されることもあったが、僧が私有していて自房に所蔵していたものも少なくなかったのではないか。多くの経典が書写され、経典の研究が進んだことによるのだろう。

4　蔵書家だった学僧、大安寺僧・審詳の場合

　古くから学僧の研究はおこなわれていて、蔵書のことにふれているものもある。多くの学僧は経典を所蔵していた。経典だけを所蔵していたわけではないが、ここでは大安寺の華厳僧・審詳についてみてみる。

　大陸で学び、書物を持ち帰った僧は少なくない。前述したが、早くから道昭は、学問僧として入唐し、帰国したあと、元興寺の隅に禅院を建てて住んだ。持ち帰った多くの経典をここに蔵した。

　審詳は新羅僧とも書かれているため、以前は新羅の僧と考えられていたが、今日では新羅で学んだ大安寺の僧とされている。第5章で述べたが、東大寺大仏開眼会に先立って「華厳経」研究のための講説がおこなわれた。審詳はその最初の講師に任じられるほどに高名な学僧だった。著書に『起信論疏』がある。新羅からは新羅華厳宗の高僧・元暁の著書をはじめ、貴重な書物を持って帰った。審詳は多くの経典を所蔵しており、それが、その没後に東大寺写経所に移った。そしてそこでは「審詳師経」（十七89）、「審詳師書類」（十二387）と呼ばれていて、それらについて「審詳師目録」（十三39）、「審詳師経録」（十七116）が作られていた。

　『正倉院文書』中の断片的な史料から丹念に掘り起こして、審詳の蔵書の

リストを堀池春峰が作成した。堀池は170部645巻としているが、「当然所蔵されていたと考えられる華厳経(新・旧本)なども(略)収録していないなど史料の制約もあって完全なものでない。後日の訂正増補を期したい[7]」といっている。のちに山下有美がこれを参照しながらあらためて同様の作業をおこない、リストを作成し、所蔵点数は233点、1,000巻ほどと[8]した。

おわりに

以上、日本の古代史からの視点を交えながら、最初期の「図書館」のありようについて考察を進めてきた。とはいえ、これらはその図書館史としての概略にすぎない。この分野について図書館文化史という視角からの研究をぜひとも勧めたい。同分野にかかる方々と協同していきたい。

注

(1) 宮内庁正倉院事務所編『正倉院古文書影印集成』全17巻、八木書店、1988—2007年

(2) 東京大学史料編纂所編纂『正倉院文書目録』東京大学出版会、1987年—

(3) 正倉院文書研究会編「正倉院文書研究」吉川弘文館、1993—99年

(4) 「五月一日経」という由来は、この「一切経」に光明皇后のために書写したと述べる跋語があり、そこに「天平一二年 五月 一日記」と書かれているのによっている。

(5) 竹内理三編『寧楽遺文』中巻(訂正版)、東京堂、1963年

(6) 三面僧坊は講堂を囲んで三方に建てた僧坊のこと。川原寺の発掘跡から最古の三面僧坊跡が発見された。興福寺も三面僧坊が講堂を取り囲んでいた。

(7) 前掲「華厳経講説よりみた良弁と審詳」

(8) 山下有美「東大寺の花厳衆と六宗——古代寺院社会試論」、正倉院文書研究会編「正倉院文書研究」第8号、吉川弘文館、2002年、1—62ページ

第7章　奈良時代の経典の貸し借り、所蔵の様子について　71

参考文献

石田茂作『写経より見たる奈良朝仏教の研究』(「東洋文庫論叢」第11巻)、東洋文庫、1966年

石田茂作『奈良時代文化雑攷』創元社、1944年

前掲「東域伝灯目録より見たる奈良時代僧侶の学問」

井上光貞「南都六宗の成立」、日本歴史学会編「日本歴史」第156号、吉川弘文館、1961年、2—14ページ

大平聡「五月一日経の勘経と内裏・法華寺」、宮城学院女子大学キリスト教文化研究所編「キリスト教文化研究所研究年報」第26号、宮城学院女子大学キリスト教文化研究所、1992年、1—34ページ

大平聡「正倉院文書に見える「奉請」」、大阪歴史学会編「ヒストリア」第126号、大阪歴史学会、1990年、1—22ページ

鬼頭清明「南都六宗の再検討」、笹山晴生先生還暦記念会編『日本律令制論集』上所収、吉川弘文館、1993年

黒田俊雄「中世寺社勢力論」、井ケ田良治編『顕密仏教と寺社勢力』(「黒田俊雄著作集」第3巻)、法蔵館、1995年

東野治之「正倉院伝世木簡の筆者について」『正倉院文書と木簡の研究』塙書房、1977年

皆川完一「光明皇后願経五月一日経の書写について」、坂本太郎博士還暦記念会編『日本古代史論集』上所収、吉川弘文館、1962年

山下有美「正倉院文書を伝えた写経機構(上)」、正倉院文書研究会編「正倉院文書研究」第2号、吉川弘文館、1994年、1—70ページ、同「正倉院文書を伝えた写経機構(下)」、正倉院文書研究会編「正倉院文書研究」第3号、吉川弘文館、1995年、32—74ページ

奈良文化財研究所編『大和山田寺跡 本文編』奈良文化財研究所、2002年

第2篇　経蔵考

小黒浩司

はじめに

　経蔵（経庫などともいう）とは、仏教寺院で経典類を収蔵している建物のことであり、図書館施設のひとつである書庫の原型をなすものともいえる。また、輪蔵（転輪蔵などともいう）は経蔵内の回転する書架のことであり、戦前では間宮商店などが製造し、いまもキハラなどが製造・販売している回転式書架の起源といえなくもない。

　経蔵については、輪蔵を中心に、仏教史、建築史、あるいは日本史、中国史といった観点から研究されてきた。図書館史研究の分野では、小野則秋が『日本文庫史』で詳論している。本篇では、こうした仏教史、建築史などでの先行研究に依拠しながら経蔵の歴史をたどり、あわせて前近代の読書の姿を考察したい。

注

（1）小野則秋『日本文庫史』教育図書、1942年、139─306ページ

第1章　古代——校倉造の経蔵

1　唐招提寺の経蔵

　現存する最古の経蔵は、唐招提寺の経蔵である⁽¹⁾。これを書庫と考えるならば、世界的に見ても現存最古級の木造の図書館建築といえる。

　唐招提寺は759年（天平宝字3年）、鑑真（688—763）によって創建された。鑑真は742年（天平14年）日本伝戒を志すも、5回渡航に失敗、視力を失った。753年（天平勝宝5年）に日本渡来を果たし、翌年4月、東大寺大仏殿前に戒壇を備え、聖武太上天皇ら約440人に授戒する。

　鑑真は758年、故新田部親王邸の地を下付され、翌年、唐招提寺を開き、戒律の研究と後進の育成に努めた。唐招提寺伽藍のうち、経蔵は同寺創建以前の新田部親王邸の米倉を改造したものとされ、同寺で最も古い建造物である。なお、講堂は平城宮の東朝集殿を移築・改造したもの、金堂は鑑真没後の8世紀末の建築物である。

　鑑真は中国から大量の仏像・画像・薬物・仏具などを招来した。経典類についても、『法華文句』『法華玄義』『摩訶止観』の天台三大部などを日本にもたらした。鑑真は5,000余巻に及ぶ「一切経」の誤りを指摘した。教義研究を重視し、そのため経典類の収集とそれらの保存を目的にして、唐招提寺創建に際して経蔵を建立することを求めたのかもしれない。

2　校倉造について

　唐招提寺の経蔵は、校倉造である（日本現存最古の校倉⁽²⁾）。校倉造の経蔵

第 1 章　古代　　75

は、特異な存在である。奈良時代建立の法隆寺経蔵は一般的な木造であり、校倉造は大陸伝来の寺院建築様式ではないと思われる[3]。

　山田幸一によれば、建物の壁には耐力壁と非耐力壁の2種がある[4]。耐力壁には校倉造のほか、石造、煉瓦造がある。非耐力壁は木造、鉄骨造がその例である。

　非耐力壁は架構式の建築構造である。壁が崩壊しても、建築物全体の崩壊にはつながらない。風通しがいい建築を作るのに適している。高温多湿の日本の場合、架構式が最適の構造である[5]。

　一方、耐力壁は組積式の構造で、壁体の崩壊はただちに建築物そのものの崩壊につながる。頑強な建築を作ろうとすれば風通しが悪い建築とならざるをえない。「地震多発地帯の列島に、この構造を採用した時の弊は思い半ばに過ぎるものがあろう」[6]と山田は述べる。日本の歴史のなかで組積式構造の煉瓦造が流行したのは、明治開国から関東大震災までのわずか60年間だけである。校倉造も倉庫以外の用に供された例が少なく、創立の古い社寺でみることができるだけできわめて少ない。

3　唐招提寺経蔵後方の滄海について

　唐招提寺経蔵の裏手に、滄海と名づけられた池がある。滄海とは大海のことであり、鑑真が苦難を乗り越えて来日を果たし、大海を越えて貴重な経典類をもたらしたことを表した名だろう。

　後方に池を配する経蔵の残存事例には、法隆寺経蔵（奈良時代）がある。また、周囲を池（堀）で囲んだものとしては、東寺（教王護国寺）の宝蔵（平安後期。校倉造）がある。前者は名もない小さな池だが、後者は相当しっかりとした構造で、自然の池とは思えない。

　これらはいずれも火災に対する備えとみられるが、しかしそのあとの経蔵には、同様の事例を確認できない[7]。高温多湿の日本では、経蔵近くに池があることで、基礎部分の腐食、内部の経典類のカビ発生、さらには大雨時の浸水などが懸念される。

　以上のような理由から、後世では池の近くに経蔵を建設する、あるいは

経蔵の周辺に池（堀）を造成することは避け、さらには寺院の周囲に堀を巡らせるようなことも、一部のいわゆる城郭寺院を除いてはおこなわなかったと考えられる。

注

(1) 浅野清「唐招提寺経蔵の諸問題」、日本考古学会編「考古学雑誌」第38巻第1号、日本考古学会、1952年、22—53ページ

(2) 足立康「校倉に就いて」「建築史」第1巻第6号、吉川弘文館、1939年、22—36ページ、村田治郎「正倉院の建築」、東方学術協会編『正倉院文化』所収、大八洲出版、1948年、2—39ページ、石田茂作『校倉の研究』便利堂、1951年

(3) 古代期寺院の倉については、竹島寛「古寺院の僧坊及び雑舎」（日本歴史地理学会編「歴史地理」第49巻第2号、吉川弘文館、1927年、89—132ページ）を参照。

(4) 山田幸一『日本壁のはなし ——物語ものの建築史』鹿島出版会、1985年、5—10ページ

(5) 成瀬正和「正倉の温湿度環境調査」、宮内庁正倉院事務所編「正倉院紀要」第23号、宮内庁正倉院事務所、2001年、61—66ページ、同「正倉の温湿度環境調査（2）正倉各倉間での比較および聖語蔵との比較」、宮内庁正倉院事務所編「正倉院紀要」第25号、宮内庁正倉院事務所、2003年、97—103ページ

(6) 前掲『日本壁のはなし』8ページ

(7) 前近代の書庫などの防火対策については、太田静六「文倉と防火対策」（日本建築学会編「日本建築学会論文報告集」第63巻第2号、日本建築学会、1959年、565—568ページ）、太田博太郎「日本防火史」（『建築防火論』〔「建築学体系」第21巻〕所収、彰国社、1963年、20—36ページ）を参照。

第2章　**中世**——鎌倉時代の経蔵

1　中国における経典印刷

　古代から中世にかけての古い経蔵はあまり残存していない。木造なので火災に弱く、落雷や戦乱などもあったためにあまり残っていないのである。また、教義研究が低迷していたこと、さらに印刷技術が未熟な時代、大半の経典が書写本であり、経蔵をわざわざ作って保存するほど多量の仏典がなかったことも要因と思われる。しかし、平安末期からこうした状況に変化が訪れる。

　日本と中国の往来は、600年（推古8年）に始まる（遣隋使）。しかし安禄山の乱（755—763年）以後は唐が衰退し、894年（寛平6年）に菅原道真の建議によって停止した（そのあと907年に唐が滅亡）。

　唐末から五代（907—960年）の戦乱期を経て、960年に北宋（960—1127年）が建国した。北宋初期、国家の威信をかけて大規模な書籍編纂と出版事業が展開された。978年（太平興国3年）の『太平広記』500巻など、「四大書」と総称される大部な書物の編纂がおこなわれた。

　仏典では「大蔵経」1,076部5,048巻が木版印刷された。これは972年（開宝5年）に開版が命じられて977年に完成した（開宝蔵）。また982年（太平興国7年）には、訳教院（のち伝法院）が開設され、234部489巻という大規模な訳経事業がおこなわれている。983年に入宋した東大寺僧の奝然は新撰の「大蔵経」481函5,048巻と新訳経典40巻などを下賜されて、日本に持ち帰った。[1]

2　日宋間の交流

　平安末期、日宋貿易が盛んになった。往来する商船に便乗して渡宋し、中国各地の寺院を巡礼する僧侶が現れた。こうした入宋僧は日本への帰国時にさまざまな文物を持ち帰ったが、このとき北宋新訳の仏典類も請来した。

　奝然の入宋から約90年後、成尋とその門弟一行は、1072年（延久4年）に北宋へ向かい、3年後の門弟帰国時に多数の仏典と漢籍類を請来した。そのなかの『新訳経幷真言経』は、皇帝の許可を得て530巻の印刷を印経院に注文し、印板目録に基づいて取捨選択して413巻（冊）の仏典が下賜された。このほか少なくとも43種の典籍を購入して日本にもたらし、宇治平等院の経蔵などに送られた。

　成尋が入宋して天台山・五台山などを巡礼した際の記録が『参天台五台山記』である。成尋ら一行は1072年（延久4年）5月13日（旧暦）に天台山国清寺に入る。その翌日のくだりには

> 次いで明心院に参拝する。智者が在世の経蔵であり、経笥数十合がある。（略）次いで転輪蔵の一切経に礼する。八方に重々と置ねられ、下に人を入れて輪転させるので転輪蔵という。[2]

という一節がある。日本人僧が実見した壮大な輪蔵の比較的早期の事例かと思われる（輪蔵については後述）。なお、大塚紀弘は、中国の輪蔵を実見した日本人僧として最初に確認できるのは円仁（794―864）であり、840年（開成5年）5月23日のこととする。[3]

　1052年（永承7年）は末法元年とされ、人々に恐れられた。この時代は貴族の摂関政治が衰えて院政へと向かう時期で、武士が台頭し始めていて、治安の乱れも激しく、民衆の不安は増大しつつあった。また仏教界も、天台宗をはじめとする諸寺の腐敗や僧兵の出現によって退廃していった。

第2章　中世　　79

3　禅宗の伝来と新興宗派の興起

　中国禅宗の始祖は達磨（?—528?）とされ、宋代に発展した。日本には前述のような日宋間の交流が盛んになる過程で伝来した。また、禅宗とともに中国から高度な印刷技術が伝えられた（五山版）。

　臨済宗の祖栄西（1141—1215）が建仁寺を開山したのは1202年（建仁2年）で、彼が『興禅護国論』を著したのは1195年（建久6年）である。曹洞宗の祖である道元（1200—53）は、1244年（寛元2年）に越前志比庄に大仏寺（のちに永平寺）を開いた。彼は31年（寛喜3年）から入寂する53年（建長5年）にかけて『正法眼蔵』を著した。

　新たな仏典の請来や禅宗の伝来によって、仏教研究も活性化した。新たな宗派が陸続として起こり、信徒獲得を競った。

　法然（1133—1212）が浄土宗を開宗したのは1175年（承安5年）である。その主著は、98年（建久9年）成立の『選択本願念仏集』である。浄土真宗の開祖・親鸞（1173—1263）が主著『教行信証』を著したのは1224年（元仁1年）、大谷廟堂が建立されたのは72年（文永9年）である。日蓮（1222—82）が日蓮宗を立教したのは53年、彼は60年（文応1年）に『立正安国論』を著している。

　栄西は前述した『興禅護国論』で「宋朝に奇特、二十箇あり。（略）十六に経蔵・僧堂は荘厳、浄土の如し」と述べている。^{（4）}

　禅宗をはじめとした新興宗派は、既成宗派と、あるいは新興宗派同士で競いあい、その理論的正当性を明らかにしなければ、宗勢を維持し拡大することができない。そこで種々の仏典を収集し、研究することになる。また寺威を保つためには、伽藍の整備も必要になる。さらに、次章で述べるような中国での輪蔵の流行もあり、経蔵の存在が見直されるようになったのだろう。

注

(1) 大塚紀弘「平安後期の入宋僧と北宋新訳仏典」、古典研究会編「汲古」第62号、汲古書院、2012年、40—46ページ、野沢佳美著、立正大学品川図書館編『印刷漢文大蔵経の歴史 中国・高麗篇』(「シリーズ・アタラクシア」第3巻)、立正大学情報メディアセンター、2015年

(2) 藤善真澄の訳を参考にした(成尋『参天台五台山記』上、藤善真澄訳注〔「関西大学東西学術研究所訳注シリーズ」第12－1巻〕、関西大学東西学術研究所、2007年、97ページ)。原文は「次参明心院。智者在世経蔵、有経筥数十合。(略)次礼転輪蔵一切経。八方重々置之、下入人令輪転、故云転輪蔵」。

(3) 大塚紀弘「中世の寺社と輪蔵――中国文化としての受容と拡大」、東京大学大学院人文社会系研究科・文学部日本史学研究室編『中世政治社会論叢――村井章介先生退職記念』東京大学大学院人文社会系研究科・文学部日本史学研究室、2013年、30ページ、円仁『入唐求法巡礼行記 2』足立喜六訳注、塩入良道補注(東洋文庫)、平凡社、1985年、39ページ

(4)「宋朝奇特、有二十箇。(略)十六、経蔵僧堂荘厳如浄土」

第3章　輪蔵

1　経蔵内の排架

　輪蔵とはもともと経蔵内の回転式の書架のことだが、輪蔵が設置された経蔵そのものを輪蔵と呼ぶようになった。輪蔵の登場によって、経蔵の役割が大きく変わることになるが、ここではまず、それ以前の経蔵に経典類がどのように所蔵されていたのかを考察する。

　経蔵内の構造について、佐藤哲英の研究を用いて比叡山延暦寺経蔵の例をみてみる。[1]佐藤は、『御経蔵目録』と『御経蔵櫃目録』の分析から、経蔵の内部構造を次のようにまとめている。[2]

　経蔵の内部構造は南、東、北の3方に棚が設けられ、そのうち南と東の棚は3段になっていて（北の棚は不明）、棚には番号が付いた唐櫃が並べられていた。唐櫃の大きさは一様ではないが、『大宝積経』120巻が1櫃に納められるほどの大きさだった。

　経典類はこの櫃の中に、さらに分類して小箱に入れてあったようだ。例えば、重源（1121—1206）施入と伝えられる醍醐寺所蔵の『宋版一切経』は、604函6,102帳が現存している。この経巻を納めた経函は、宋代製作の赤漆塗印籠蓋造りで、経帳10帳と音釈1帳を1函に納め、千字文1字をあてている。また、函内には隙間なく経巻を詰め込んでいた。[3]

2　中国における輪蔵の登場

　輪蔵は、中国南北朝期（439—589年）に梁の仏徒・傅翁（497—569）が

「大蔵経」を閲覧する便を図って考案したとされる[4]。しかしこれは、後述するように後世に作られた伝説である。野崎準によれば、経典と書架などの総重量は2、3トンではきかないという[5]。これを中心軸（心柱）が支え、回転する仕組みになっている[6]。こうした精巧な回転機構の開発は、もう少し後代のことだろう。傅翕が考案したのは、チベット仏教のマニ車のようなものではなかったかと推定できる。

しかし、白居易（772—846）の『白氏文集』巻70に、837年（開成2年）2月に記した「蘇州南禅院千仏堂転輪経蔵石記」がある。中唐から晩唐期には輪蔵の建立が始まっていたことは間違いない。書架製造技術の高度化と禅宗の興隆によって、唐代から輪蔵が次第に設置されるようになり、宋代になって盛んになったと思われる。

椎名宏雄は宋代の経蔵建立が前代までと比較してにわかに増大しているとし、「大蔵経」の開版をその背景として指摘する[7]。禅宗は「大蔵経」に大きな関心を寄せていた。また椎名は、宋代に禅宗寺院が建立した54の経蔵の事例から、北宋期が南宋期よりも多く、特に11世紀の事例が多いことを実証した。また、「大蔵経」開版との時代的関連性を指摘した。

次に傅翕輪蔵創設説が生まれたことについてだが、永井政之は、唐代になって傅翕は禅宗教団から一定の評価を受けるようになり、9世紀初頭には明らかに禅宗教団に関わる人物と位置づけられて宋代初めには伝説がほぼ出来上がったとし、輪蔵と傅翕を結ぶ発想は宋代になってようやく一般化したと述べる[8]。

3　仏教の大衆化

仏教の信仰は、王侯貴族の間にとどまっていたが、中国では隋・唐期（581—907年）、日本では平安末期から庶民の間に広まった。そこには禅宗が大きな役割を果たしたと思われ、輪蔵が果たした役割も少なくないようだ。

金井徳幸は、前述の椎名を引用して「大蔵経」の盛んな刊行が輪蔵の増設と密接に関連すると述べ、宋代の随筆類を駆使して輪蔵の俗信仰などほ

第3章　輪蔵　83

かの重要な背景の存在を明らかにしている。本節では仏教の一般化と経蔵との関連を、次節では輪蔵への俗信仰と営利について、金井の研究に依拠しながら考察する。[9]

　1056年（北宋至和3年）頃、安徽省の崇寿禅院に輪蔵が成った。北宋初期の禅僧・契崇（1007—72）の「無為軍崇寿禅院転輪大蔵記」では、その輪蔵について「内に仏像・法器を置き、金碧照耀、皆儼然として観るべし。その用うる銭凡そ七百万。それ転輪蔵なる者は、仏の制度に非ず、乃ち梁の異人傳翁大士なる者に行ぜられ、法輪を転ずるの義に実取するのみ」と述べる。契崇はここで、崇寿禅院輪蔵の多額の費用をかけた豪華絢爛たるさまについて述べる一方で、それは「仏の制度に非ず」とする。[10]

　1118年（北宋紹興14年）に成立した、北宋の詩人・王庭珪（1079—1171）の「竜須山転輪蔵記」では、「今仏書を聚めて大法輪を転じ、その説を張皇する所以の者は、蓋し諸仏の為に説法せず、凡夫の為に説法する爾。此れ蔵の宜しく建てるべき所以なり」と述べる。王庭珪はここで、輪蔵は「諸仏の為」のものではなく「凡夫の為」の施設であるとする。[11]

　1153年（紹興23年）、同じく北宋の詩人・孫覿（1081—1169）の「崇安寺五輪蔵記」では「材数数千張を鳩め、数十万の銭を斂めて、一大蔵殿を営み、殿落成の後、黄金・丹沙・瑠璃・真珠・旃檀・衆香を以て、宝輪蔵を創る。空に浮き地に湧き、層出し、竜天擁衛し、鬼神環繞し、光明晃耀して百千日の如し。（略）両輪互いに転じ、海潮音を聴くが如し」と述べる。[12]詩人による誇張があるようだが、巨費を投じてきわめて華美な輪蔵が建立されたことは間違いない。

　北宋の初期では輪蔵は「仏の制度に非ず」であり、その地位はあまり高くなかった。しかし「凡夫の為」の施設として次第に特別視されるようになったと推定される。それは大衆を教化して寺勢を進展させる目的があったためであり、そのため輪蔵の豪奢化が著しくなった。前述のように、栄西は『興禅護国論』で「宋朝に奇特、二十箇あり。（略）十六に経蔵・僧堂は荘厳、浄土の如し」と述べている。「荘厳、浄土の如し」とは、こうした宋代の壮麗な輪蔵を指していると思われる。

4 信仰と営利

　宋代には貨幣経済が発達した。寺院もその経済を維持するために、利益を追求するようになる。禅林は自給自足を原則とし、経済的に自立しようとして寺院経営を重視した。そのなかで輪蔵の存在がいっそう重視され、ときには行き過ぎた事例も現れた。[13]

　北宋末期・南宋初期の政治家で文学者の葉夢得（1077—1148）は、紹興の時代になって輪蔵を建造する寺院が多くなり、「吹螽伐鼓の音声相聞え、金帛を襁負して戸外に踵躚し、甚だ盛んと謂うべし。然れども未だ必ずしも皆其の言に達し、その教えを尊ばざるなり。施する者之に仮りて以て福を邀め、造る者之に因りて以て利を求む。浸浸として日に其の本に遠し[14]」と歎じている。輪蔵建設の目的が信仰から離れてしまい、人々は福を得ようとし、寺院側は利を求めようとしている。

　劉一止（1078—1160）の『苕渓集』では、浙江省の青蓮院に1138年（紹興8年）に建てられた転輪宝蔵が、「金碧の工を極め、燦爛陸離として、人の眸子を奪う。螺を吹き、撃鼓して、廡廊の下に鏗鍧たり。施利日々至り、斎厨の費、此れにより、以て給す。布磚・累甓、内外前後、繊悉として備具す[15]」と記している。金碧に彩られた輪蔵が燦然と輝き人々の目を奪った。多くの人が法螺を吹き鼓を打って集まり、金品を献じた。これによって寺僧の生活費が賄われ、寺の施設設備を充実させたのである。

　こうして、「大蔵経」に対する俗信仰、輪蔵に対する俗信仰が生まれた。傅翕と輪蔵との結び付きも、この過程で定着したのだろう。そしてときには庶民の信仰心に付け込んだあくどい寺院もあったようだ。

　1192年（紹興3年）に成立した南宋の進士・費袞の『梁谿漫志』では、江西省の恵歴寺輪蔵について、次のような言い伝えを紹介している。

　寺は千銭を納めないと輪蔵を一回転させない。夫を失った貧しい女性がその冥福を祈ろうと苦労して金を集めるが、千銭に達しなかった。絶望した女性は輪蔵の前で号泣し、金を地に投げ捨てたところ、輪蔵がその心に打たれて自転した。[16]

のちの中国で仏教信仰は低迷するが、その理由としては北方からの異民族侵攻による混乱、道教の興隆などがあげられる。本節でみたような輪蔵の過剰なまでの華美化と俗信仰化にみられる仏教の堕落によって、民衆の支持を失ったことも一因かもしれない。

注

(1)　良源によって980年（天元3年）に建てられた。しかし、1571年（元亀2年）の織田信長による比叡山焼き討ちで焼失した。

(2)　佐藤哲英「初期叡山の経蔵について」、龍谷仏教学会編「仏教学研究」第8・9号、龍谷仏教学会、1953年、67―86ページ

(3)　森岡信幸「醍醐寺蔵宋版一切経の雑函に納められた経巻をめぐって」、古典研究会編「汲古」第63号、汲古書院、2013年、13―18、32ページ

(4)　経蔵に傅大士と二子の像を安置する例が多い。

(5)　野崎準「日本の輪蔵についての一考察」、黄檗文化研究所編「黄檗文華」第124号、黄檗山萬福寺文華殿、2003年、127ページ

(6)　輪蔵の回転機構については、坪井珍彦／天野武弘／永井唐九郎／岡本秀廣／山下龍城「建中寺経蔵内の輪蔵の回転機構・実地調査による考察」（日本機械学会編「年次大会講演論文集」2004年5月号、日本機械学会、405―406ページ）、同編「建中寺経蔵内の輪蔵の回転機構・実地調査による考察（続報）」（日本機械学会「年次大会講演論文集」2005年5月号、日本機械学会、67―68ページ）を参照。

(7)　椎名宏雄「宋代禅宗における経蔵の建立」、曹洞宗宗学研究所編「宗学研究」第31号、曹洞宗宗学研究所、1989年、244ページ

(8)　永井政之「傅大士と輪蔵」、曹洞宗宗学研究所編「曹洞宗宗学研究所紀要」第8号、曹洞宗宗学研究所、1994年、13―30ページ

(9)　金井徳幸「宋代転輪蔵とその信仰」、立正大学史学会編「立正史学」第104号、立正大学史学会、2008年、1―18ページ

(10)　「内置仏像・法器、金碧照耀、皆儼然可観。其用銭凡七百万。夫転輪蔵者、非仏之制度、乃行乎梁之異人傅翁大士者、実取乎転法輪之義耳」（契崇「無為軍崇寿禅院転輪大蔵記」『鐔津集』第14巻）

(11)　「今之所以聚仏書転大法輪、以張皇其説者、蓋不為諸仏説法、為凡夫説法爾。此蔵之所以宜建也」（王庭珪「竜須山転輪蔵記」『盧渓文集』第34巻）

(12)「鳩材数千張、斂銭数十万、営業一大蔵殿。殿成以黄金・丹沙・瑠璃・真珠・旃檀・衆香、創宝輪蔵。浮空湧地、間見層出、若化成然龍天擁衛、鬼神環繞、光明晃耀、如百千日。(略)両輪互転、如聴海潮音」(孫覿「崇安寺五輪蔵記」『鴻慶居士集』第23巻)

(13)佐藤達玄「北宋叢林の経済生活──禅苑清規を中心として」、駒沢大学仏教学部「駒沢大学仏教学部研究紀要」第25号、駒沢大学、1967年、14─28ページ

(14)「吹蠡伐鼓音声相聞、襁負金帛、踊躍戸外。可謂甚盛。然未必皆達其言尊其教也。施者仮之以邀福、造者因之以求利。浸浸日遠其本」(葉夢得「建康府保寧寺輪蔵記」『建康集』第4巻)

(15)「紹興戊午距今十有九年、而衆工釈用初営三門再蔵而弁斎厨次之厨成而二時清衆合食堂上僧舎鐘楼観音大士殿又次之最後建転輪宝蔵。極一時金碧之工、燦爛陸離、奪人眸子。吹螺撃鼓、鏗鉤於廡廊之下。施利日至、斎厨之費頼此、以給。布磚累甃、内外前後、繊悉備具」(劉一止「湖州石塚村青蓮院記」『苕溪集』第22巻)

(16)「臨江軍恵歴寺、初造輪蔵成。寺僧限得千銭、則転一匝。有営婦喪夫。家極貧、念為転蔵以資冥福。累月辛苦収拾、随聚随費。終不満一千。迫於貧乏、無以自存、嫁有日矣。而此心眷眷不能已。遂携所聚之金、号泣蔵前、擲金於地。輪蔵自転、闔寺駭異。自是不復限数云」(費衮「恵歴寺輪蔵」『梁谿漫志』第10巻)

第4章 近世——日本における輪蔵

1 仏教の世俗化と輪蔵

　仏教への信仰は伝来から平安末期まで、天皇や貴族といった貴顕の間にとどまっていた。禅宗はそれを超えて武士の間に、さらに庶民の間に広まった。これに刺激されるように新興宗派が相次いで興起し、信仰の大衆化をいっそう促した。

　各教団が宗勢を競いあい、布教活動を活発化させた。これに呼応して教学研究も盛んになり、「大蔵経」など経典に対する関心も高まった。入宋僧の見聞記などによって中国での輪蔵の隆盛が伝えられ、門徒獲得の一手段として輪蔵の存在が注目されるようになった。

　現存する最古の輪蔵は、1408年（応永15年）の飛騨・安国寺経蔵（国宝）である。堀祥岳は、輪蔵を日本に導入しようとした初めての例として1220年（承久2年）の「泉湧寺殿堂房寮色目」をあげているが、確証はない。同じく堀は、1394年（応永元年）頃の「明月院境内絵図」に輪蔵が描かれていて、これが輪蔵を描いた早い事例とする。[2] 少なくとも鎌倉から室町期に、複数の輪蔵が建立されたことは確かである。

　なお第3章第2節で述べたように、輪蔵と傅翁を結ぶ発想は中国宋代に一般化したが、現存する最古の傅翁像は京都の大報恩寺所蔵の木造傅大士及二童子像である。これは北野経王堂輪蔵に安置してあったもので、1401年（応永8年）に創建された経王堂に、18年（応永25年）に仏師・院隆によって造立された像である。1400年代初頭には、輪蔵とともに、その傅翁創設伝説も日本に普及していたと考えられる。なお前述したように、大塚は、傅翁に対する信仰が平安後期の日本に伝播していたとする。[3]

88

室町時代の公卿万里小路（藤原）時房（1395—1457）の日記『建内記』
の1443年（嘉吉3年）6月23日のくだりに、次のような一節がある。

　　相国寺被転一切経、是又今度御作善随一云ゝ、女中為御結縁渡御也、
　　常時制女房入寺、今日為結縁貴賤群衆云ゝ[(4)]。

　この記述から、室町期には日本でも「大蔵経」信仰が起こっていたこと
がわかる。そして輪蔵が、男女・貴賤の隔てがない「結縁」の場として、
人々に受け入れられていたことがうかがえる。
　しかしながら鎌倉・室町期の日本では、中国のように多数の輪蔵が建築
されなかったし、輪蔵に対する俗信仰もそれほど盛んにならなかったよう
だ。それは彼我の宗教観の相違によるものだろうが、同時に次のような背
景も影響していると考えられる。
　禅宗の七堂伽藍については諸説あるが、一条兼良（1402—81）の『尺素
往来』では山門、仏殿、法堂、庫裡、僧堂、浴室、東司であり、輪蔵はほ
かの諸殿宇のひとつにあげられているにすぎない。つまり、室町後期にも
輪蔵の地位はさほど高くないのである[(5)]。
　その理由としては、輪蔵に納めるべき「大蔵経」などの経典が多く存在
しなかったことがあげられる。次節で述べるように、日本での「大蔵経」
の出版は江戸期になってからであり、中国や朝鮮からの輸入も限定的だっ
た。
　また、輪蔵製造には相当高度な技術が必要だったことも要因だろう。室
町末期になると、戦乱が続き、伽藍の整備どころではなくなってしまう。
したがって、輪蔵建立の最盛期は江戸時代中期から後期にかけてのことに
なる。

2　経典印刷技術の向上

　日本でも、古くから百万塔陀羅尼など経典の印刷がおこなわれていた。
春日版や高野版などの寺院で開版した書物を寺院版という。しかし教学研

第4章　近世　　89

究が深化せず、仏教信仰が一部の間にとどまっているならば書写で事足りる。したがって仏典の印刷はあまり盛んではなく、印刷術の進歩も少なかった。

鎌倉から室町時代に禅僧によって、中国の優れた印刷技術が伝わった（五山版）。さらに戦国時代、豊臣秀吉の朝鮮出兵によって半島から高度な印刷技術が伝来した。戦乱の時代が終わると、学術・文化が花開き、読書に親しむ人々も増える。多様な書籍が出版され、印刷技術が高度化した。

江戸幕府は、次節で述べるように幕藩体制確立のため宗教政策を重視した。幕府は宗学の奨励と僧侶の資格の厳格化を要求し、各宗はこれに応じて競って宗学研究機関を設け、宗典の整備を進めた。宗学振興、僧侶養成の点から、「大蔵経」などの経典印刷の需要が高まった。また幕府の仏教保護政策によって寺院経営も安定化し伽藍の整備が進み、経蔵を建てて「大蔵経」を納めようという機運も生じてきた。

黄檗宗の禅僧・鉄眼道光（1630—82）は1664年（寛文4年）に「大蔵経」刊行を発願、1678年（延宝6年）に完成させた（『黄檗版大蔵経』鉄眼版）。江戸時代中期になり、「大蔵経」など各種経典の体系的出版体制が整った。

国産「大蔵経」刊本が登場したことで、低価格化が実現した。入手が容易になり、富裕な檀家を擁する寺院で「大蔵経」が購求されるようになった。例えば京都の金戒光明寺（浄土宗本山）所蔵の『黄檗版大蔵経』は、父母の追善のため、島津家と関係が深い豪商銭屋・中嶋重昌が1674—77年（延宝2—5年）頃に寄進したもので、これを納めるため89年（元禄2年）に称悦法師の勧進によって経蔵が建立された。なお、この経蔵は輪蔵と推定されている。

さらにもう一つ付け加えると、日本（特に江戸時代）の刊本は、中国（宋版）や韓本に比べて、おおむね小型である。「大蔵経」の小型・軽量化によってそれを収納する輪蔵もおのずと小型になり、製作費も軽減された。これも経蔵（輪蔵）建立を促進する要因になったと推定できる。

3　幕府の宗教政策

　室町末期から戦国期にかけて、為政者たちは一向一揆に苦しめられた。戦国時代にはキリスト教が伝来し、これも大きな脅威になった。江戸幕府はその支配体制を確固たるものにするため、宗教対策に力を入れる。

　1612年（慶長17年）、幕府は天領にキリスト教信仰禁止を布告し、翌年に禁教令は全国に拡大された。以後、幕府は宗教統制をいっそう厳格化し、35年（寛永12年）には寺社奉行が置かれた。大桑斉によれば、浄土宗や浄土真宗の寺院の多くは寛永期に成立しているが、これはこの時期に幕府の政策に沿って寺院の整備が進展したことを示している。

　1637年（寛永14年）からその翌年にかけての島原の乱ののち、幕府はさらにキリスト教弾圧を強化した。64年（寛文4年）宗門改役を設置、人々は必ずどこかの寺の檀家になる寺請制度を導入した。71年（寛文11年）宗門改帳が宗門人別改帳となり、寺請制度が完成する。

　寺檀制度の確立によって檀家が固定化した。寺院経済は安定し、信徒獲得を競う必要もなくなった。その一方で寺院には、幕府に代わって民衆を厳重に管理する責務が課せられた。

　前述のように、輪蔵の総重量は2、3トンではきかないという。精巧な回転機構を備えているが、1人でこれを動かすことは難しい。彼岸などの法要には、檀家が集い、力を合わせて輪蔵を回転させる。こうして、人々の間に宗教的な一体感と菩提寺への帰属意識が醸成されたのだろう。

　人々にとっては、輪蔵を一回転させることで「大蔵経」を一読したのと同様の「功徳」が得られ、寺院にとっては、檀家管理の一手段になる。次第に経蔵が寺院の主要堂宇のひとつに位置づけられるようになり、一部の本山級の寺院だけではなく中規模の寺院でも、また禅宗以外の宗派の寺院でも経蔵（輪蔵）が建立されるようになる。江戸中期から後期にかけてがその最盛期とみられ、全国に百を優に超える輪蔵が建設されたと推定できる。

　しかしながら、経蔵の建設には800両から1,000両ほどの費用がかかっ

たとみられる。有力な檀家がいない寺院では、経蔵の建設は難しい。「数珠回し」は、経済力に乏しい小規模寺院で生まれた、信徒の結束を高めるための「読まない読書行為」なのかもしれない。

　一方日本では、宋代中国のような輪蔵の華美化は顕著ではない。これには彼我の宗教間の相違があるが、もう一つには過剰な装飾などを戒める幕府の方針があったようだ。

　前述のような仏教保護政策の結果、仏教は幕府体制に取り込まれることになり、一部の寺院や僧侶の腐敗・世俗化などの問題が生じた。これに対して儒学者や国学者から厳しい廃仏論が起こり、幕府もこうした批判を受け、取り締まりを強化する。1665年（寛文5年）に幕府が仏教の諸宗派・寺院・僧侶の統制を目的として出された「諸宗寺院法度」の第7条には、「寺院仏閣修覆之時、不及美麗事」とあり、中国風のあまりに華美な輪蔵の建立が抑制されたと思われる。

4　土蔵造の輪蔵

　土蔵造は、鎌倉・室町期に貨幣経済が発展し、質営業者（土倉）が担保品の保管のために建造するようになった。土蔵は耐火性、防犯性、調温調湿性、耐震性などに優れていて、農産品をはじめとする諸商品の保存管理に適していた。

　やがて土蔵造は城郭建築に転用され、戦国時代にその技術が著しく向上した。天守閣を備えた巨大な城郭が各地に建造された。山田幸一によれば、姫路城（1601—10年〔慶長6—15年〕）以降、城郭は総塗込で建設された。これは、土壁が防火性と耐弾性に優れ、また白亜の仕上げを施すことによって外観を整え、権力・武力を誇示することができたからである。

　しかし戦乱の時代が終わると、豪壮な城郭は無用になった。幕府は1615年（慶長20年）に一国一城令を制定し、また同年のいわゆる元和令で新規の城郭構営を禁止し、居城の修補も規制した。白亜塗込式工法の城郭建築は不要になり、武家屋敷や町屋建築に転用された。

　前述のように土壁は耐火性、防犯性、調温調湿性などの利点をもつ。こ

92

の特質から、武家や商人の文書類保存のための文庫、藩校などでの図書類の保存のための書庫、そして寺院で経典類の保存のための経蔵に土蔵造が用いられた。経蔵は華美にするのではなく、耐震・耐火性を重視した実質的な方向を目指したのである。

　近代になると欧米の煉瓦造が導入された。しかし、前述のように煉瓦造は耐震性に劣り、地震が多発する日本には不向きの工法だった。このことも影響したのだろうか、近代期にも一部の図書館では土蔵造の書庫が建設されている。

注

(1)　文化遺産データベース「木造傅大士及二童子像（北野経王堂輪蔵旧安置）」（http://bunka.nii.ac.jp/db/heritages/detail/158638）［2019年9月8日　アクセス］

(2)　堀祥岳「《経蔵》再考──類型と機能」、妙心寺派宗務本所教化センター編「臨済宗妙心寺派教学研究紀要」第9号、妙心寺派宗務本所教化センター、2011年、111─138ページ

(3)　前掲「中世の寺社と輪蔵」31ページ

(4)　東京大学史料編纂所編纂『大日本古記録──建内記 6』岩波書店、1974年、96ページ

(5)　横山秀哉『禅の建築』彰国社、1967年、67─91ページ

(6)　若月正吾「江戸時代における幕府の宗教政策とその背景」（駒沢大学仏教学部編「駒沢大学仏教学部研究紀要」第29号、駒沢大学、1971年、32─45ページ）などを参照。

(7)　「諸宗寺院法度」の第1条に「不存一宗法式之僧侶、不可為寺院住持事」としている。

(8)　京都市姓氏歴史人物大辞典編纂委員会編著『京都市姓氏歴史人物大辞典』（「角川日本姓氏歴史人物大辞典」第26巻）、角川書店、1997年、491ページ。重昌の父・中島惣左衛門の項。

(9)　角野玄樹「金戒光明寺所蔵『黄檗版大蔵経』と経蔵内収蔵庫について」、仏教大学仏教学会編「仏教大学仏教学会紀要」第9号、仏教大学仏教学会、2001年、69─87ページ

(10)　大桑斉『寺檀の思想』（「教育社歴史新書〈日本史〉」第177巻）、教育

社、1979年

（11）尾張高野山・岩屋寺のウェブサイト中の経蔵のページ（〔https://www.iwayaji.jp/kyozo〕［2019年9月8日アクセス］）を参照。

（12）若月正吾「江戸時代の僧侶の堕落について──その諸例」（駒沢大学仏教学部研究室編「駒沢大学仏教学部論集」第2号、駒沢大学仏教学部研究室、1971年）などを参照。

（13）奥野高広「室町時代に於ける土倉の研究」、史学会編「史学雑誌」第44編第8号、史学会、1933年、44─95ページ

（14）富山博『日本古代正倉建築の研究』法政大学出版局、2004年、143─149ページ

（15）前掲『日本壁のはなし』71ページ

第5章　読書のかたち──『禅苑清規』にみる

1　『禅苑清規』とは

　清規とは、禅宗の出家者の生活規範をまとめたものである。『禅苑清規』は、北宋・宗賾の撰。1103年（崇寧2年）に成った、現存する最古の清規として知られている。栄西の『興禅護国論』や、道元の『正法眼蔵』にも『禅苑清規』が引用されていることが示すように、日本への影響も大きい。

　この『禅苑清規』には、修行僧の経典閲覧の心がけや規則が詳細に記載されている。もちろんここで述べていることが、日本の禅林でそのままおこなわれていたとは思えないが、他宗を含め宗教上の読書の姿を考える手がかりにはなると考えるので、本章で紹介したい。

　なお、以下に抄出する書き下し文は、鏡島元隆らによる『訳註 禅苑清規』におおむね従った。

2　禅林での読書

　『禅苑清規』第3巻には、「蔵主」の項がある。蔵主は、経蔵を運営し、修行僧の経典閲覧を管理する図書館長的な役割を担っている。部下に（蔵）殿主がいて、こちらは司書的な存在といえるだろう。

　　　蔵主は金文を掌握す。几案を厳設し、茶湯・油火・香燭を準備し、殿主・街坊表白を選請し、本寮及び看経の大衆を供贍す。

請案の法は、先ず看経堂首座に白して有無案位を借問して、来たりて依棲せんと欲す。如し案位有らば即ち蔵主に相看して之を白し、茶罷りて蔵主引いて経堂の案位の前に至り、各の触礼一拝す。蔵主の出づるを送りて聖像の前に大展三拝し、起ちて首座に触礼すること一拝す。巡堂一匝して殿主に相看し、時に依りて経に会することを乞う。並て拝礼無し。

　早晨に大衆起ち、晩間の放参の前、殿主、鐘を鳴らし経を会して交点出納す。経に会するの僧、応に蔵内に於て焼香礼拝懇重なるべし。経を路中に捧げて人と語笑することを得ざれ。案上に経を堆み、筆硯・雑物及び禅策文字を安置することを得ざれ。点灯・上油・退灯、並な宜しく躬ら親しく款曲低細なるべし。恐らくは聖教を毀汚せん。堂中に賓客を接待することを得ざれ。人の相い訪ぬること有らば黙揖して寮に帰れ。亦た看経の窓外に於ても人と説話することを得ざれ。恐らくは大衆を喧しくせん。雲霧陰湿し、或いは手を拭いて未だ乾かず、或いは火の上に於て、或いは日の下に在ての如きは、並な看経の宜しき所に非ず。

　巻を還すの法は、緊なれば則ち経を損し、慢なれば則ち斉しからず。身を以て案に倚せて経を圧することを得ざれ。口もて経帯を唧むことを得ざれ。函を開くの法は、両手に上の蓋を捉えて、左に仰ぎ右を俯せて手を交えて之を取り、軽く案上に放きて声を有らしめざれ。函を蓋うの法は、右を仰ぎ左を俯せて手を交えて之を合わすに、亦た須らく低細にすべし。経を開き、帯を摺み、巻を還し、條を繋ぐこと各の儀式有らば、堂中の看経首座及び慣熟の人に請問すべし。

　経案の辺に、並て衣服を解ぎ繋け、把針、捫虱することを得ざれ。字を識らざるが如きは、先ず篇韻を検し、猶お疑わしきこと有らば方めて借問すべし。字を問うこと若し繁ければ看転を妨ぐること有り。暫く案を離るるが如きは、並な須らく蓋覆すべし。亦た袈裟を将て畳んで経の上に安くことを得ざれ。看経の時、端身正坐せよ。声を出し及び唇口を動かし、并びに他事を縁ずること得ざれ。夜間の開静の如きには灯を退け、即時に衆に随いて堂に帰れ。灯に留めて衆に違き、首座をして動念せしむることを得ざれ。如し晩間に移下灯板、上油し

訖りて、却って事故有りて、堂に赴き看経するに及ばざるときは、則ち隣案に移下灯板を転託せよ。案を退かんと欲するが如きも、亦た先ず看経堂首座及び蔵主に白して経を還し蔵に入れ、方めて意の如くなるべし。已上の説く所、並な当に蔵主、衆人に暁諭すべし。若し法の如くならざれば方便もて開示すべし。所有る支収文暦、並な須らく開坐分明にして、只だ堂頭の簽押に係るのみなるべし。

3　再び信仰と営利について

『禅苑清規』第4巻には、「看蔵経」の項がある。こちらは第3巻での修行のための読経とは異なる、おそらくは文字を読めない信徒のための「看経」である。「大蔵経」への俗信仰が生まれ、「看経」が大仰な儀式として営まれるようになったことがうかがえる。また「看経」には金品が伴い、第3章でみたような営利に結び付いていることがわかる。

　如し施主、衆を請して大蔵経を看るに遇わば、或は蔵下、或は法堂の上に、直蔵、椅棹を安排し、典座、供過の行者を撥し、蔵主、茶湯・香花・灯燭を準備し、維那、戒臘に依りて牓を出だし、経并びに坐位照牌を分けて、法事及び作梵闍梨を請す。書状、開啓・罷散の文疏并びに看教の大牓を写し造す。蔵殿主、教を出だす。
　時に至りて、維那鐘を鳴らし、衆を集めて経を請し位に依りて坐す。法事、螺鈸を声らし、知客、浄を点じ施主を引いて行香し竟りて、筵に当たりて炉に跪く。維那、表歎して開啓の疏を宣べて念仏す。闍梨、梵を作す。声の絶つるを候て、然して後に大衆、経を開く。如し病患将息、及び衆縁有りて外に在るに遇わば、維那、銭并びに函号を収めて、参堂及び帰日を候てて、分付して看転せしむ。此の事、極めて好し。如し病僧堅く経銭を取らば、即ち須らく分付すべし。若し大衆に分俵して残零不尽の経有らば、尋常の看経の臘次の牌に依りて分俵す。如し施主看経了らん日に於て斎供慶懺を設けば、更に須らく罷散の文疏を読むべし。施主の経銭は並な堂司の収掌分俵に係る。監院、

大綱を照管して専切に施主を迎待す。蔵主、大衆の茶湯を供給して、常に切に告げ白して聖教を護惜す。

注

(1) 宗賾の事跡については、椎名宏雄「『禅苑清規』成立の背景」（日本印度学仏教学会編「印度学仏教学研究」第53巻第1号、日本印度学仏教学会、2004年、149—157ページ）、林徳立「『禅苑清規』の研究 ——編者長蘆宗賾の生没年を中心として」（日本印度学仏教学会編「印度学仏教学研究」第57巻第1号、日本印度学仏教学会、2008年、71—74ページ）を参照。

(2) 佐藤達玄「禅苑清規について」、日本印度学仏教学会編「印度学仏教学研究」第15巻第2号、日本印度学仏教学会、1967年、768—771ページ

(3) 『禅苑清規』と栄西、道元との関わりについては、西尾賢隆「宋代日中仏教交流史 ——禅苑清規と永平清規」（『中国近世における国家と禅宗』思文閣出版、2006年）などを参照。

(4) 宗賾編、鏡島元隆／佐藤達玄／小坂機融著『訳註 禅苑清規』曹洞宗宗務庁、1972年

おわりに

　幕末から近代初期の廃仏毀釈によって、一部の経蔵も損壊された。特に1868年（慶応4年）のいわゆる神仏分離令によって、神社境内の経蔵はほぼ一掃された。そのあとの天災や空襲などによって失われた経蔵も少なくない。近年では少子高齢化による地域社会の衰退が深刻になっていて、寺院の荒廃が進み、朽ちかかっている経蔵も多いとみられる。

　しかし、いまでも全国各地に多数の経蔵が現存しているとみられる。兪莉娜と小岩正樹の調査では、輪蔵だけで121の現存が確認されている。[1]しかし、その調査から漏れたものも相当数あると思われる。[2]

　経蔵とそこに収蔵されている経典類について、宗派を超えた全国的な調査が必要だろう。そのうえで、仏教建築史上重要な経蔵と書籍文化史上貴重な「大蔵経」などの仏典については、地域の文化財として保存するとともに、傷みが激しいものは早急な修復措置を講じることが望まれる。

注

(1) 兪莉娜／小岩正樹「日中輪蔵の型式分類について――遺構と建築技術書を中心に」、日本建築学会編「日本建築学会計画系論文集」第82巻第740号、日本建築学会、2017年、2701―2710ページ

(2) 例えば、京都市下京区の興正寺（浄土真宗興正派）の経蔵は、1848年（嘉永元年）建立で輪蔵と思われる（「真宗興正派 本山興正寺」〔http://www.koshoji.or.jp/about_2.html〕［2019年9月8日アクセス］）。

　本篇の一部は、2017年12月9日に開催された日本図書館文化史研究会2017年度第2回研究例会で「経蔵考」と題して発表した。

第3篇　佐野友三郎補記と寸感

小川　徹

第1章　佐野友三郎「日本の公共図書館」

　本章は、中山愛理が「佐野友三郎とアメリカ図書館界とのかかわり」[(1)]で紹介された "The Public library in Japan"[(2)] の私訳を、中山の前記の論考を参酌しながら試みたものである。

　注記はこの作業をおこなうなかで原文などから気づいたことの心覚えとして付した。

　山口県立山口図書館関連の用語の訳語はもっぱら『山口県立山口図書館100年のあゆみ』[(3)]（以下、『100年の歩み』と略記）による。また、訳文での誤解・過ちについてはご指摘いただければ幸いである。

　本章で紹介する佐野の論考掲載誌 *Public Libraries* は山口県立山口図書館所蔵のものによった。同誌は国立国会図書館関西館にも蔵されている。

日本の公共図書館　佐野友三郎　山口県立山口図書館長

　日清戦争（1894—95年）の結果、ひとつ指摘できるのは、日本では中学校が1893—97年の間に73校から156校に増えたことだ。日露戦争（1904—05年）の場合は戦後さまざまなことがあったが、そのなかで、図書館は1904年に100館だったのが09年初めには213館に増えている。[(4)]

　1899年、北海道府県郡市町村が自前の経費で図書館を設立、管理できる図書館令が公布され、1906年に改訂された。そうしたことから公共図書館の地位が高まった。

　1900年には田中稲城（帝国図書館長）著『図書館管理法』（文部省）が刊行された。[(5)]同じ年、文部大臣はいくつかの県の知事に通俗図書館設置奨励に関する通牒を出した。07年、同じ通牒を再び出している。[(6)]

　1908年、文部省は東京で、図書館事項夏期講習会を開いた。図書館管

理法、図書館建築についての講義があり、授業は順調におこなわれ、図書館員、教師、視学ら43人が参加し、修了証を手渡されている。[7]これは政府が主催した最初の図書館事項講習会だった。

　現在日本の図書館数は、一般には公開されていない大学、専門学校、行政府の図書館を除き213館ある。

　この日本の図書館のなかには、私たちの山口県立山口図書館より規模がはるかに大きく、設備が整っていて経費のかかる図書館があるが、中規模で適度の経費で運営される図書館のモデルは山口県立山口図書館である。規模・建物の大きさ、また経費と、図書館の利便性とは別の話である。

　山口県立山口図書館は最初、木造・平屋建てだったが、新たに2階建ての書庫（11メートル×9メートル）を作った。[8]図書館の設備はシンプルで、ことさらいうことはない。普通閲覧室は90席、特別室・婦人室はそれぞれ16席、新聞雑誌および児童室はおよそ80席である。[9]

　普通閲覧室には開架書架があり、約5,000冊が排架されている。[10]これは、あなたがた（アメリカの読者）が"open shelves"と呼んでいるものの日本における最初の試みである。山口県立山口図書館はこれを始めて2年になるが、貴重本を含めて1冊も紛失しておらず、問題がないことが証明された。新築した書庫はレベルの高い読書家の入庫を認めることにした。[11]

　図書館にどんな本が入ったかを、定期的に刊行される冊子で誰でも知ることができる。[12]

　1908年、山口県立山口図書館は341日開館し、14万1,543冊利用された。そのうち館内閲覧は10万4,353冊、貸し出しは3万7,190冊である。[13]

　日本の規模の大きな図書館は、入館者から入館料をとっている。[14]図書館はもっぱら館内閲覧のために使われていて、貸し出しはごく限られた人のためにおこなわれている。これに対して、山口県立山口図書館では20歳以上で県内に住み、国税を納めている者、館長が許可した者は1度に2冊、2週間ないしひと月貸し出しを受けることができる。また前述の者の保証があれば、誰でも貸し出しを受けられる。[15]

　山口県立山口図書館は単なる公共図書館ではなく、貴国の公共図書館の業務と、州立図書館、州立図書館理事会の役割を、スケールは非常に小さいが、果たしている。山口県立山口図書館は県内のほかの図書館を管理し

第1章　佐野友三郎「日本の公共図書館」　103

ていないが、私たちは県内公共図書館に巡回書庫⁽¹⁶⁾を回していて、年に1回、公共図書館の状況をチェックし、必要に応じて当を得た助言をしている。図書館を創設しようとしている人々には選書やそのほかのことについて助言し、力を貸している。

　私たちが巡回書庫を始めたのは1904年だが、ニューヨークのシステムを見習って日本で巡回書庫を始めたことがどれほどタイムリーで、歓迎されたことだろうか。そのことは、04年当時、山口県には県立のほかの図書館は2館だけだったのが、5年のちには29館になったことからもみてとれる⁽¹⁷⁾。

　前述のように、日本には図書館は213館あるが、そのうちの山口県の32館には4カ月おきに巡回書庫が回っている。

　私たちの巡回書庫は中学校、郡役所のほか、町村の登録した図書館を回るが、その図書館に行くと、図書館がない近隣の地域では巡回書庫が来てくれる図書館を作ろうという気持ちが沸き起こってくる。1908年度には、総計8,350冊の本を積んだ106の巡回書庫が、各ステーションにそれぞれ4カ月とどまって、2万8,039回利用されて戻ってきている。巡回書庫は43の町村に行っている⁽¹⁸⁾。

『山口県立山口図書館報告』第1（1905年）で、私は巡回書庫を始めたことは日本の図書館事業に画期をもたらすと述べた。それがどのようになっていくかについて結論的なことを述べる立場にはないが、私たちの巡回書庫の管理・仕組みについての情報が日本の各地から求められていて、この事業は広がりつつある。わが国の規模の大きな図書館はもっぱらよりレベルの高い読者に使われているが、私たちの巡回書庫は図書館の理念と使い方を広めるのに大変役立っている。

　最小の経費で最大多数の者に最良の読み物を提供するアメリカの無料公共図書館システムが極東で実現している。それが私たちの、つまりこの山口県の図書館であることを私は誇りに思っている。

　私はメルビル・デューイ氏から多くのインスピレーションと具体的な援助を得ている。デューイ氏はいつも私の質問に親切に答えてくれて、図書館の発達についての貴重な情報を伝えてくれている。私は感謝の念をもち、深く尊敬の念を抱いていることを伝えるものである。

注

(1) 中山愛理「佐野友三郎とアメリカ図書館界とのかかわり——雑誌記事や書簡を手がかりとして」、茨城女子短期大学紀要委員会編「茨城女子短期大学紀要」第36集、茨城女子短期大学、2009年、45—53ページ

(2) Tomosaburo Sano, "The Public library in Japan," *Public Libraries*, 14(6), Library Bureau, 1909, pp214-215.

(3) 山口県立山口図書館『山口県立山口図書館 100年のあゆみ——山口県立山口図書館開設100周年記念誌』山口県立山口図書館、2004年

(4) 佐 野 は "Japan-China war resulted, in one sense, in the increase of the middle school" と書いている。当時、佐野は広島の中学校教師だった。そのためここでは中学校の増加について述べたのだろう。それに対して日露戦争のときは山口県立山口図書館長だった。山口でも日露戦争勝利記念事業として植林などさまざまなことがおこなわれ、そのひとつとして図書館設立があった。「文部省年報」第21—36（明治26—41・42年）（文部省、1893—1909年）によれば、中学校は1893年（明治26年）に75校であり、97年（明治30年）に157校だった。図書館は、1904年（明治37年）には国立1館、公立30館、私立69館であり、08年（明治41年）には官公立65館、私立135館であった。それに09年（明治42年）当初にできた図書館を入れると213館となるという計算だろう。

(5) 佐野はこの『図書館管理法』（文部省編纂、金港堂書籍、1900年）を、"In 1900 the Department of education distributed a hand-book on library economy, compiled by I. Tanaka, librarian of Imperial library" と書いている。

(6) この当時、毎年東京に各県の知事を集めて地方長官会議が開催されていて、そこで各大臣が演説や訓示をおこなっていた。当然文部大臣も同様で、1901年（明治34年）、07年（明治40年）には、図書館設置について言及している（この項の内容については中山愛理氏に教えていただいた）。

(7) 1908年の文部省主催図書館事項夏期講習（佐野は "summer school" とともに "first library training" とも書いている）、「図書館雑誌」第4号（日本文庫協会、1908年）の記事によれば、この講習は7月25日—8月7日におこなわれ、受講者45人、うち図書館員14人、ほかは高等学校、中学校、師範学校などの教員、視学らだった。この記事の終わりに、ある聴講者（某県視学）が新聞記者に、この講習は図書館を作るうえでそれほど役に立たなかった、帰途、山口県の巡回文庫の制をみて大いに参考になったと語っ

たと書かれている。

（8）山口県立山口図書館の開館は1903年（明治36年）、09年（明治42年）に木造2階建て書庫が完成した。折り畳み式の机を窓に12カ所取り付け、椅子も用意した。入庫できる者は限られていたが、当時の日本の閉鎖的な図書館の様子からみて、閉架書庫入庫を許したことは画期的だった。

（9）佐野は、普通閲覧室を"general reading room"、特別室と婦人室を"reference and ladies room"、新聞雑誌および児童室を"magazine room and children's corner"と書いている。"reference and ladies room"と書かれると同じ1つの部屋を指すようにもみえるが、並んでいる2つの部屋である。特別室を"reference room"といっているのは、そこを調べもののために使ってもらう部屋としたためであり、佐野の図書館に込めた思いのひとつがみられる。『100年のあゆみ』に1912年（明治45年）頃の新聞雑誌および児童室の写真がある。それをみると、この部屋は入り口からみて左側に子ども用の閲覧机があり、向かいあって40席あり、右手に雑誌新聞用の閲覧机があり、やはり向かいあって40席がある。真ん中が通路になっている。子どもの席は満員（男の子と女の子が交じって座っている）で、あふれた子どもは雑誌・新聞用の席に座っている。大人は、子どもに席をゆずるよう言うわけでもなく立って新聞を読んでいる。佐野もそうだったが、子どもを大切にする気風があった。

　　佐野はなぜ、新聞雑誌および児童室を"magazine room and children's corner"と書いたのだろうか。この表現からすると、"magazine room"があり、それとは別に"children's corner"があるようにも読み取れる。しかし実際はそうではなく、同じ1つの部屋だった。子ども専用の部屋がほしいのにかなえられないままだったことが、子どもの閲覧席という表現でなく、子どものコーナーといわせたように思われる。

（10）普通閲覧室に公開書架を置いたのは1907年（明治40年）のことであり、最初は2,540冊だった（「山口県立山口図書館報告」第8、山口県立山口図書館、1911年）。いまの書庫は一時的なもので、狭くて増加図書が入らなくなったので、書庫新設までの間、ひとまず普通閲覧室に大書函8個を置いてそこに入れたと述べている。一時的措置のように聞こえるが、佐野にはこの開架書架の必要性についての認識があり、これを始めるきっかけとしたのだろう。ただ開架書架にすると本が紛失するという声が当初からあった。

（11）「山口県立山口図書館規則」によれば、優待券、特別券をもつ者、館長

が認めた者の入庫を決めたのは1911年（明治44年）のことだ。実は規則ができる前、佐野は書庫ができると特定の人（"more advanced readers"）の入庫を認めたのである。思い立ったらすぐに実行する佐野らしさがみえるエピソードである。

(12) "bulletin" を「冊子」と訳したが、「山口図書館閲覧案内」によれば当時図書館は帳簿目録とカード目録を用意し、のちにはルーズリーフ式の冊子型の目録を用意していた（前掲『100年のあゆみ』7ページ）。

(13) ここで出てくる数字は、前掲『100年のあゆみ』の「統計でみる100年」によれば、

	開館日数	閲覧冊数	貸出冊数
1908年（明治41年）	340	10万8,119	3万6,599

である（資―27ページ）。これは「山口県立山口図書館年報」第6（山口県立山口図書館、1909年）によっている。1908年（明治41年）度の数値だが、この違いの理由は何なのだろうか。佐野が示しているのは08年1月―12月の数値ではないのだろうか。手元にそれを確かめる材料がない。「閲覧冊数」は原文では "reference"。第2章「佐野友三郎は "reference" を「閲覧」と理解していた」を参照されたい。なお「貸し出し」の英訳は "circulation"。

(14) 佐野は "visitor-we say'visitor'" と書いている。user、reader、borrower、person はしばしばみえるが、visitor の使用例が少ないので、こう書いたのだろうか。

(15) 山口県立山口図書館では入館料を取っていない。佐野はなぜそのことを書かなかったのかが疑問として残る。

(16) traveling library を佐野は秋田県では巡回文庫と名づけ、山口ではそれと差別化するためだろう、巡回書庫と命名した。

(17) 細かなことだが、「山口県立山口図書館年報」第8（山口県立山口図書館、1911年）に「山口県内公私立図書館概況」が掲載されていて、公・私立図書館の創立年がわかる。創立年が1901年（明治34年）、03年（明治36年）、04年（明治37年）にそれぞれ1館ある。3館のうちどれかを佐野は見落としたのだろうか。04年から5年のちの09年（明治42年）には47館ある。その1年前、08年（明治41年）は20館である。佐野がいう29館は09年（明治42年）創立の館が含まれた数字かもしれない。

(18) この数字の根拠がわからないので、参考までに記したい。「山口県立山口図書館年報」第6（山口県立山口図書館、1909年）の「四 巡回書庫」に

第1章　佐野友三郎「日本の公共図書館」　　107

よれば、巡回書庫の回付先は郡市役所、県立学校、公・私立図書館合わせて46カ所であり、それら全部を合わせて117回まわり、運ばれた書籍は延べ8,565冊であり、この間、延べ2万6,972冊借りられたということである。

　なお、「山口県立山口図書館概覧」（「山口県立山口図書館報告」第10、山口県立山口図書館、1908年）によれば、巡回書庫には50冊ないし100冊の図書が入るという。

第2章　佐野友三郎は"reference"を「閲覧」と理解していた

　前章では、佐野友三郎が *Public Libraries* に投じた "The Public Library in Japan" の私訳「日本の公共図書館」を紹介した。

　佐野はその論考のなかで、山口県立山口図書館のことに言及し、図書館の利用状況について述べている。これを英文でみると、次のとおりである。

　　"During the current year of 1908, the library was opened 341 days, 141,543v. were used-104,353 for reference and 37,190 for circulation"

　この個所は、『山口県立山口図書館 100年のあゆみ』所収の「統計でみる100年」の記録に対応していることについても述べた。

	開館日数	閲覧冊数	貸出冊数
1908年（明治41年）度	340	10万8,119	3万6,599

ここでは、佐野が「閲覧」を "reference"、「貸し出し」を "circulation" と書いていることに注目してみたい。"circulation" はわかるが、館内での閲覧を "reference" ということに現代の人々は違和感があるのではないだろうか。今日なら、レファレンスは閲覧とは別のレファレンスサービスを受けることと理解されるのではないだろうか。

　佐野はなぜ館内での閲覧をレファレンスと表現したのだろうか。
　図書館で「閲覧」という言葉は1877年（明治10年）頃から使われるようになった。それまでは「借覧」「縦覧」「閲読」「展閲」などの言葉が使われていた。「閲覧」には、調べながら本や書類を読むという意味がある[1]。図書館が単に本を読む場ではなく、わからないことを調べるための場であ

ると理解されるようになっていく過程で、図書館で「閲覧」という言葉が使われるようになったと考えられる。[2]

　他方、"reference"という言葉を佐野が「閲覧」と理解したのは、1909年までに佐野が、秋田県立図書館、山口県立山口図書館で購入して読んだイギリスやアメリカの図書館に関する本のためではないだろうか。

　そのなかで注目されるのは、James Duff Brown, *Manual of Library Economy* である。

　少し脇道にそれるが、ひとつ付言しておきたい。

　上記の本は山口県立山口図書館と国立国会図書館に所蔵されていて、山口県立山口図書館本の受け入れ印の受け入れ年月日が［明治三七年三月三〇日］であるのに対し、国立国会図書館本の受け入れ印の受け入れ年月日が［明治三七・　　・二八日］とある。確認できるように、月のところが欠けている。

　東京図書館に勤務していた田中稲城は、1888年（明治21年）8月から1年半、文部省からアメリカとイギリスへの留学を命ぜられて、アメリカにほぼ1年滞在し、そのあとイギリスに渡った。そこでブラウンに会ったかどうかはわからないが、当時ブラウンはたいへん活躍していて、田中は一方ならずその姿に関心を抱いたのではないかと推察される。田中は後日、前掲 *Manual of Library Economy* の出版を知って、その2冊を丸善から取り寄せ、1冊は東京図書館に入れ、もう1冊は佐野に読ませようと思って、山口県立山口図書館に買わせたのではないだろうか。もしこの推測に間違いがなければ、国立国会図書館本の受け入れ年月日のうちの欠けている月は「三月」だと思われる。

　田中が佐野と出会い、佐野の面倒を見るようになったのがいつなのかは定かではない。だが、田中は、自分の故郷である山口県の県立図書館長として赴任した佐野のためにあれこれと便宜を計っている（拙稿「佐野友三郎伝」）。[3]

　本題に戻ろう。その山口県立山口図書館本は、背に割れ目ができるほど

傷んでいる。佐野は繰り返し読んだのだろう。佐野はさらに、1907年に刊行された再版本（出版社、Library Supply）を県立山口図書館に入れていて、そのあとブラウンの死後、20年に再版本と同じ出版社から刊行された "Third and Memorial Edition" を自分で購入している（後日、県立山口図書館に寄贈）。このことからも、ブラウンから多くを学んだと考えていいだろう。

　当時、イギリスは産業革命を通じて、工業国に変貌しつつあり、都市が発達するなかで、1850年、議会で図書館法が成立する。52年にはマンチェスターに公共図書館ができ、以後公共図書館が各地に作られていく時期であった。

　ブラウンは、この本の序文で、これまでイギリスで出版された図書館についての本のどれよりも理解しやすく、レベルの高いテキストブックであるとし、図書館に関わる制度、スタッフ、建物、家具、備品、選書、分類、目録などについて述べている。その第2章（財務、報告）で、図書館が作成する年次報告書の書き方について述べるなかで、蔵書数、利用数について "reference"・"lending" をそれぞれ別に書き込むようにと書いている。この "reference" は、今日使われているレファレンスサービスの意味での用語ではない。そのことは、建物の立地条件や建物のあり方について述べる箇所（第8章「立地・計画」）で、あるべき図書館の姿として、reference library と lending library のほか、一般読書室（general reading room）、雑誌室（magazine room）、スタッフ、司書の各部屋からなるワンフロアの図書館と、2階建てで1階が一般読書室、lending library、子どもの部屋、スタッフの部屋、2階が雑誌室、reference library、予備室、司書・委員会の部屋からなる図書館のプランを提示していることと対応している。

　ここにみえる reference library はいわゆるレファレンスブックもあるが、貸し出さない蔵書が置かれている閲覧室であり、人々はここで求める情報を得るべく調べ、読む。つまり「閲覧」（reference）するのである。

　lending library は貸し出しする蔵書がある貸出部門である。

　reference library、lending library がそれぞれ独立している図書館があり、マンチェスター市の中心館は reference library で、分館は lending library であった。

　また佐野は秋田で、John Cotton Dana, *A Library Primer*, 2nd ed.（1902年図書館受け入れ）を、山口ではその3rd ed.（1904年図書館受け入れ）を、ともによく読んでいるが、Dana はその「第11章：選書（XI Selecting books）」で、本は借りられるか（"they are to be lent"）、"reference" にだけ使われるか、あるいは "reference" と貸し出しの両方で使われる（"both a reference and a lending library"）といっている。
　ここでも佐野は "reference" ＝「閲覧」という使い方を目にしている。

　別の面からみてみよう。佐野の目にふれたかどうかはわからないが、1876年アメリカで *Public Libraries in the United States of America* が刊行された（県立山口図書館にはなく、国立国会図書館所蔵）。そこにシカゴ公共図書館長 W. F. Poole の、"The Organization and management of public libraries" がある。その文中に、"The 'public library' … has an equal share in its privileges of reference and circulation" という記述があり、ここでも "reference" は館内閲覧を、"circulation" は貸し出しを指している。
　繰り返しになるが、"reference" という言葉は、公共図書館の資料提供は「館内閲覧」と「貸し出し」にあるというときの「館内閲覧」を指す。
　佐野は、これらから得られた知識に基づいて、「閲覧冊数」に対応する言葉として、"reference" を使い、「貸出冊数」には "circulation" を使ったのだろう。
　なお、以下は参考までに記しておきたい。
　前述したように、田中はアメリカに行っている。そこでウスター図書館、プロヴィンス図書館を見学している。そのことについての報告が「出版月評」にある。そこで、ウスター図書館は参考部と貸付部に分かれているが、プロヴィンス図書館にはその区分がなく、その違いは蔵書の多少によるのだろうと述べている。
　国立国会図書館には、"*Twenty-ninth annual report of the Directors of the Free Public Library Worcester.* Nov.30, 1888" が所蔵されている。そ

のタイトルページに「東京図書館所蔵」印、「明治22年5月28日寄贈」印
がある。田中が訪問先のウスター図書館でもらったものを東京図書館に入
れたのだろう。この年報は、そのあとしばらく東京図書館に寄贈されてい
る。

　さてこの1888年報で、館長のサムエル・グリーンは理事会宛ての報告
を記している。そのなかで"circulating dept."、"reference dept."ともに
利用が増えているとしてその数字をあげ、日曜日については"Sunday
reference use"と書かれていて、貸し出しはしないとしている。田中はこ
の"circulating dept."を貸付部、"reference dept."を参考部と書いている。

　また田中は帰国後まもなく刊行された西村竹間『図書館管理法』に序文
を寄せていて、そのなかで、

> 外国ニテハ都府ノ図書館ハ多ク参考部貸本部新聞雑誌部等ニ分チ参考
> 部ニハ高尚ノ図書貸本部ニハ通俗図書ノ備付アルヲ以テ下等読書者ハ
> 多ク貸本部ニ来リ上等読書者ハ多ク参考部ニ来ルコトナリ

と述べている。

　田中は「参考部」は「高尚ノ図書」が置いてあり、「上等読書者」が利
用するという。図書館の利用者をこのように二分するのはどうかと思うが、
参考部に置かれている図書は今日いわれているレファレンスブックのこと
ではない。

　佐野は"reference"を「閲覧」と訳したのだが、「参考」と訳すのが普
通になったからだろうか、のちには「参考」というようになった。僻遠の
地にいた佐野の訳語は普及しなかった。

　ただ、図書館関係に限らず、用語の使われ方は時代とともに変わる。
"reference"という言葉は、今日ではレファレンスサービス、レファレン
スワークという言い方のなかで使われている。"reference library"は貸し
出しをしない館内閲覧だけの図書館という意味で使われていたが、いまで
は参考図書館と訳されて高度のレファレンスサービスをおこなうことがで
きる図書館と理解されている。閲覧は"read"である。

第2章　佐野友三郎は"reference"を「閲覧」と理解していた　　113

以下は「閲覧」という言葉についての余談だが、記しておこう。

　先年亡くなった菅原峻氏は『新版 これからの図書館』の「図書館建築を考える」で「閲覧、読書、開架書庫」について述べるなかで「閲覧とは何だろう」と問いかけている。『岩波国語辞典』には「図書や書類をしらべ読むこと」⁽¹³⁾とあり、図書の閲覧は図書館の用語だが、図書館では本に目を通すことについて何でも閲覧と呼ぶのでいいというのはおかしい、読書といっていい場面もあると述べ、「閲覧」について、「それは参考調査、レファレンスにこそふさわしい」と書き残している。

注

（1）　新村出編『広辞苑』第3版、岩波書店、1983年、262ページ
（2）　小川徹／奥泉和久／小黒浩司『公共図書館サービス・運動の歴史 1』（「JLA 図書館実践シリーズ」第4巻）、日本図書館協会、2006年、79ページ
（3）　小川徹「佐野友三郎伝」、小川徹／奥泉和久／小黒浩司『人物でたどる日本の図書館の歴史』所収、青弓社、2016年、24—302ページ
（4）　James Duff Brown, *Manual of Library Economy*, Third and Memorial Edition, revised and rewritten by W. C. Berwick Sayers, Grafton & Co., 1920.
（5）　John Cotton Dana, *A Library Primer*, 2nd ed., Library Bureau, 1900.
（6）　John Cotton Dana, *A Library Primer*, 3rd ed., Library Bureau, 1903.
（7）　Dana, *A Library Primer*, 2nd ed., p.39.
（8）　United States. Bureau of Education, *Public Libraries in the United States of America: Their History, Condition, and Management. Special report, Department of the Interior, Bureau of Education*, G.P.O., 1876.
（9）　*Ibid.*, pp.476-504.
（10）「田中稲城氏の報告書」「出版月評」第17号、月評社、1889年
（11）西村竹間編『図書館管理法』金港堂、1892年、（序文）4ページ
（12）日本図書館協会用語委員会編『図書館用語集 4訂版』日本図書館協会、2013年、16ページ

（13）『岩波国語辞典』第3版、岩波書店、1981年、104ページ
（14）菅原峻「図書館建築を考える」『新版 これからの図書館』晶文社、1993年、184ページ

　　謝辞：竹内悊先生から多くの教示をいただきました。あらためてお礼を申し上げます。

第3章　佐野友三郎、台湾総督府在職中のこと

　1894年（明治27年）に日清戦争が起き、翌年には終結した。同年4月17日に日清講和条約が結ばれ、台湾は日本の領土とされた。佐野はその年の5月、勤めていた広島中学を依願退職して台湾に渡り、台湾総督府の民生局外務部の事務嘱託になった。そこでのことは石井敦編『佐野友三郎』⁽¹⁾の271ページ、年譜の322ページにわずかにみられるだけである。ただ、外務部が最初の勤務場所だったが、翌年1月には学務部に移っていることを伝える資料があった。

　1896年1月に起きた抗日武装蜂起で、学務部所属の6人の内地人教員が戦死した。このとき内地人は20人が死亡したが、日本軍の報復で1,500人ほどの台湾人が殺され、約1万戸が焼かれたことがあった（小熊英二『〈日本人〉の境界』⁽²⁾）。

　そのことに関連して、伊能嘉矩編『台湾領有ニ関スル資料』があり、その第3冊に、

　　発文時間　明治二十九年一月二十三日
　　題名　学務部員戦死幷ニ其屍体引取等ニ関スル報告
　　発文者　佐野友三郎（学務部員）⁽³⁾

がある。この資料はインターネットで見つけたものである。現物は台湾大学にあり、詳細はわからず、得られた情報は断片的なものだが、佐野は苛烈な状況のなかにいたことがうかがわれる。

注

(1) 佐野友三郎著、石井敦編『佐野友三郎——個人別図書館論選集』日本図書館協会、1981年

(2) 小熊英二『〈日本人〉の境界——沖縄・アイヌ・台湾・朝鮮植民地支配から復帰運動まで』新曜社、1998年、95ページ

(3) 本書を出版するにあたり、あらためてサイトを確認したが、見つけることができなかった。しかし、国史館台湾文献館の「文献檔案査詢系統」（〔http://archives.th.gov.tw/index.php?act=Archive/index〕[2019年10月27日アクセス]）から、同館で電子化された台湾総督府文書を検索して、この報告書の原文とみられる次の文書を確認できた。「学務部員戦死ニ関スル件、学務部員戦死在京局長ニ通知、屍体検視学務部長報告、屍体引取及図書収拾報告、遺族及各所属師団ニ通知、愛媛教育会ヨリ吊詞」（明治28年台湾総督府公文類纂乙種永久保存第4巻恩賞）。なお、この文書は『台湾教育沿革誌』（台湾教育会、1939年）26—29ページに掲載されている（「国立国会図書館デジタルコレクション」〔http://dl.ndl.go.jp/info:ndljp/pid/1281533〕[2019年10月27日アクセス]）。今後、台湾時代の佐野について、台湾総督府文書などを用いた再検証が必要だろう。

第4章　佐野友三郎の辞世の句

　佐野は、1920年（大正9年）5月13日に辞世の句
「なにごとも　いはで散りけり　梨の花」
を残して、みずから命を絶った。[(1)]

　佐野は晩年、仕事のことで行き詰まり、体調を崩し、なにごとも思うようにならなかった。その屈折した気持ちをこの句に託したのだが、この句のポイントは終わりの「梨の花」にある。一見すると、梨の花は5月に咲く白い花なので、佐野は季語として使ったのかとも思われる。しかし、佐野の思いを語る「なにごとも　いはで散りけり」を受ける下の句をきれいな花だというだけの理解にとどめていいのだろうか。

　実は、『枕草子』の34段は木の花の話で、紅梅、桜、藤の花、橘と進んで、梨の花について以下のようにある。[(2)]「　」部分が原文でそのあとに訳を記す。

「梨の花。世にすさまじきものにして、近うもてなさず、はかなき文付けなどだにせず。」

　梨の花はひどくつまらない花で、身近に置き鑑賞もしないし、その木の枝にふだんの手紙を結びつけることもしない、と書き始める。

「せめて見れば、花びらのはしに、をかしき匂ひこそ、心もとなうつきためれ。」

　よくよくみてみれば、花びらのはしに、しゃれた色が、ほらちょっぴりついているではありませんか。続いて中国の唐の時代、玄宗皇帝と楊貴妃のことを詠んだ白楽天の「長恨歌」の一節「梨花一枝春帯雨」が引かれ、

「「なほ、いみじうめでたきことは、たぐひあらじ」とおぼえたり。」

　やはり梨の花のすこぶるつきの魅力は比類のないものだと納得がいった、と結んでいる。

佐野は、自分を梨の花に託して、世間はあれこれ自分を非難して「すさまじきもの」とみているようだが、いずれ自分を「たぐひあらじ」、比類なき仕事をした者と認めてくれるようになるだろうと言い残して最期を迎えたのではないだろうか。

　拙稿「佐野友三郎伝」でもこの辞世の句は紹介したが、執筆時にはこの理解に至るまで思いが及ばなかった。たまたましばらく前に『枕草子』を読むことがあって、その34段の木の花にある「梨の花」から佐野の辞世の句を思い出して、拙文を草した。ただ、佐野が『枕草子』を読んだと断言できない弱みがあるだけに、いかがなものかと思われることは承知のうえで、「梨の花」に引かれてひと言。

注

（1）「防長新聞」1920年5月15日付

（2）清少納言『枕草子』上、萩谷朴校注（新潮日本古典集成）、新潮社、1977年

（3）前掲『人物でたどる日本の図書館の歴史』180ページ

第5章　余話ひとつ──「代読」

　代読とは、「本人に代わって読むこと[1]」。

　佐野友三郎が山口県立図書館長だったときのこと、1919年（大正8年）4月6日から10日にかけて「防長新聞」は「山口重要史蹟──山口に於けるザビエ　佐野館長談」を掲載した。そのうち4月7日の掲載記事のなかに、

> 　ザビエの事蹟に関し本邦に於て刊行せられたるもの余の知れる狭き範囲内に於ては、サトウ氏（本邦駐箚英国公使館書記官より公使、大使に陞任せられたる人）が千八百七十八年（明治十一年）十一月二十七日日本亜細亜協会に於て報告せられたるものを最先とすべし。サトウ氏の報告は
> 　　自千五百五十年至千五百八十六年山口に於ける教会の変遷
> 　と題し其の資料の一半を欧西に採り一半を本邦の正史に採れりと称す[2]

とある。

　ここにみえる日本亜細亜協会（The Asiatic Society of Japan）は、楠家重敏『日本アジア協会の研究[3]』によると、1872年（明治5年）7月29日に横浜の外国人商業会議所で設立された。当時日本に在住していた外国人は1,000人余だったが、日本についての知識が不十分だったので、日本についての情報を交換し、学ぼうという機運が高まるなかで設立された。最初の頃の会員は100人余。最初の例会が設立年の10月30日に外国人商業会議所でおこなわれ、サトウは「琉球についての覚書」を報告している。

　例会で報告されたものは *The Transaction of Asiatic Society of Japan*（「日本亜細亜協会紀要[4]」）に収録された。

前述した、サトウが1878年（明治11年）11月27日に日本亜細亜協会で報告したということに関連して、些細なことではあるが、ひとつ確認しておきたいことがある。

　萩原延寿『遠い崖』の最後の第14巻『離日』[5]によると、イギリスの商船バーバラ・テイラー号が1878年9月21日に済州島で難破し、その救助を島民が支援した。船は長崎に戻り、イギリス側ではこのことに感謝の意を朝鮮側に伝えるため（あわせて朝鮮の内情を探るため）、サトウを朝鮮に遣わした。

　同年11月13日、サトウは従者を従えて広島丸で横浜をたち、翌14日早朝神戸に着く。「横浜から神戸に来る途中、16世紀の山口における初期キリスト教会の変遷を扱った論文の清書をすませた」と前述の『離日』[6]に記してある。

　11月16日早朝に神戸をたつ。「一日中、表記法に関する論文を清書する」[7]。翌17日、長崎着。19日、長崎出航。20日に済州島着。先方との交渉。終えて25日に釜山に向かい、27日、サトウらを乗せた軍艦イジーリア号は釜山をたち、帰路に就く。

　28日に長崎に帰着。29日、広島丸で長崎出航。12月1日、神戸に到着し、そのあと汽車で京都へ向かう。同月3日、京都をたって神戸に戻り、その日のうちに広島丸で横浜へ。5日、横浜着。

　この日程からすると、サトウは前述の11月27日に日本亜細亜協会の例会で報告することは無理である。おそらく11月13、14日の船上で書き上げた原稿を、14日かその翌日に神戸に船が停泊している間に下船して協会の関係者に宛てて投函したのだろう。その原稿を受け取った協会の関係者の誰かが前述の例会で代読したと思われる。代読は当時からしばしばあったのだろうか。

　なお、「表記法に関する論文」は「日本語の五十音図の表記について」のタイトルで、前述のもう一つのキリスト教会についての論考とともに「日本亜細亜協会紀要」に収録された。

注

(1) 新村出編『広辞苑』第3版、岩波書店、1983年、1453ページ

(2) 前掲『人物でたどる日本の図書館の歴史』275―280ページ。ザビエはフランシスコ・ザビエル。1549年（天文18年）に来日し、京、豊後国（大分県）で布教するもうまくいかず、もっぱら長州（いまの山口県）で布教活動をおこなった。関連記事は前掲「佐野友三郎伝」（160―163ページ）にある。サトウはアーネスト・サトウ。1862年（文久2年）に来日。当時19歳だった。以来在日20年、外交官として活躍する。萩原延寿『遠い崖――アーネスト・サトウ日記抄』（全14巻、朝日新聞社、1998―2001年）がある。

(3) 楠家重敏『日本アジア協会の研究――ジャパノロジーことはじめ』日本図書刊行会、1997年

(4) Asiatic Society of Japan ed., *The Transaction of Asiatic Society of Japan*, Asiatic Society of Japan, 1872-1922.

(5) 萩原延寿『離日』（「遠い崖――アーネスト・サトウ日記抄」第14巻）、朝日新聞社、2001年

(6) 同書11ページ

(7) 同書11ページ

第6章 「佐野文夫文庫」補考

　前掲『人物でたどる』所収の拙稿「佐野友三郎伝」の補論3「法政大学図書館所蔵「佐野文夫文庫」について[1]」で、東京社会科学研究所に文夫が寄贈した自分の蔵書が「佐野文夫文庫」として同研究所に収蔵されていたが、後日法政大学に寄贈されたいきさつについて述べた。このことに関わる未見のことをひとつ紹介する。

　佐野文夫についてごく簡単に述べる。文夫は、佐野友三郎が山形県米沢の中学校教員だったとき、1892年（明治25年）に長子として生まれた。東大に進むが、問題を起こして退学する。そのあと南満州鉄道や外務省に勤めるが、一方で1922年（大正11年）に非合法で結成された日本共産党の指導者のひとりとして文夫はそこにいた。28年（昭和3年）に全国でいっせいに共産党員が検挙されたとき、文夫も検挙された。獄中で転向して保釈されたが、31年（昭和6年）に死去している。

　しばらく前のことになるが、「大塚会」（この会は、東京社会科学研究所の創設に関わり、その所長となった大塚金之助が教鞭をとっていた一橋大学、明治学院大学の教え子たちが恩師をしのんで作った会）の主要なメンバーである磯崎道雄氏から、同研究所の設立趣旨書や利用案内を発見、入手したと言われ、それを掲載した「大塚会会報[2]」を送ってもらった。貴重な発見である。

　ひと言添えれば、大塚は戦前の暗黒の時代から戦後を通じて姿勢を変えることなく、権力に届せず、民主主義と平和を求めて幅広く活動を続けた学者であり、思想家であり、また歌人でもあった。『大塚金之助著作集[3]』がある。第2次世界大戦後、大塚が出版した『解放思想史の人々[4]』は広く

第6章　「佐野文夫文庫」補考　　123

読まれた。

　敬愛している恩師・大塚金之助関連の資料を長年粘り強く追い求めてきた磯崎氏ならではの発見であり、ここに敬意を表する次第である。
　この新発見の文献に「佐野文夫文庫」に関する箇所がある。下記の2点だが、このことについて若干述べてみたい。
『東京社会科学研究所——趣旨と概況(5)』（以下、『概況』と略記）
『東京社会科学研究所便覧(6)』（以下、『便覧』と略記）

　東京社会科学研究所は1927年（昭和2年）9月、東京・神田のニコライ堂前のビルの一室で設立された。所長は大塚金之助。社会や経済に関する調査・研究を目的とするとあるが、その立場はマルクス主義の立場に近いものだった。

　『概況』は発行年月日の記載がないが、磯崎氏は、内容から1930年（昭和5年）9月10日以降に印刷されたと考えられると言っている。
　冒頭に研究所設立の中心人物・尾高朝雄の「宣言−科学に於ける共同の精神」を掲載している。フライブルグ在住のときに書いたもので、末尾に「1930年8月30日　フライブルグにて」とある。以下、研究所の概況として、「一、趣旨」「二、目的」「三、由来」「四、事業」「五、組織」「六、蔵書」と記されている。
　いずれも関心を引くのだが、「三、由来」には研究所設立に至るまでの経緯が簡単に書かれ、続いて創立に関わった2人が「個人的理由」で研究所を退所したと書いてある。その1人が1930年（昭和5年）6月5日に退所した大塚だった。これは警察ににらまれてのことだった。
　次に、「六、蔵書」についてみてみる。最初に「昭和五年九月十日現在調査に依る」とある。冊数の次に内容の説明があり、蔵書は（1）社会学関係書1,093冊（現在はフランス書がほぼ半数だが、今後はドイツ書蒐集に努力する予定）、（2）経済学関係書2,357冊（現在はマルクス主義に関する図書が大部分だが、今後は広く理論経済学一般に関する図書を蒐集する予定）、（3）そのほか406冊（主として哲学、社会科学一般、今後は哲学、教育学に関する

ものの蒐集に努める計画）、蔵書総計3,856冊、と現況が書いてある。「佐野文夫文庫」のことは書いていないが、「経済学関係書」のマルクス主義に関する図書というなかにあるのだろう。

『便覧』は表紙のタイトルの横に「（昭和七年七月改正）」とある。内容は、「一、趣旨」「二、目的」「三、事業」「四、構成」「五、蔵書」である。

「五、蔵書」では、蔵書を哲学、社会学など10種類に分けてそれぞれの冊数を書き出している。総計4,094冊である。そのほかに、統計、辞書、文献目録が合わせて420冊、総計4,513冊とある。

蔵書数の合計を書いたあとに、「右の外なほ約八百冊より成る「佐野文庫」を保管す」とある。「佐野文庫」は「佐野文夫文庫」のことであり、「保管」という表現は当時の状況下で、「所蔵」とすることの危険性を考慮してのことかとも思われる。

『概況』でいう「マルクス主義に関する図書」は『便覧』でいう佐野文夫の蔵書だろう。

私は「佐野友三郎伝」の「補論3 法政大学図書館所蔵「佐野文夫文庫」について」で、東京社会科学研究所が警察ににらまれて執拗に解散を迫られ、やむなく大塚は退所し、研究所の従来の方針を変えて社会学の立場での研究をおこなうことにしたこと、同時に「保管」していた「佐野文夫文庫」を佐野家に戻そうとしたが、（ここから先は私の推測だが）佐野家では引き取ることが難しく、佐野家の面倒を見ていた元警視総監で勅選貴族院議員だった岡田文次（岡田は、米沢中学時代、佐野友三郎の教え子で貧しい生活をしていたのを佐野に助けてもらった。それは岡田が高等文官試験に合格して就職するまで続いたようだが、その恩義に応えて佐野友三郎亡きあとの佐野家の面倒を見ていた）が間に入って（警察ににらまれている大量の左翼文献をどこかに引き取ってもらうという難事は当時としては岡田ほどの地位の者でなければできないことである）、1932年に法政大学に引き取ってもらったと述べたが[7]、『便覧』が作られた32年7月にはまだ「佐野文夫文庫」は東京社会科学研究所にあった。法政大学が「佐野文夫文庫」を引き取ったのはその年の8月で、つまり大学が夏休みで、人目を避けて禁断の書を運び込むのに適していたからではないかと考えている。

第6章 「佐野文夫文庫」補考　125

私は、法政大学が引き取ったとき、「佐野文夫文庫」は1,000冊ほどの図書と若干の雑誌からなるものだったと述べた。それは、高橋彦博の「東京社会科学研究所の社会実験[8]」によったのだが、『便覧』によれば、東京社会科学研究所で所蔵していたとき、「佐野文夫文庫」は約800冊だったとみていいだろう。とすると、そのあと、何らかの事情で1,000冊ほどになったことになるのだが、これ以上のことは現時点ではわからない。

注

(1)　前掲『人物でたどる日本の図書館の歴史』230―242ページ

(2)　大塚会編「大塚会会報」第41号、大塚会、2014年、同編「大塚会会報」第44号、大塚会、2016年

(3)　大塚金之助『大塚金之助著作集』全10巻、岩波書店、1980―81年

(4)　大塚金之助『解放思想史の人々――国際ファシズムのもとでの追想、1935―40年』(岩波新書)、岩波書店、1949年

(5)　「資料紹介 東京社会科学研究所――趣旨と概況」、大塚会編「大塚会会報」第41号、大塚会、2014年、48―62ページ

(6)　「資料紹介 東京社会科学研究所・利用案内冊子」第44号、大塚会、2016年、60―65ページ

(7)　前掲『人物でたどる日本の図書館の歴史』230―242ページ

(8)　高橋彦博「東京社会科学研究所の社会実験」、「特集 戦前の社会科学研究所」「大原社会問題研究所雑誌」第479号、法政大学大原社会問題研究所、1998年、1―21ページ

第7章　安曇青年会書籍館覚書

　相馬愛蔵は、若き日にキリスト教の洗礼を受け、故郷に図書館の設立を試みた。それは実現しなかったが、その後も地方に文化を根づかせるために尽力した。佐野友三郎のテーマからは離れるが、同時代に生きたキリスト者が抱いた図書館への思いについて、感じたことを記しておく。

　1902年（明治35年）、東京は本郷で中村屋（のちに新宿に移転）を創業した相馬愛蔵は、1870年（明治3年）に信濃国南安曇郡東穂高村に生まれた。相馬家は代々豪農だった。愛蔵は松本中学に進む。ここには生涯の友となる木下尚江がいたが、愛蔵は3年で中退する。東京に出て東京専門学校（早稲田大学の前身）で学び、東京では多くの人たちとの交流があったようだが、その多くは学校ではなく、牛込市ヶ谷教会に通うなかで得られた。彼は友人のひとり、津田仙の影響のもと、牛込市ヶ谷教会で洗礼を受けた。

　愛蔵は1890年（明治23年）に東京専門学校を出て北海道に渡った。そこには津田の影響があったようだ。津田は自分が創刊した「農業雑誌」に掲載した文章のなかで北海道への並々ならぬ関心を寄せている。愛蔵は札幌農学校で養蚕について学び、その事業を起こそうと思い立ち、それへの支援を頼むために帰郷し、相馬家の当主で愛蔵の兄だった安兵衛に資金援助を依頼した。しかし安兵衛に、自分の跡継ぎになるようにかえって説得された。愛蔵はむげに断れず、受け入れて家業である養蚕業を継ぐことになった。

　1891年（明治24年）に帰郷した愛蔵の周りに村の青年たちが集まってきた。彫刻家の荻原碌山もそのひとりだった。愛蔵は帰郷した年の暮れ、12月に青年たちと東穂高村禁酒会を立ち上げた。

　この村、いや長野県に限らず、どこでも長らく村の青年たちの会合には

飲酒が付き物で、それが飲酒にとどまらず、大騒ぎから喧嘩になることなどが当たり前だった。その風習を改めようという運動が若者たちのなかから生まれてきた。

　その頃の松本・穂高の様子を垣間見てみよう。
　1887年（明治20年）、松本中学校に英語の教師として赴任してきたアメリカ人宣教師ジョージ・W・エルマーとその夫人でやはり同校の英語教師エマ・B・エルマーが松本美以教会⁽²⁾の活動を支援し、エルマーは自宅に書籍・新聞・雑誌の縦覧所を設け、翌1888年（明治21年）に開所式をおこなっている。
　1889年（明治22年）、東穂高村の穂高神社に東穂高、北穂高、有明の各村の有志が集って、知識の交換、弊風矯正、厚誼を図ることを目的にした共同会が発足した。会員のひとり、東穂高村の等々力知恵太は同志数人と新聞雑誌縦覧所を設けた。そこでは20余の新聞・雑誌をそろえていたという。
　そうした動きのなかで各地に禁酒会が生まれ、1891年（明治24年）にできた松本禁酒同盟はその中心となった。
　愛蔵は禁酒会で、ほぼ毎月1回、定期的に集まってさまざまな問題について論議している。人を呼んで話をしてもらっていて、木下尚江も呼ばれている。愛蔵自身もさまざまなテーマ、例えば「禁酒会拡張運動」「酒の害」「精神の蓄積と放散」「天理教信者と語る」について話をしている。
　この会の社会的な活動として紹介され評価されたのは、1894年（明治27年）から97年（明治30年）にかけて穂高に芸妓置屋を誘致しようとする動きが起こったとき、禁酒会が反対運動を展開したことだった。ただ、ひとたびは成功したかにみえたが、結局、置屋はできてしまった。

　松本平には1876年（明治9年）頃すでにクリスチャンがいて、やがて横浜から布教のために外国人の牧師とともに日本人の牧師が訪れるようになり、松本の周辺でも布教活動がおこなわれるようになった。松本のはずれの豊科村に講義所が設けられ、やがて豊科村に安曇美以教会が84年（明治17年）にできた。愛蔵はそこでの布教活動に参加した。

愛蔵は自宅での布教活動とともに、豊科村を中心にした地域で、青年たちと熱心に布教活動をおこなっていた。そういった動きのなか、愛蔵はこの村に1893年（明治26年）、安曇基督教青年会の名前で安曇青年会書籍館を設立しようとした。その設立趣意書がメソジスト系キリスト教の機関紙「護教」[3]にみえる。そのなかで、この地方にも学校があり、新聞・雑誌・書籍があり、政治団体や青年の会合があるものの、皮相なものばかりで、人情風俗は退廃しているではないかと嘆き、広く宗教・道徳に関する書籍を蒐集し公開し、道徳を正し、風俗を改め、ひいては真の地方の文化を切り開くことを目的とする、と述べている。しかし、この書籍館設立は実現しなかった。

　愛蔵は自分が住んでいた東穂高村での布教活動は困難と感じていたので、ここではキリスト教の布教活動の色合いを減じて、東穂高禁酒会を立ち上げ、これを中心に青年たちと社会的な活動をおこなった。前述の廃娼運動もそのひとつである。村の子どもたちの学習の場として研成義塾も立ち上げている。

　幕末から明治にかけて、信州は養蚕が盛んな地域だった。相馬家も養蚕を家業としていた。愛蔵はクリスチャンとしての活動とともに養蚕に取り組んで蚕種の改良に打ち込んだ各地の養蚕家を訪ね、良質の蚕種を育てて販売するとともに、『蚕種製造論』[4]『秋蚕飼育法』[5]を刊行している。前者は版を重ね、後者は5万部売れるほどだった。愛蔵はまた養蚕に関わる論考を「農業雑誌」に投じている。

　愛蔵は養蚕家を訪ねて群馬県にも行っている。ここでは、蚕糸業者で民権運動に関わっていた徳江八郎や製糸業者でクリスチャンだった深沢利重とも親交を深めている。群馬県の養蚕家にはクリスチャンが少なくなかった。

　愛蔵がこれらの人々との交流を通して得られたところは少なくなかっただろう。

　養蚕家としての名声が高まるにつれて各地から教えを受けにやってくる若者が増え、愛蔵は彼らを研修生として受け入れている。以下、簡単に愛

蔵の略歴を記しておこう。

　1897年（明治30年）、愛蔵、星良と結婚。星良はのちの黒光。

　1901年（明治34年）、愛蔵、上京、中村屋を立ち上げる。

　愛蔵はキリスト教から離れ、やがて仏教の教えに従うようになる。

注

（1）津田仙（1837〔天保8〕─1908〔明治41〕）は明治期、メソジスト系のク
　　リスチャンとして著名だったが、同時に農学者として東京の麻布に学農
　　社を起こして多くの若者を育てるとともに、「農業雑誌」（学農社編、学
　　農社、1876─1920年）を発行して広く近代的農法の普及に努めることで
　　貢献した。津田仙については、拙稿「1880─90年代農事諸会の萌芽とし
　　ての図書館について」（石井敦先生古稀記念論集刊行会編『転換期におけ
　　る図書館の課題と歴史──石井敦先生古稀記念論集』所収、緑蔭書房、
　　1995年、157─168ページ）がある。

（2）「美以」はメソジストのこと。キリスト教の厳格な信仰・生活を求める流
　　派。内村鑑三などがいる。

（3）「護教」第109号、警醒社、1893年

（4）相馬愛蔵『蚕種製造論』経済雑誌社、1894年

（5）相馬愛蔵『秋蚕飼育法』秋蚕種予約会社、1900年

参考文献

相馬愛蔵・黒光著作集刊行委員会編『相馬愛蔵・黒光著作集』全5巻、郷土出
　　版社、1980─81年

同志社大学人文科学研究所編『松本平におけるキリスト教──井口喜源治と研
　　成義塾』同朋舎出版、1979年

穂高町誌編纂委員会編『穂高町誌』穂高町誌刊行会、1991年

前橋市史編さん委員会編『前橋市史』第5巻、前橋市、1984年

南安曇郡誌改訂編纂会編『南安曇郡誌』第3巻下、南安曇郡誌改訂編纂会、
　　1971年

第4篇 図書館運動の諸相
—— 会員制図書館の系譜と展開

奥泉和久

序章

　敗戦からしばらくたった1949年9月、千葉県立中央図書館は進駐軍のジープを改造した「ひかり号」を農山漁村に走らせた。その3カ月後、東京の青梅町では都立青梅図書館がリヤカーに本を積み込み、これを青梅訪問図書館と名づけて町中での巡回を始めた。そのあと「ひかり号」は県下広域にサービスを拡大させ、青梅は移動図書館「むらさき号」にバトンタッチして多摩地域に図書館ができる素地を作った。

　千葉は廿日出逸暁、青梅は久保七郎によるが、移動図書館を導入したことのほかに彼らにはもう一つ共通点がある。いずれも運営に際し、会員制を採用したことだ。図書館法施行までの短い期間ではあったが、なぜ会員制だったのか。期間が短いこともあり、過渡的な対応だったと結論づけていいものだろうか。経済的な理由から経費負担を住民に求めたことは確かだとしても、それだけが理由のすべてだったのか。地域住民の、図書館と図書を希求するエネルギーをくみ取ろう、といったような考えはなかったのだろうか。そのことはどこかにとどめておくべきことのようにも思われるし、その意義について再考の余地はあると思われる。

　戦後に普及した文庫活動は、多くの母親たちが自前の施設で、自ら収集した本を地域の子どもたちに開放した。安定した財政基盤をもたず、公的保障の期待もないなか、場合によってはほとんど唯一の会員で主宰者（母親たち）の趣旨のもと、小さな会員（子どもたち）を組織して運営してきたし、現在も続けられている。前述の場合と異なり、ここには図書館も図書館員も介在していない。住民の発意だけがあるといえるだろう。では、それはどこからきたのだろう。これを会員制図書館と定義できるかどうかは議論の余地があるかもしれない。だが、これらの活動を自然発生的な動きにすぎないと言い切ってしまっていいものか。ここには住民が図書館づ

132

くりに主体的に参加する動きとの共通項があるとも思える。

　そのように考えをめぐらせていると、この国の人たちにも、あてがいぶちの図書館に満足するだけでなく、自ら図書館を求める意思があったのではないかと思うのだ。それは決して多くはないにせよ、また、例えば自由民権運動の時代までさかのぼらなくても、どこかに運動の痕跡のようなものがあるのではないか、と考えたい気持ちになる。このテーマについて考える糸口がどこかにないかと思い、資料探索を始めてみた。

1　会員制図書館の定義

　ここでは、その準備も兼ねて会員制図書館について検討してみたい。まずは、会員制図書館についてどのように定義されているのかをみておこう。この用語は、subscription library あるいは social library の訳語で、ほかにも会員組織図書館、組合図書館などと訳されることもあるが、ここでは会員制図書館で統一する。『図書館情報学用語辞典』は次のように記す。

　　　18世紀に生まれた図書館の一種で、近代公共図書館の先駆的存在。ヨーロッパや米国で発達したが、類似の施設は世界各地に存在した。図書館に出資することを利用の条件とするものや、会員制図書館のように、読書要求を満たすために人々が自発的に資金を出し合い、設立・運営する図書館を典型とするが、職工図書館などのように、特定の人々を対象に会費を徴収し、恒久的な蔵書の構築を目指す、19世紀に生まれた非営利の図書館も含む。広義には、営利目的の貸本屋も含まれる。明治、大正期の日本の巡回文庫やその他の読書施設の中には、会員制図書館と位置付けられるものが少なくない。また、会員制によって運営される文庫活動も、これに相当すると考えることができる。[1]

　用語辞典の特性上、用例が乏しいのは仕方がないにしても、表現が漠然としすぎていて具体的に何を指しているのか判然としない。では、別の辞

序章　　133

典の用例はどうか。ひとつは「日本においても自由民権運動時代に運動の拠点となる結社などがつくった読書施設、労農運動の中でつくられた図書館や、巡回文庫などがある。今日の地域文庫の中にも会員制図書館と考えられるものがある」とする。もう一つも、フィラデルフィア図書館会社の例を引用して「近代公共図書館の先駆をなすものとされている」と記述している。いずれも欧米の会員制図書館について紹介しているが、日本の図書館の歴史的な経緯については、言及しても具体例を示していない。これは用語辞典に限ったことではなく、「図書・図書館史」のテキストでも同様のことがいえる。その具体的な事例や定義があいまいなために、日本にはこれといった会員制図書館がなかったのか、それともその存在を明確にするに足る根拠が乏しいのか、これらの表現からは読み取れない。いずれにしても日本では会員制図書館の評価が低いか、あるいは定まっていないことから、このテーマに関する史的研究の蓄積が十分ではないことに起因していることは想像に難くない。

　ここでは文献をいくつかさかのぼって検討するので、かつての用語辞典も確認しておこう。①が1925年、②が52年の出版で、いずれもsubscription library に対する訳になる。

　①　会員組織図書館：「一定の会員が拠金して設立したる図書館」
　②　会員図書館、組合図書館：「会員が醵金又は会費を出して組合を組織し、それが経営に当る図書館で、組合員の利用に供するもの」

　①は、proprietary library を私営図書館と訳し、「限られたる出資者の協同にて経営する図書館」と説明している。②は、private library を個人文庫、私有文庫、私立図書館と訳し、「私財を投じて設立した図書館で一般に公開するものは公共図書館中に含まれる」と解説する。また、proprietary library は私営図書館と訳し「限られた出資者の協同に依り経営する図書館で、一種の組合図書館と云える」と説明し、social library の項目では proprietary library への参照を設けている。これから述べていくが、戦前の図書館統計では、これらの図書館をすべて私立図書館としてひとくくりにしてきた。私立図書館の概念についてのあいまいさの一因が

ここにもあるように思われる。

2　先行研究

　図書館史研究のうえでは、1940年代に竹林熊彦が『近世日本文庫史』[6]
で石川県の叢書堂をあげ、これが組合図書館 subscription library に類す
ると指摘しているが、それ以上の言及はない。50年代には石井敦が戦前
期の国家統制下の subscription library に図書館運動の可能性を見いだし、
自由民権運動、労働運動、農民運動などによる図書館の運営状況を論じた。[7]
石井に続いて永末十四雄は、図書館令公布前後に町村図書館が設立される
過程を分析するなかで、subscription library 的な発想と形態によって
「自然的成熟過程」を経た図書館がみられ、それは特に1887年以降（明治
20年代）の教育会図書館に明らかだとし、小学校教員が拠金によって新刊
書籍を購入して読書回覧会を開始し、そこから発展した兵庫県有馬会附属
図書館を例にあげている。[8]
　そのあと、石井は永末の研究成果に沿って、『公私立図書館ニ関スル調
査』[9]をもとに、私立図書館を①教育会、青年会、報徳会など半官半民的な
団体の経営、②拠金などによって図書館を維持する subscription library、
③個人文庫、④宗教関係団体経営による図書館、と4つに類型化した。そ
して②について、八戸、若松（会津）、金透（郡山）、川辺（福島）、石岡
（茨城）、積成（新潟）、新発田、菊池（熊本）、根占（鹿児島）の9館を調査
から抽出したが、これらを分析するまでには至らなかった。[10]
　石井は、このほかにも前川恒雄との共著『図書館の発見』のなかで、自
由民権運動が設立した読書施設をその例にあげ、図書館を設立するうえで
住民の自主性がはたらいたことを評価している。しかし、これらの施設は
政府の弾圧によって短命に終わったとして、会員制図書館は根づかなかっ
たと結論づけた。[11]同じ頃、青森県の八戸市立図書館は、自館の成立の経緯
を検証する過程で、当館は近世の書物仲間を引き継いだ組織によって運営
され、「八戸における弘観舎の書籍縦覧所や青年会の図書館設置の過程も
恐らく、このフランクリンの場合と似たコースを辿ったであろう」[12]という

序章　　135

研究成果を明らかにした。ただ、こうした会員制図書館についての調査は、ごく一部にとどまった。

　これから少し時代が下って、長野県の教育史が編纂された際、1879年（明治12年）から1906年（明治39年）に長野県に設立された私立図書館66館を設置者別に類別し、有志者あるいは社員による図書館が24館（36.4％）で最も多く、以下、学校職員・生徒（校友会）13館（19.7％）、青年会11館（16.7％）、同窓会8館（12.1％）となっていることを『長野県教育史』[13]のなかで示した。個々の図書館の運営について分析しているわけではないが、会員制図書館を盛んに設立している様子がうかがえる。これが全国的なことなのか、それとも長野県特有の事情によるのかについては検討する余地があるにせよ、私立図書館の多様な活動を示唆しているといえるだろう。この地域でフィールドワークを続けた是枝英子は、大正期の下伊那郡の上郷青年会図書館を取り上げ、青年団の自主化を機に、積極的な図書館運営を展開したことを明らかにした。このなかで是枝は、この国にもフランクリンのように会員制による図書館づくりを実践した青年たちがいて、これが長野県全域に広まり400もの図書館ができたことを指摘し、青年会図書館活動の自主性の意義などについて論じた。[14]

　このような地域図書館史の資料探索の積み重ねを経て、会員制図書館の運動の実態と公立図書館への発展性を視野に入れた研究が現れた。藤島隆『明治期北海道の図書館』[15]や坂本龍三『岡田健蔵伝』[16]などがそれに相当する。北海道に地域が限られているが、ここから図書館史研究の普遍性を読み取ることはそう難しいことではない。

　近年では岩猿敏生が、石井と永末の結論をそのまま踏襲したのだろう、自由民権運動での図書館活動に言及し、これらは会員制図書館とみることができるとしながらも、「自主的な図書館運動も、英米におけるようなパブリック・ライブラリーへと成長することができずに消滅してしまった」[17]と結論を下している。その一方で、従来の概念にとらわれずに新たな視点を持ち込もうとした嶋崎さや香の研究もある。[18]

3　分析の視点

　次に分析の視点について記す。特に注意しなければならないのは図書館
の公私を区別する際に、文部省の統計などでは、公と私の別にとどまって
いて、私立図書館の実態の違いは問われたことがないという点だ。それに
よって、私立図書館のなかに会員制図書館が埋没してしまい、あたかもな
かったかのように語られることになるという事態が生じた。しかし、当初
からそうだったというわけではないようだ。

　八戸書籍縦覧所は、もとは大仲間を前身とする旧南部藩有志による結社
であり、1874年（明治7年）に開設された。その3カ月後に規則が改正され、
縦覧所を所有・運営する弘観舎が発足した[19]。この頃の『文部省年報』には
これがどう記載されていたか。『文部省年報 第3（明治8年度）』（1875年）[20]
から『文部省年報 第4（明治9年度）』（1876年）[21]までは、書籍館の一覧の設
置者を表す項目名が公私の別ではなく「何立」となっていて、八戸書籍縦
覧所は「社」と表記されていた。同所以外は「公」であり、もう1館
「社」があるが、これは住吉神社の書籍縦覧場のことだ。おそらくこれは
神社の「社」からとったと思われる。

　八戸書籍縦覧所が「社」と表記されているのは、『文部省年報 第3（明
治8年度)』の「青森県年報」の報告に「第十七中学区八戸ニ於テ旧八戸藩
士族輩結社取建ル所ノ書籍縦覧所アリ」[22]と記されていることから、「結
社」の「社」に由来すると考えていいだろう。文部省は、図書館の草創期
には公私の別ではなく、会員制図書館を設置主体のひとつとして認識して
いたといえる。ところが、『文部省年報 第5（明治10年度）』（1877年）[23]から
は、住吉神社は「社」のままだが、八戸は「私」となり、以降は、公私の
別だけで表示されるようになった。これによって、私立図書館のカテゴリ
ーがあいまいになった。

　会員制に注目していた図書館がなかったわけではない。山口県立山口図
書館の『山口県立山口図書館報告』第2には、巡回書庫に関する報告記事
に加えて、「附記　図書閲覧所ノ設置ヲ促ス」がある。ここには郡市役所

序章　　137

や学校内の一室を県立山口図書館巡回書庫の閲覧所に充てて有志者からの寄贈図書などを置くようにすれば、経費をかけずに郡市図書館の基礎を作ることができると記してある。この計画を実現するひとつに町村の校友会、あるいは青年会などが中心となり小学校の一室などを閲覧所にする方法を示していて、文末には「「内外図書館記事」の項、錦波校友会図書閲覧室備考の条参照」[24]と注記がある。その記事の「山口県内図書館の概況」では、県内5館あるうちの1つに1904年にできた錦波小学校校友会図書閲覧室を紹介して「会員諸氏にして力めて怠らずば年月と共に必ず成績の見るべきものあるべし」と期待を寄せる。また「会員組織の私立無料図書館として見るべきもの青森県青森市に私立青年図書館あり同市青年倶楽部の事業」と記し、設立の経緯、蔵書冊数、利用状況を紹介し、「地方教育に貢献する所少からざるが如し」と、その活動を評価した[25]。

　会員制図書館は、公開したところもあれば、公開しなかった図書館もあった。会員制図書館は、公開を前提にしていないため、公開しない図書館があっても特に不思議ではない。しかし、公共図書館の歴史を振り返るとき、非公開の図書館は、公共性が低いと見なされた。活動内容のいかんを問わず、記述が簡略化されるか、もしくは省略され、ついにはその存在の有無さえうかがい知る術がなくなってしまう。これによって図書館運動に参加していた人々は記録に残ることもなく、図書館に対する住民の自主性も、ひいてはこの国には積極的な図書館運動もなかったことになった。

　これらのことを顧みながら、分析の視点を以下のように設定した。第1に、これまで会員制図書館が公立図書館へのプロセスをたどった道筋は、ほとんど明らかにされていない。そこで、あらためて会員制図書館について、この間の調査・研究の成果を参考に整理する。第2に、会員制図書館の実際の運営・活動状況についてこれらを類型化し、それぞれにどのような運営上の違いがあったのかを検討する。第3に、いくつかの図書館では設立にあたり、趣意書を作成している。趣意書がどういった意図で作成されたのかを明らかにし、彼らがどのような図書館づくりを目指していたのかを考察する。第4に、会員制図書館から公立図書館へ移行した図書館が少なくないことを明らかにする。公立図書館にならなかった場合も含め、これらのプロセスがどのような意味をもっているかを検討する。第5に、

会員制図書館の系譜から、図書館運動のあり方について学び直すことができることを確認する。

　ここで対象にするのは、資料によって会員制図書館が確認できることと、これに加えて、維持員、賛助員など会員制による組織運営がおこなわれていたことが推測できる図書館とした。寄付、図書の寄贈など、公私を問わずおこなわれていることもあり、設立時の多くの場合にそうした活動支援が確認できたとき、また、公立図書館だったということが明らかでない場合は、運営状況が不明であってもこれに含めた。これらの図書館のそのあとの経過に関しては、継続的に運営されたかが明らかでない場合が少なくなく、個々に検証することは困難と思われた。ただし、会員制をうかがわせる資料の裏づけが十分でない図書館は除外した。なお、館員という用語は、現在は図書館員を指すが、この当時は、会員を指すことが多かったようだ。混同しやすい用語もあるかもしれないが、それらについては、適宜注記を加えながらその用語を使用することにする。

　自由民権運動、教育会、青年会に直接関わる図書館はこれまでにも研究の蓄積があるので、これらについては序論の段階で概説するにとどめた。また、個人が中心となって設立した私立図書館も検討から除外した。ただし、教育会とは別に小学校教員が図書館設立運動に関与したケース、青年会とは別に組織を立ち上げたケース、同窓会、校友会などの組織が図書館づくりに関わったケースは検討の範囲に含めた。なお、引用以外は、なるべく会員制図書館の用語に統一した。

注

(1) 日本図書館情報学会用語辞典編集委員会編『図書館情報学用語辞典』第4版、丸善出版、2013年、27ページ

(2) 図書館用語辞典編集委員会編『最新図書館用語大辞典』柏書房、2004年、39ページ。同書は、この項目は、図書館問題研究会図書館用語委員会編『図書館用語辞典』（角川書店、1982年）の記述を踏襲している。

(3) 日本図書館協会図書館用語委員会編『図書館用語集 4訂版』日本図書館協会、2013年、25ページ

（4）間宮不二雄編『図書館辞典——欧和対訳』文友堂書店、1925年、107ページ

（5）間宮不二雄編『図書館大辞典——欧・中・和対訳 図書館 - 書誌 - 印刷 - 製本用語』ジャパンライブラリービューロー、1952年、463ページ

（6）竹林熊彦『近世日本文庫史』大雅堂、1943年、82—84ページ

（7）石井敦『日本近代公共図書館史の研究』日本図書館協会、1972年、86ページ。この箇所では秋田書籍館以降の活動について「当時各地にSubscription library 的なものが、小規模ながら生まれていたのはたしかで、民衆の要求がなかったとはいえない」と述べている。初出は「黎明期の日本公共図書館運動——秋田書籍館を中心に」、日本図書館学会編「図書館学会年報」第4巻第1号、日本図書館学会、1957年、1—18ページ。

（8）永末十四雄「町村図書館の設置理念とその設立形態——主として図書館令公布より臨時教育会議に至る時代」、西日本図書館学会編「図書館学」第9号、西日本図書館学会、1961年、3—13ページ。また、永末は、名古屋通俗図書館について記述するなかで、個人経営とはいえ会費を徴収して経営の財源にしていたことなどから「わが国では類例に乏しい組合図書館」だとしている（永末十四雄『日本公共図書館の形成』日本図書館協会、1984年、177ページ）。

（9）文部省編『公私立図書館ニ関スル調査』文部省、1912年

（10）石井敦「日本近代公共図書館史19 私立図書館の抬頭（1）」、東京都立中央図書館編「ひびや——東京都立中央図書館報」第12巻第5号、東京都立中央図書館、1970年、11—14ページ。「私立図書館の抬頭」は「日本近代公共図書館史23 私立図書館の抬頭（5）」（東京都立中央図書館編「ひびや——東京都立中央図書館報」第14巻第3号、東京都立中央図書館、1971年）まで続いた。また、教育会図書館については「日本近代公共図書館史8—12 教育会と図書館（1）—（5）」（東京都立中央図書館編「ひびや——東京都立中央図書館報」第8巻第5号—第9巻第3号、東京都立中央図書館、1966—67年）、青年会図書館については「日本近代公共図書館史29—33 地方改良運動と図書館（6）—（10）」（東京都立中央図書館編「ひびや——東京都立中央図書館報」第17巻第2号—第18巻第2号、東京都立中央図書館、1974—75年）で連載した。

（11）石井敦／前川恒雄『図書館の発見——市民の新しい権利』（NHKブックス）、日本放送出版協会、1973年。石井は、同書の第3章第5節「自由民権運動の中の図書館について」で次のように記している。「おそらく、民

権運動がそのまま発展していったならば、フランクリンの思想のように、これがそれぞれの地域の公共図書館に発展していったのではないだろうか」(121ページ)。そして、この節を「日本でも新しい社会を建設するために民衆が自分たちの手で知識を求め、社会の真実を知り学習機関をつくってきた」(125ページ)とまとめ、それは労働者階級や農民層にも受け継がれたと述べた。では、そのことを第5章第3節では、どう記したか。「ヨーロッパやアメリカでは、このような労働組合などの中から生まれた職工組合の図書館が、労働者教育のために大きな貢献をなし、ひとつの歴史的使命を果して公共図書館にバトンタッチする経過をもつのであるが、日本では、ここでも政府の手によって萌芽の段階で圧殺されてしまった」(181ページ)とした。

(12) 八戸市立図書館百年史編集委員会編『八戸市立図書館百年史』八戸市立図書館、1974年、85ページ

(13) 長野県教育史刊行会編『長野県教育史 第2巻 総説編2』長野県教育史刊行会、1981年、786ページ

(14) 是枝英子『知恵の樹を育てる ―― 信州上郷図書館物語』大月書店、1983年、7ページ

(15) 藤島隆『明治期北海道の図書館』北の文庫、1993年、同編著『資料 北海道の教育会図書館』北の文庫、2015年。前者は「明治期北海道図書館の素描」のもとに会員制図書館の項を起こし、後者は教育会図書館の前史に「1 会員組織による図書館」(5―6ページ)を位置づけている。

(16) 坂本龍三『岡田健蔵伝 ―― 北日本が生んだ稀有の図書館人』講談社出版サービスセンター、1998年。同書では、会員制図書館の設立を出発点に私立函館図書館での職を経て、市立函館図書館の館長となった岡田健蔵の生涯を描いた。

(17) 岩猿敏生『日本図書館史概説』日外アソシエーツ、2007年、165ページ

(18) 嶋崎さや香「教育会図書館の社会的意義 ―― 滋賀県八幡文庫(1904〜1909)を例に」、日本図書館研究会編「図書館界」第67巻第1号、2015年、2―17ページ

(19) 前掲『八戸市立図書館百年史』69ページ

(20) 『文部省年報 第3(明治8年)』(第1冊)、文部省、1875年、616丁。「明治八年書籍館一覧表」による。

(21) 『文部省年報 第4(明治9年)』(第1冊)、文部省、1876年、417丁。「明治九年書籍館一覧表」による。

（22）前掲『文部省年報 第3（明治8年）』（第1冊）、487丁

（23）『文部省年報 第5（明治10年）』（第1冊）、文部省、1877年、514丁

（24）山口県立山口図書館『山口県立山口図書館報告』第2、山口県立山口図
書館、1905年、9ページ

（25）同書24ページ

第1章　会員制図書館の概要

　第1節では、これまでの研究で明らかになっている会員制図書館の概要について述べ、第2節では、本篇で分析するそれ以外の図書館についての全体像を示す。

1　会員制図書館の類型:その1

　これまでの研究で検討されてきた主な会員制図書館を時代順にあげると、自由民権結社の読書施設、教育会図書館、青年会図書館ということになる。このほかについては、「そのほか」とする。それぞれについておおよその運動期間を示すと次のようになる。

①自由民権結社の読書施設　1875年（明治8年）頃から1885年（明治18年）頃
②教育会図書館　1883年（明治16年）頃から戦前期
③青年会図書館　1880年代の後半（明治20年代）から戦後
④そのほか　1875年（明治8年）頃から戦後

　①自由民権結社の読書施設について。1874年（明治7年）、板垣退助らによる国会開設の要求が起こる。全国的に民権運動が広がり、各地に民権結社が作られた。そこには社員の学習のために新聞をはじめ西欧の翻訳書などが置かれ、読書施設が設けられた。例えば75年、丹後国宮津に設立された天橋義塾は、社内に書籍新聞縦覧所をもち、社員以外にも公開していた。79年、東京・京橋区に小野梓ら共存同衆（1874年設立）が共存文庫を

作った。80年、松沢球策らが長野に開いた奨匡社はのちに奨匡義塾を開講、会員は無料で塾の書籍を縦覧できた。81年、西多摩郡五日町の深沢家では法律書、新聞・雑誌などを社員に公開していた。[1]

しかし、組織的な運動を展開する一方で、政府の弾圧がいっそう強化され、各地の急進的な組織が鎮圧されると運動は衰退していった。自由民権運動の読書施設は、政治運動のなかで人々が自主的に書物を求めて各地に図書館が生まれる契機になったが、活動時期は約10年間と短命に終わった。

②教育会図書館について。1883年9月、大日本教育会が結成された。同会は、全国の小学校教員の組織化を目的に政府が主導して作った半官半民の団体で、87年3月、東京・神田一ツ橋に附属書籍館を開いた。同館は通俗図書館のモデルとして作られ、全国的な図書館普及の契機になった。図書館令公布後の設置数は、公立図書館3割に対して私立図書館が7割を占めていたが、このなかには教育会図書館が多く含まれていた。これらには、閲覧を会員に限定するところ、公開するところとさまざまで、教育会による活動ののちに移管された府県（埼玉、長野、京都、高知など）、また、教育会を中心に建議がおこなわれ、公立図書館が設立された府県（秋田、東京、岡山、山口、福岡など）があった。このような経緯から、道府県立図書館の設立には教育会が大きく関与していたことがわかる。[2]教育会図書館の活動時期は長期にわたる。

③青年会図書館について。青年会が学習活動の一環として読書施設を設けた時期は、1880年代の後半（明治20年代）に入ってからであり、教育勅語の発布、日清・日露戦争の勝利を機に盛んになった。青年会費、あるいは労賃から書籍購入のための費用を捻出し、農閑期などに会員が交替で貸し出しなどをおこなった。[3]1920年（大正9年）1月、内務・文部両省による青年団に関する第3次訓令の発令によって、青年団の自主化が促進されると、独立した図書館運営がおこなわれるようになった。青年会図書館は大正デモクラシーを背景に全国で活動を展開したが、特に活発だったのが長野県で、そのなかのひとつに、23年10月に開館した、長野県下伊那郡上郷村青年会の上郷文庫があった。41年7月に村立となり、のちに飯田市立上郷図書館となった。[4]活動時期は長く、戦後農村の復興期でも、青年会図

書館が重要なはたらきをしたことが明らかにされている。[5]

　④を「そのほか」としたが、さまざまな運動が確認できる。戦前と戦後に分けて、それぞれについて時系列であげてみよう。以下、『近代日本公共図書館年表』[6]の項目を摘出した。

　1881年、埼玉県に大我井文庫ができた。89年、愛知県の額田郡教員組合会が書籍・新聞・雑誌の回覧を開始、91年、同県西加茂郡教員組合も同様の活動を開始（1902年に西加茂郡図書館となる）した。97年、東京・神田にキングスレー館が開館。館内の労働倶楽部に新聞・雑誌などが置かれた。1901年5月、広島西部医会会員が広島医学図書館を設立。医者、医学生などが利用したとされる。02年、青森市に青森青年倶楽部ができ、07年には新潟市の積善組合が巡回文庫を開始[7]、09年に函館図書館が開館した。26年6月に新潟県北蒲原郡木崎村に無産農民学校協会が発会する。その規約に「農業図書館ノ経営」が確認できるが、活動実態は明らかではない。29年、鳥取県米子市の小泉順三らが会員組織を立ち上げ米子信用組合内に同栄文庫を設立、ここを起点に米子市に対して図書館建設運動を起こした（1932年2月解散）。35年、川崎市東京電気（東芝）の工場内に山口文庫が設立され、42年には約1,000冊の蔵書があった。[8]

　本篇では戦後は検討の対象にはしないが、概要だけはみておく。1947年、東京都千代田区神田に再生児童図書館が会員制図書館として発足した。54年2月に一時閉館、4月に再開、62年11月に閉館した。同館は戦後いち早く児童サービスをスタートさせたことで知られる。同年には、愛媛県八幡浜市の有志による八幡浜文化倶楽部が、会員制による図書館運営を始めた。翌年、図書館を市に移管した。49年、熊本県では玉名町と郡教員組合の共同経営で玉名図書館を再開した。同年、東京都の西多摩郡小・中学校、青年団などの団体が西多摩読書施設協同組合を組織して図書館活動を開始し、58年6月に西多摩読書施設研究会と組織を変更した。54年、熊本県に天草郡教員組合天草図書館ができた。

　これらがどのように関連し、影響関係があるかについては、いまは問わない。確認できたことは、戦前に関しては、農民、教員組合、労働者、工員などを対象にした図書館活動があったが、そう多くはなかった。活動期間も長くはなかった。また、米子市に住民を組織した活動が起こっている

が、これと類似した活動はうかがえなかった。戦後についても、実態に大きな変化は見受けられなかった。

2　会員制図書館の類型:その2——本篇での種別について

　次に、前述した第1節で整理した会員制図書館の「④そのほか」について検討を加える。ここでは1899年（明治32年）の図書館令の制定が各地における図書館づくりの契機となり、日露戦争後に戦勝を記念した活動がみられることなどから、1910年頃までを一応の目安に分析を進める。

　自由民権結社、教育会、青年会はそれぞれに性格が異なるとはいえ、全国展開された団体としての共通性があった。これに対し「そのほか」に分類した読書施設は、地域で活動が認められるとはいえ、①から③のように十分な支持基盤のうえに実施されたとはいえず、まずは、これらの読書施設が団体内に設けられていたのか、また、図書館を住民が独自に発足させた場合にはどのような方法をとっていたのかなどをみておく必要がある。

　そこで、団体・組織を、地域での活動内容によって分類した。団体内に設置された図書館・読書施設には、①結社、②特に教育系の結社、③小学校同窓会、④地域・産業に関する団体があり、このほか⑤団体から独立して新たな団体を作ったところがある。一方、団体に属さず住民有志が図書館を運営したところは、①旧藩士によるもの、②小学校教員によるもの、③一般の住民有志によるものがある。おおよその活動期間を示してみよう。

団体内に設置された図書館
①結社　　1873年（明治6年）頃から1887年（明治20年）頃
②教育系結社　1877年（明治10年）頃から1894年（明治27年）頃
③小学校同窓会　1895年（明治28年）頃から1913年（大正2年）頃
④地域・産業に関する団体　1899年（明治32年）頃から1923年（大正12年）頃
⑤団体からの独立　1901年（明治34年）頃から1905年（明治38年）頃

表1　地域別の会員制図書館数

地域	館数	％
北海道	9	10.0
東北	21	23.3
関東	9	10.0
北陸	20	22.2
中部	15	16.7
近畿	2	2.2
中国	7	7.8
四国・九州・沖縄	7	7.8
合計	90	100.0

注：対象は、本調査で会員制図書館としての活動が認められるとした図書館で、90館。同窓会図書館を除く。

住民有志による図書館
①旧藩士による　1874年（明治7年）頃から1908年（明治41年）頃
②小学校教員による　1879年（明治12年）頃から1908年（明治41年）頃
③一般の住民有志による　1873年（明治6年）頃から1913年（大正2年）頃

　団体内に設置された①の結社は、それだけの活動に終わらず、結社の活動を支えるための学習施設として図書館が設けられた。②教育系結社は、教育関係者による結社を①の結社とは別に分類したもので、同様の理由で図書館をもったと考えられる。③小学校同窓会は、青年会図書館と同様に小学校卒業後の教育の充実を目的に、地域の教育の補助機関に位置づけられ、多くは小学校内に設けられた。④地域・産業に関する団体は、地域の活性化や産業の発展を目的に設けられたもので、その活動の一環として図書館が位置づけられた。⑤団体からの独立は、青年会、教育会などの既成の団体とは別に、図書館活動を目的に新たに独自の団体を設け図書館活動を開始した場合をいう（この⑤については第5章で検討する）。これらについて、団体の性格とあわせ、設立の経緯を検討する。
　住民有志による図書館は、団体内に設けられた図書館とは異なり、独自

の運営を模索した。設置の中心的な役割を担った人々の属性によって①旧藩士を担い手とする場合、②小学校教員を担い手とする場合、③一般の住民有志を中心とする場合に分けた。

　以上のように会員制図書館を類型化して、それぞれの設置年代の別をみた。これらを地域別にみることもできるが、それはあくまでも資料によって確認できた範囲にすぎず、地域での活動の影響関係についても限定的な考察にとどまるとは思うが、参考までに表1にまとめた。団体内に設置された図書館と有志によるものを合わせると、東北、北陸、中部が多い。県別では新潟県が最も多く12、次いで北海道が9、青森県7、富山県と長野県が6となっている。後述するとおり、図書館数が多いため、同窓会図書館は除いている。

　　注
　（1）　奥泉和久「明治10年代前半における新聞縦覧所の設立について」、図書
　　　　館史研究会編「図書館史研究」第6号、日外アソシエーツ、1989年、1―
　　　　10ページ
　（2）　奥泉和久「明治後期に於ける教育会を中心とした地方図書館の設立、奨
　　　　励過程について――千葉県を一例として」、日本図書館情報学会編「図書
　　　　館学会年報」第31巻第3号、日本図書館情報学会、1985年、97―109ペー
　　　　ジ
　（3）　奥泉和久「青年会と読書運動――明治20年代を中心にして」、日本図書
　　　　館情報学会編「図書館学会年報」第35巻第4号、日本図書館情報学会、
　　　　1989年、165―175ページ、同「日清戦争後の地方青年会と図書館活動」、
　　　　日本図書館情報学会編「図書館学会年報」第36巻第4号、日本図書館情報
　　　　学会、1990年、183―193ページ
　（4）　奥泉和久「図書館運動の系譜――長野県下伊那郡青年会の図書館運動を
　　　　めぐって」、日本図書館文化史研究会編「図書館文化史研究」第18号、日
　　　　外アソシエーツ、2001年、79―105ページ
　（5）　奥泉和久／小黒浩司「戦後復興期における上郷図書館の民主化運動をめ
　　　　ぐって」、日本図書館研究会編「図書館界」第55巻第3号、日本図書館研
　　　　究会、2003年、158―167ページ

（6）奥泉和久『近代日本公共図書館年表——1867〜2005』日本図書館協会、2009年

（7）奥泉和久「「積善組合巡回文庫」考」、日本図書館情報学会編「図書館学会年報」第29巻第1号、日本図書館情報学会、1983年、1—10ページ

（8）奥泉和久「戦前の図書館における「読書指導」の導入について——1935〜1940年」、日本図書館研究会編「図書館界」第44巻第1号、日本図書館研究会、1992年、2—16ページ、同「戦時下における「読書指導」の展開」、日本図書館研究会編「図書館界」第46巻第1号、1994年、2—22ページ

第2章 団体内に設置された図書館

　ここでは団体内に設けられた図書館を、第1に団体（結社と教育系結社に分ける）、第2に小学校同窓会・校友会（長野県とそのほかの地域に分ける）、第3に地域・産業（地域活動と産業振興に分ける）に大別し、それぞれについて検討を加える。

1　団体による図書館運営

　ここでいう結社とは、さまざまな目的をもってすでに活動していて、それらの目的を実現する手段のひとつに図書館を設けた団体をいう。そのなかでよく知られているのが明治初期の自由民権結社であり、時代が下ると教育会、青年会がこの範疇に入る（序章で述べたとおり、ここではこれらについては言及しない）。地域の有力者などによって設立された結社が多くを占めるが、団体の実態に関しては不明なものが少なくない。

結社に付設された図書館

　1873年（明治6年）2月、岩手県鍛治町に求我社ができ、書籍展覧所を開設した。この結社は、自由民権運動の拠点となったことで知られるが、民権期以前に活動を開始していた。同社は、翌年南部家の家令となった山本寛次郎が同志と図り、旧南部藩の子弟に良書を与えるために社内に図書を備えた。その6年後の79年、盛岡在住の代言人が組織して政治や歴史、外国の翻訳ものなどを購入し、同人の間で閲覧するため協同社を開いた。87年には、花巻に豊水社が豊水図書館を作った。豊水社は結社と思われるが、活動の目的や実態などはわかっていない。1908年10月、花城小学

150

校に豊水図書館が再建された。ややあとになるが、26年（大正15年）には
418冊の蔵書があったという。[(4)]

　1881年、埼玉県入間郡に大徳周乗（1828—99）ら30人の会員によって
大我井文庫が作られた。[(5)]大徳は、皇漢学の研究者で、私塾の経営者として
知られ、門人も多かった。86年に有道社という結社名で届けを出してい
る。入間郡58人、高麗郡26人、比企郡3人に加え、県外の東京府から3人、
千葉県からも1人の会員があった。また、85年には新潟県長岡に友共社が
作られた。[(6)]同社は小金井権三郎らが発案して小林雄七郎の賛助を得て組織
された。[(7)]会員144人を擁し、会員を募って年50銭の拠金を集め、新刊書の
購入に充てた。[(8)]

　1873年、静岡に開化講ができているが、ほとんど情報がない。76年、
三重県宇治山田に政治や学生に関する演説・討論などをおこなう目的で交
修社が結成された。[(9)]ここに、会員の研修を目的に図書室を設けた。西日本
では、79、80年頃の広島県福山に共繡社が作られた。ここでは毎年書籍
を購入して一般の人に閲覧を許し、10年後には2,000冊を所蔵していた。[(10)]
このように結社を作って読書活動を始めたことはわかっているが、そのあ
との活動については不明なことが多い。

教育系の結社

　当時の高等教育を卒業した人たちが結社を作り、図書館を置いていたと
ころが少数ではあるがわかっている。北海道では、1887年（明治20年）札
幌農学校出身者を主な構成員とする北海道雄弁会が設立された。翌年に北
海道学友会と改称された。[(11)]会則には設立の目的を「学術ヲ研究シ実力ヲ養
成シ国家ノ富強ヲ図ル」と明記し、創設時から「将来書籍館ヲ設ケ会員ノ
縦覧ニ供スヘシ」という計画があった。[(12)]89年、同会は雑誌と書籍を合わ
せて500冊余りをもとに図書館を作ったが、いつまで活動していたかなど
についてはわかっていない。ほぼ同じ時期の88年11月、青森県津軽地方
の東奥義塾学友会が閲覧室を公開した。[(13)]これより先の75年3月、東奥義塾
は博覧書院を開き、一般に公開している。[(14)]これも義塾内に置かれたという
点で、会員制図書館といえるだろう。この博覧書院を発展させ、閲覧室で
121冊の蔵書を公開したのが学友会閲覧室とする見方もあるが、[(15)]詳細は不

第2章　団体内に設置された図書館　　151

明だ。

1887年、福岡県久留米師範学校の卒業生によって組織された協力社が協力文庫を開始した。同社は、学友会といった組織ではなかったようだが、協力社の経費の一部と社員の寄付によって運営され、新たに購入した図書と明善校から借用した図書を合わせて数百冊の蔵書があった。明善校は、旧藩の学問所で、82年頃に廃止された。[16]

これらとは性格が異なるが、教員が組織した団体に、図書館の機能を設けていたところがある。1889年6月、愛知県額田郡教員組合会、91年11月、同県西加茂郡教員組合が書籍・新聞・雑誌回覧を開始した。組合員は、組合事務所で閲覧ができた。[17]87年、兵庫県有馬郡に小学校教員有志によって書籍を共同購入して回覧する読書同盟会が作られた。94年、同会が発展して有馬郡衛生教育会附属文庫となった。有馬郡衛生教育会は、教育会とは別の組織で、伝染病予防のため衛生に関する知識普及を目的に、92年に有馬郡衛生会と有馬郡教育談会が合併して結成された。同会は会員制で組織され、衛生教育の一環として図書館を設けた。1903年（明治36年）、有馬郡衛生教育会は有馬会と合併し、私立有馬会となり、図書館も私立有馬会附属図書館と改称する。これによって会員数は151（1898年）から621（1903年）と4倍に増えた。有馬会は、1884年に東京在住の有馬郡出身者による同郷団体として発足したが、合併を機に衛生、教育、実業、社会上の改良・上進に関わる事業を実施する地域の団体になった。[18]

2　小学校同窓会・校友会図書館

小学校教育の普及につれて同窓会が組織されるようになった。そして、卒業後の教育の充実を目的に図書館が設けられるようになった。小学校卒業後の教育に対する関心が高まったのは、義務教育が普及した時期と一致する。各地ではほとんどの小学校が同窓会を組織したと考えられるが、地域によって、またそれぞれの同窓会の方針によるのだろう、届を出して正式に図書館と認められた以外にも多数の図書館が作られた。ところによっては青年会図書館に匹敵するほどの活動がみられた。同窓会図書館は、そ

のほとんどの施設が学校内に置かれた。

長野県の小学校同窓会図書館の設立

　これはまだ同窓会という組織ができる前のことだが、1882年（明治15年）、長野県上伊那郡片桐村に図書館が設けられた。同館は片桐小学校によって設立され、同小学校卒業生は毎月10銭の会費を納めることとされ、12人の理事が選出されて運営にあたった。理事は、図書を借り受けて、会員に貸し出すことができた。会員は25歳で名誉会員になった。[19] これは同窓会図書館とはいえないにしても、これに類似する活動をおこなう組織だったということが推察できる。

　長野県の小学校同窓会は、1886年の小学校令によって尋常小学校と高等小学校が設置される前後に創設されているという。早い例に87年設立の東筑摩郡麻績学友会、90年設立の埴科郡松代同窓会があり、これらは学外に設けられた。同窓会が学内に置かれるようになったのは93年以降になってからで、1900年代に入って一般的になった。

　では、同窓会はどのような目的で図書館を設けたのか。日清戦争前後に設けられた同窓会は、殖産興業を重視する傾向が強かったとされるが、[20] もう少し詳しくみておこう。1893年11月設立の下伊那郡上久堅尋常高等小学校同窓会は、主要な事業に、夜学会、蚕業講習会、肥料講話会、林業講話会などとともに雑誌購入輪読、通俗図書室設置などをあげる。雑誌の購入は、蚕業、農業一般に関する分野に指定されていた。[21] 東筑摩郡山辺尋常高等小学校同窓会は、97年に設立され、その10年後には会員数は約300人になった。事業には、実業の発達・進歩を図り、日新の学術を考究し、時事問題について討論し、社会風紀を改善し、学校との連絡を図ること、会員の親睦を取り上げている。図書館はこれらの目的の遂行のために置かれた。地域を15区に分け、それぞれに支部を置き、各支部では植林事業、試作田を設けることなどに加え、夜学会の開設、図書館の設置などをおこなうよう規定していた。[22] このように、同窓会は単なる親睦的な集まりではなく、地域産業振興の一翼を担い、図書館にはそれらの活動の一環としての役割が課せられていた。他方、上高井郡綿内尋常高等小学校（設置年不明）は、同窓会付設の回転文庫と称する綿内文庫をもち、蔵書600冊を16

支部に巡回させていた。ここでは同窓会内に、通常、維持、特待の3種に会員が規定され、文庫を利用するために別の組織を設けたが、「文庫規則」には、「同志の閲覧に供する」程度にしか目的は記されていない。[23]

　早期の図書館活動をみておこう。前述した松代同窓会では、1890年11月に改正した会則によると、書籍を備えて会員の縦覧に供し、1週間の貸し出しをしている。[24] これらと前後して、93年12月に上高井郡山田小学校同窓会が発足、文庫を設けた（「規則」）。[25] 翌94年4月、上水内郡の神郷小学校同窓会が発会、96年までに規則ができ、同窓会文庫を設置した。[26] 麻績学友会は、96年9月に図書購読会仮規則を定め、会員を3種に分けてそれぞれに拠出金を決めた。将来は図書館を建設することを構想していた。[27]

　これが図書館令以降になると、設置数は増加する。1900年から06年に設置された長野県下の私立図書館・文庫55館の設置主体別内訳は、有志者24（43.6%）、青年会12（21.8%）、同窓会10（うち中学校友会2）（18.2%）、学校教員9（16.4%）となっていて、同窓会は青年会と同じくらいの数の図書館を設けていた。[28] これを郡単位でみてみると、例えば上水内郡では、03年から16年にかけて同窓会文庫・図書館が8カ所設立されている。[29] 実際に設置された総数は相当数に上ると思われる。

各地の状況

　同窓会図書館は全国各地に設立されていたと思われるが、ここではまず石川県をみておきたい。同県は、長野県同様に私立図書館が多数設置されていて、1914年（大正3年）の図書館設置状況を設置主体別にみると、公立39、私立17、そのほか185、計241となる。「そのほか185」の内訳は、学校49、同窓会19、青年会115、そのほか2、となっていて、青年会が多くを占めるが、同窓会も一定程度設立されていた。[30] 1つの郡の状況を例としてみてみると、石川郡には01年から09年に設立された図書館が公・私立合わせて14館あるうち、小学校同窓会図書館は7館で全体の半数を占めていた。[31] 01年、同郡美川町の美川尋常小学校同窓会で図書館設立が発議され、美川読書館が開館した。[32] 同郡内には、01年、鶴来同窓会図書室ができ、のちに町立に寄付されている。[33] 鹿島郡には04年御祖小学校同窓会が組織され、有志の寄付によって図書閲覧所が設けられた。[34]

154

このほかの地域についても地域ごとの状況をみておこう。1909年に、岩手県上閉伊郡の遠野尋常高等小学校同窓会によって同校内に私立遠野図書館が設立された。また、同郡達曾部村の小学校内にも図書会があり、会員の拠金と寄付によって図書を購入、毎年11月から4月までの農閑期に会員や有志の閲覧に供していた。[35] 福島県郡山では、1895年（明治28年）に同窓会有志によって金透図書館が作られた。群馬県には、明治初期の頃から会員制図書館がいくつか活動をしていた。1900年に利根郡に桃野同窓会附属図書館が開設し、日露戦争後の県内には、前橋中学校学友会文庫、一ノ宮校友会図書館ができている。[36] 勢多郡には08年、棚下尋常小学校の卒業生によって「村民の閲覧に供して文運の進歩を図る」ことを目指し、棚下学友会図書館ができた。10年には読み物を中心に684冊の図書があった。[37]

埼玉県の北埼玉郡忍町には、1913年に忍町学友会文庫ができ、[38] 新潟県中蒲原郡では、06年までに14ある村のなかで3村4カ所に同窓会・校友会の図書館の存在が確認できる。[39] 富山県下新川郡に1899年、泊町育英同窓会文庫が、三重県河芸郡神戸町に1909年、河曲同窓会附属図書館が、また1899年、和歌山県新宮町に丹鶴同窓会附属図書館ができた。[40]

山口県では、1904年に錦波小学校校友会図書閲覧室、06年に私立新庄小学校同窓会付属図書館、[41] 08年に吉敷郡に私立本郷小学校校友会図書館[42] がそれぞれ設立されている。

3　地域・産業

地域で活動する団体や生産の現場にも図書館が置かれた。地域活動を目的とする団体、産業の振興を目的に設けられた図書館について、順に検討を加える。

地域活動、互助、社会事業などを目的とした図書館

1906年（明治39年）5月、北海道の「函館毎日新聞」の投稿者によって「文学上ノ知識ヲ交換シ一般ノ向上ヲ図リ専ラ社会風教ニ資スルヲ目的」（規則第1条）に緑叢会ができた。[43] この会に入会した岡田健蔵は、図書館の

必要性を感じ、同年9月の総会で図書館の設立を提案した。これが了承され、翌07年6月、岡田の自宅内に設立した図書室を公開し、無料で閲覧が開始された。しかし、8月25日の函館の大火で全焼した。それから2年後の09年、岡田を中心に私立函館図書館が作られた。

　1907年、新潟市の信用組合である積善組合が、新たに巡回文庫を開始した。同組合は1897年に民法上の社団法人として発足、事業は貯蓄、共済、社会教育の3つからなり、加入者は組合費を5年間積み立て、組合が満期日に利子をつけて払い戻す方法で運営した。巡回文庫は、社会教育の一環として実施されたが、1918年に不正経理が発覚、翌19年に解散した。団体内に属する図書館は、このように親組織の経営状態に左右された。

　1910年、広島県福山に義倉図書館ができた。同館は、広島県立福山中学校内の福山書籍館が廃館されるに伴い、すべての図書の払い下げを受けた。義倉図書館の義倉とは、福山義倉ともいい、創設は1804年（文化元年）までさかのぼる。当時の福山藩の新興豪農商層である河相周兵衛らが発起人となり、大坂の同藩御用達商人の出資を募り、凶作、飢饉の際の救恤のために銀300貫をもって設立した。明治期には事業の方針を教育、殖産事業に転換し、1899年に財団法人になった。義倉図書館は、教育事業の一環として設立された。同館は、1913年に4,083部、1万5,493冊を所蔵、翌年から図書館報を発行し、蔵書目録も刊行していたが、45年8月の福山空襲で焼失した。

　1905年、山口県宇部村に私立宇部図書館が設立された。同館の母体は1886年に設立した宇部共同義会で、村民だけで組織され、石炭鉱区の集中管理をおこなうとともに、石炭で得た利潤を浪費することなく、村立中学校を誘致するなど、教育や社会福祉といった公共事業に投資した。いわば地域の基盤整備をおこなう地方組織ということになるだろう。同会は、図書館設立後も1938年まで図書の購入費として、毎年50円の補助を続けた。同館は、のちに村立を経て市立図書館になった。

　少し時代が下るが、東京でも1923年（大正12年）に荏原郡品川町の六行会が、荏川町倶楽部の2階に荏川町文庫を開いた。28年に品川図書館と改称、32年に東京市に寄付した。六行会の起源は、1846年（弘化2年）までさかのぼる。当時の南品川宿は、東海道第一の宿場だったことから、宿場

の仕事に忙殺され、家業に従事することが難しい人が多かった。その負担を軽減し、凶年や不慮の災害時に対応できるよう、地主たちが基金の積み立てを始めたことに由来する⁽⁵⁵⁾。荏川町文庫が開設されたとき、東京府の市外で図書館が置かれていたのは、町立八王子図書館と渋谷町営図書室の2館だけで、それぞれ八王子女学校、大和田小学校に付設され⁽⁵⁶⁾、独立館を有するところはなかった。市域でも独立の館舎を有していたのは、日比谷、深川、一橋、京橋の4館にすぎない。また、福岡県では、1913年に八幡製鉄所が製鉄所の従業員とその家族のために図書館を設立した⁽⁵⁸⁾。

なお、長野県小県郡神科尋常小学校区域には、1899年から1907年までに設立された在区図書館と称する小規模な図書館が4館あった。いずれも会員制で、経費は労賃、寄付金、矯風会費などをもって充当していた⁽⁵⁹⁾。この種の図書館の存在はほとんど知られていないが、長野県上田市では小牧共立普通図書館が、地域に根ざした活動を続けていた⁽⁶⁰⁾。

地域産業の振興などを目的とした図書館

1875年（明治8年）7月に津田仙が学農社を設立、翌76年1月に「農業雑誌」を創刊した。そのあと、農事改良を目的に、農事諸会のなかに読書施設が設けられた⁽⁶¹⁾。これらのほとんどは小規模な施設だということが知られている。こうした農業団体が農会と呼ばれるようになるのは、99年に農会法が公布されてからのこと。学農社ができた5年後の80年、長野県に松本農事会が設立された。松本の有志が農事の開進を図るため、東京農学社と契約して成立した。ここには書籍縦覧のための施設を置いていたと考えられる。農学の書籍を講読することは設立当初から計画されていて、農事会試験場では「書籍縦覧規則」を定めていた。これによれば蔵書は農事協会の所費による購入、また有志者の寄贈と寄託からなり、場内でなら誰でも閲覧ができた⁽⁶²⁾。

1900年5月、福島県会津に会津漆園会の基本金を基礎にして、若松市から500円の補助を受けて会津図書館共立会を結成し、03年7月、若松市立図書館が設けられた⁽⁶³⁾。会津漆園会は、会津の古来の特産である漆を増産して広く公益に役立てることを目的に組織された⁽⁶⁴⁾。10年、埼玉県の蚕桑試験義会蚕業伝習所の付属施設として東武図書館が設けられた⁽⁶⁵⁾。同伝習所は

1895年に佐藤国蔵が設けた施設で[66]、佐藤は養蚕業の製造者であるとともに研究者としても知られていた。図書館規則の第1条には「本館ハ蚕業伝習所生徒及公衆ノ為図書ヲ蒐集閲覧セシムルヲ以テ目的トス」[67]と記されていた。

　1899年、新潟県岩船郡農会舎内に図書館ができた[68]。また、1910年9月には、新潟県刈羽郡農友会農業図書館が設立された[69]。これらは松本農事会と同種の図書館だと思われる。後者は同郡の農事試験場内に設けられたことしかわかっていないが、郡の農事試験場が1899年にでき、1903年に枇杷島村に移転している。08年に試験場本館が新築され、図書館の開館はその2年後にあたる。14年には651冊の蔵書があった[70]。郡内には郡農会や町村農会など複数の農業関係の組合、団体や青年会があり[71]、図書館は、こうした人たちを利用対象にしたと推察できる。しかしながら23年に廃館になった。少しあとになるが、22年に三重県安濃郡立図書館が廃止され、22年に安濃郡農会図書館として再出発している[72]。

注

（1）盛岡市編纂委員会編『盛岡市史 第7分冊』（盛岡市、1962年）265、308ページの複製。求我社の設立について、七宮氏子は1873年12月とする（七宮氏子『岩手・近代図書館運動史』七宮文庫、2001年、4ページ）。

（2）山本寛次郎は、1852年（嘉永5年）に召し出され二人扶持を知行。66年（慶応2年）に勘定奉行、次いで目付を兼ねた。69年（明治2年）に監察兼会計権督務となり、次いで盛岡藩少参事、74年に南部家の家令となった。77年、西南戦争の開戦にあたり岩倉具視の命を受けて新撰旅団の巡査募集に働いた。81年没（岩手県姓氏歴史人物大辞典編纂委員会編纂『岩手県姓氏歴史人物大辞典』〔「角川日本姓氏歴史人物大辞典」第3巻〕、角川書店、1998年、1094ページ）。また、求我社との関わりについては「求我社の書籍展覧所も、山本氏の思ひつきであり、旧藩主から漢籍を寄贈させたり、家屋を提供せしめたのも、みな同市の尽力によるといはれてゐる」（東京朝日新聞通信部編『岩手県政物語』世界社、1928年、25ページ）とされる。

（3）前掲『盛岡市史 第7分冊』308ページ

(4) 前掲『岩手・近代図書館運動史』126ページ

(5) 埼玉県教育委員会『埼玉県教育史』第3巻、埼玉県教育委員会、1970年、770―773ページ

(6) 埼玉県教育委員会編『埼玉人物事典』埼玉県、1998年、472ページ

(7) 長岡市役所編『長岡市史』長岡市役所、1931年、649ページ

(8) 小林雄七郎（1846―91）は、元長岡藩士。「米百俵」の逸話で知られる小林虎三郎（1828―77）の弟。江戸で学ぶ。維新後は慶應義塾で学び、のちに衆議院議員（新潟日報事業社編『新潟県大百科事典』上、新潟日報事業社、1977年、535ページ）。小金井権三郎は、小林雄七郎の姉の幸と小金井良達の長兄で、小林兄弟の外甥にあたり、のちに衆議院議員となる。弟が解剖学者の良精。

(9) 宇治山田市編『宇治山田市史』下、宇治山田市、1929年、1092―1093ページ

(10) 広島県編『広島県史 近代1』広島県、1980年、1190ページ、福山市史編纂会編『福山市史』下、福山市史編纂会、1978年、565ページ

(11) 札幌市教育会編『新札幌市史 第2巻 通史2』札幌市、1991年、940ページ

(12) 前掲『明治期北海道の図書館』53ページ

(13) 「東奥義塾年表（抄）」、東奥義塾創立九十五年史編集委員会編『東奥義塾九十五年史』所収、東奥義塾、1967年、iページ。なお、かなりあとになるが、学友会は、1931年のときの規則に「会員の心身を収容し親睦を図り併せて相更新を発揚する」（第2条）ことを目的に、職員と生徒を主な会員とし（第4条）、図書部を置いていた（第25条）（笹森順造編『東奥義塾再興十年史』東奥義塾学友会、1931年、17―19ページ）。

(14) 前野喜代治「青森県における図書館略史」、日本教育学会機関誌編集委員会編「教育学研究」第31巻第4号、日本教育学会、1965年、275―281ページ、弘前図書館『弘前図書館六十年の歩み』弘前図書館、1966年、12ページ

(15) 青森県立図書館史編集委員会編『青森県立図書館史』青森県立図書館、1979年、8ページ。日本図書館協会編『近代日本図書館の歩み 地方篇』の「青森県」（日本図書館協会、1992年、31ページ）の記述は、これを踏襲したものと思われる。

(16) 久留米市編『久留米市誌』上、久留米市、1932年、785―786ページ。同書は、福岡県教育会久留米支会編『久留米市教育沿革史――学制頒布第

第2章 団体内に設置された図書館　159

五十年祝典紀念』（福岡県教育会久留米支会、1923年）の記述に基づく。

(17) 加藤三郎編著『愛知県図書館史年表資料考説——愛知県における図書館のあゆみ』中部図書館学会、1981年、11—13ページ

(18) 三田市史編さん専門委員監修、三田市まちづくり部生涯学習支援室生涯学習課市史編さん担当編『三田市史 第2巻 通史編2 近代・現代』三田市、2012年、288—301ページ

(19) 前掲『長野県教育史 第2巻 総説編2』780—781ページ

(20) 社会教育法施行三十周年記念誌編集委員会編『長野県社会教育史』長野県教育委員会、1982年、52—56ページ

(21) 長野県『長野県教育事蹟一斑』長野県、1909年、398—400ページ

(22) 同書396—398ページ

(23) 同書422—423ページ

(24) 『長野県教育史 第11巻 史料編5 明治19年—32年』長野県教育史刊行会、1976年、1115ページ

(25) 同書1101ページ

(26) 「神郷小学校同窓会報」第1・2号、神郷小学校同窓会、1896年、6ページ

(27) 麻績小学校百年史編纂委員会編『麻績小学校百年史——開校百年記念出版』麻績小学校百年史刊行会、1977年、167ページ

(28) 前掲『長野県社会教育史』39—40ページ。前掲『長野県教育史 第2巻 総説編2』786ページにも類似の統計があることは、序章の注（14）で示した。

(29) 上水内郡誌編集会編『長野県上水内郡誌 現代篇』上水内郡誌編集会、1979年、1372ページ

(30) 石川県教育史編さん委員会編『石川県教育史』第1巻、石川県教育委員会、1974年、786—787ページ

(31) 松任市史編さん委員会編『松任市史——二十六年の歩み 現代編』上、松任市、1981年、791ページ

(32) 石川県『石川県教育要覧』石川県、1909年、68ページ。ここでは「美川町立美川尋常高等小学校同志会の設立」と記述。また、前掲『石川県教育史』第1巻では同館を「同窓会図書館の設立」の見出しとともに記録している（前掲『石川県教育史』786ページ）。このように美川尋常小学校同窓会で発議されたことから同窓会図書館とする見方もあるが、本篇では一般の有志によって設立した図書館と考えて後述する。

(33) 石川郡自治協会『石川県石川郡誌』石川県石川郡自治協会、1927年、454ページ

(34) 鹿島郡自治会『石川県鹿島郡誌』鹿島郡自治会、1928年、後編323ページ

(35) 岩手県教育会上閉伊郡部会編『上閉伊郡志』岩手県教育会上閉伊郡部会、1913年、230―231ページ、遠野市史編修委員会編『遠野市史』第4巻、遠野市、1977年、266ページ

(36) 群馬県史編さん委員会編『群馬県史 通史編9 近代現代3 教育・文化』群馬県、1990年、341ページ

(37) 萩原進『群馬県青年史』（萩原進著作選集）、国書刊行会、1980年、216―217ページ

(38) 行田市史編纂委員会編『行田市史』下、行田市、1964年、859ページ

(39) 新潟県中蒲原郡編『中蒲原郡誌』上、新潟県中蒲原郡、1918年、120ページ

(40) 服部英雄編『三重県史』下、弘道閣、1918年、175ページ

(41) 柳井市史編纂委員会編『柳井市史 各論編』柳井市、1964年、149ページ

(42) 吉敷郡教育史編纂委員会編『吉敷郡教育史』山口県吉敷郡、1912年、591ページ

(43) 前掲『岡田健蔵伝』480ページ

(44) 新潟市史編さん近代史部会編『新潟市史 通史編3 近代』上、新潟市、1996年、380―381ページ

(45) 新潟市史編さん近代史部会編『新潟市史 通史編4 近代』下、新潟市、1997年、32ページ

(46) 福山市史編纂会編『福山市史』下、福山市史編纂会、1978年、566ページ

(47) 1885年（明治18年）広島県立福山中学校内に福山書籍館を設立する際に、福山義倉会と資学社が寄付し、そのあとも両社の援助で運営していた。このような経緯から、義倉図書館は旧福山藩の蔵書を継承することになった（日本図書館協会編『近代日本図書館の歩み 地方篇』日本図書館協会、1992年、603ページ）。

(48) 中国新聞社編『広島県大百科事典』下、中国新聞社、1982年、484ページ、「一般財団法人義倉」（https://giso.or.jp/history01.html）［2019年9月1日アクセス］

(49) 義倉図書館編「私立義倉図書館報」第1回―第4回、私立義倉図書館、

1914—27年

（50）義倉『義倉創立二百年祭記念誌』義倉、2003年、45ページ

（51）『図書館年報 平成29（2017）年度』宇部市立図書館、2018年、32ページ

（52）宇部市／宇部市史編纂委員会編『宇部市史 通史篇』宇部市史編纂委員会、1966年、570—580ページ

（53）宇部市／宇部市史編纂委員会編『宇部市史 資料篇』宇部市史編纂委員会、1966年、536ページ、俵田昭編『宇部産業史』渡辺翁記念文化協会、1953年、418ページ

（54）六行会編『品川と六行会の百五十年』六行会、1994年、165—168ページ、品川町編『品川町史』下、品川町、1932年、550—552ページ

（55）六行会『財団法人六行会九十年史』六行会、1934年、2—4ページ

（56）八王子市史編集委員会編『八王子市史』上、八王子市、1963年、359ページ

（57）東京都渋谷区教育委員会編『渋谷区教育史』上、渋谷区教育委員会、1992年、680ページ

（58）久留米市『久留米市史』第3巻、久留米市、1985年、621ページ

（59）長野県内務部学務課編『長野県教育事蹟一斑 第2輯』長野県、1916年、333—334ページ。在区図書館のひとつに大久保矯風会立図書館（1900年設立）があった。日本キリスト教婦人矯風会は、1893年に全国組織となっている。

（60）篠原由美子「小牧共立普通図書館（長野県上田市）設立の事情とその実態」、日本図書館文化史研究会編「図書館文化史研究」第20号、図書館文化史研究、2003年、79—107ページ

（61）小川徹「1880—90年代農事諸会の萌芽としての図書館について」、石井敦先生古稀記念論集刊行会編『転換期における図書館の課題と歴史——石井敦先生古稀記念論集』所収、緑蔭書房、1995年、157—168ページ

（62）有賀義人『信州の国会開設請願者上条螘司の自由民権運動とその背景』信州大学教養部奨匡社研究会、1967年、309ページ

（63）会津若松史出版委員会編『会津若松史』第6巻、会津若松市、1966年、284ページ。1900年（明治33年）5月に会津漆園会は会津図書館共立会を組織、10月に図書館舎と書庫が竣工、この年に若松市に寄付した。03年7月に若松市立図書館が設立されたので、会津図書館共立会は図書館の開設を目的に寄付金を集めるとともに寄贈図書を収集している。そのため、ここでは会員制図書館に含めたが、実際には図書館建設以外に図書館活動は

していない。

(64) 会津若松市立会津図書館『会津若松市立会津図書館百年誌』福島県会津若松市立会津図書館、2004年、8—12ページ

(65) 八潮市『八潮市史 通史編2』八潮市史編さん委員会、1989年、328ページ。なお、東武図書館は「昭和初年に廃止」（同書968ページ）されたとしている。

(66) 埼玉県『埼玉県之産業 ——附・名所旧蹟』埼玉県、1910年、16ページ。「埼玉県ゆかりの偉人データベース」（〔https://www.pref.saitama.lg.jp/a0305/ijindatabase/syosai-137.html〕［2019年9月1日アクセス］）に佐藤国蔵の紹介記事を掲載している。なお、蚕桑試験義会蚕業伝習所の設立について、前掲『八潮市史 通史編2』は1895年とし、同データベースは1896年としている。

(67) 八潮市『八潮市史 史料編 近代1』八潮市、1981年、682ページ

(68) 『岩船郡是』岩船郡役所、1918年、530ページ

(69) 新潟県教育百年史編さん委員会編『新潟県教育百年史 明治編』新潟県教育庁、1970年、858—859ページ

(70) 「県内既設図書館状況（大正3年度現在）」、新潟県立新潟図書館編『新潟県立新潟図書館50年史』所収、新潟県立新潟図書館、1965年、2ページ

(71) 新潟県農事試験場『新潟県農業案内』新潟県農事試験場、1911年、12—17ページ

(72) 三重県総合教育センター編『三重県教育史』第2巻、三重県教育委員会、1981年、488ページ

第3章 住民有志による図書館運動

　会員制図書館を有志によって設立した、その初期の段階で、旧藩士が旧藩関係資料の積極的な収集を開始した。また、小学校教員も学校教育に従事するなかで図書館の必要性を認識し、設立運動に携わっていく。ところが設置者別にみた場合、一般の住民有志によって作られた図書館が最も多かった。このなかには教員が会員に含まれているところも少なくないが、次第に地域のなかのさまざまな人々が運動の主体的な担い手となっていったことがわかる。次に、それらについて検討を加えていく。

1　旧藩士による運動

　明治維新後の変革期には、新しい時代が指し示す方向に向かって図書館活動を開始する旧藩士の姿があった。早い時期では1874年（明治7年）6月、青森県にできた八戸書籍縦覧所がそれにあたる。八戸書籍縦覧所の運営の詳細についてはすでにほかに詳しいのでここでは繰り返さないが、ひとつだけ注目しておきたい。80年9月、八戸、五戸、三戸に公立書籍館が開館した。このとき、書籍が完備していないので閲覧者も少ないが、一方で「新書ノ未着ヲ促スモノ多ク[(1)]」という声が上がっていたことが報告されている。80年、八戸書籍縦覧所に公立八戸書籍館が併設されることになり、翌年、公立八戸書籍館は町村連合会によって共同運営が開始された。ところが87年に公立八戸書籍館は経営難により閉館となり、八戸書籍縦覧所に合併された。この間の7年は私立と公立の図書館が同居し、施設と書籍の管理は分けて、開館日と利用、歳費は合同になっていた。このような設置形態は、ほかには例がなく、当時ほとんどが公立のときに、書籍縦覧所

は合併による運営で対処して公立化を選択しなかったことになる。もう少し周辺の事情をみておこう。

1880年9月、三戸に公立三戸書籍館が設立されたが、この地域にはそれ以前の75年4月、三戸書籍縦覧所が設立されていた。この縦覧所は、諏訪内源司、千葉米次郎ら33人が発起人になり、図書を共同購入して発足した。彼ら発起人は三戸の郷学為憲場の世話役で、公立になるまでの5年間は会員制に近い運営をしていたようだ。しかし、公立三戸書籍館になってから10年あまりで閉館になった。93年に三戸尋常高等小学校に蔵書を払い下げている。

五戸書籍館は1883年に閉館しているので、開館していた時期は3年にすぎない。「当初小学教則編製ノ参考ニ供センカ為メ図書ノ蒐集ニ基キタリシモ一旦教育令ノ改正アルニ当リ教則ノ編製ハ人民ニ任スヘカラサルヲ以テ」云々の記事のとおり、時代の変化に対応できなかったことから閉鎖を余儀なくされたことが推察できる。五戸書籍館が閉館した83年には、八戸書籍館（公立）622冊、書籍縦覧所（私立）1,201冊の蔵書に対し、三戸書籍館は144冊。縦覧人員は八戸が（公・私立を合わせ）3,854人だが、三戸は150人にとどまっていた。公立化によって財政基盤が安定するという保証はない、八戸書籍縦覧所の管理者はそう考えたのかもしれない。結果、八戸書籍縦覧所だけが存続した。

同じ頃、旧藩時代の資料収集・保存に対する関心も高まっていた。1892年7月、青森県弘前では津軽古図書保存会が活動を開始した。同会は、津軽関係の古記録類の収集と保存を目的に、本町金木屋の土蔵を借りて蔵書を保管し、東奥義塾の教室を閲覧所として一般にも公開した。会の規則では書籍3,000巻の所蔵を目標に、それまでの寄贈者は創設員（第3条）となり、10冊または金1円以上を寄付すれば無料で閲覧ができると規定した（第4条）。会の発足に際して協賛員17人が名を連ねた。この会を主唱した外崎覚（1859─1932）は弘前藩の出身で、東奥義塾で学び、同塾で漢文を教授した。のちに宮内庁に出仕して『殉難録稿』を編纂、また、陵墓監、御用掛などを務めた。

宮城県では、1881年に宮城県書籍館が開館した。その2年後の83年1月、黒川剛（大童信太夫）らによって拾古文社が設立された。同社は、旧藩時

代の古記録の収集保存と史料提供を目的に組織された。松倉恂ら75人の旧仙台藩士などによる、有志が所蔵する古書、旧記録などの記録が残されている。その目録が『拾古文社書器目』（宮城県図書館蔵）だが、活動の実態に関してはわかっていない。

　その10年後の1893年3月、郷土資料の収集と保存を目的に仙台文庫が設立された。発起人には、旧仙台藩士の松倉恂、大童信太夫（黒川剛）、大槻文彦、作並清亮ら6人が名を連ね、仙台文庫会が運営にあたった。仙台文庫は開始直後に伊達伯爵家から多くの貴重書を委託され、それが蔵書の根幹になった。規約には、入会条件（第2、3条）で書籍、金員の寄付と紹介者を規定した。1893年から99年にかけて、「仙台文庫叢書」10集13冊の出版事業も実施した。1896年9月に書籍閲覧所を設立、一般にも有料で公開したが、1904年11月に閉館、のちに宮城県書籍館と合併した。同年5月に松倉が没して仙台文庫の閉館がその半年後にあたることからも、松倉の影響力が大きかったのではないか。

　1890年（明治23年）、新潟県北蒲原郡に旧藩士出身の小学校教員によって菖城義会が設立された。会の名称は、新発田城の別名・菖蒲城にちなんだ。規約の第2条に「本会ハ旧新発田藩士及其系統ノ有志ヲ以テ組織ス」と、第3条には総裁を藩主の系統から推戴すると規定した。翌年に同会の事業として図書館を設けた。正式な手続きを経て95年7月、新発田図書館となった。廃藩当時に県に引き上げられた新発田藩学校の教科書を旧藩の重臣が自費で買い戻し、数千冊を継承した。そのあと1920年に、町教育会に蔵書を寄贈した。

　新発田図書館よりも少しあとになるが、1908年6月、同県中頸城郡高城村に高田図書館ができた。県社の榊神社で高田藩の藩祖・榊原康政の300年祭がおこなわれるのを記念して、村の有志が寄付金を集めたことが同館設立の契機になった。高田藩中老を務めた清水広博が発起人になり、設立の目的には旧高田藩の藩校である修道館の蔵書（588部、7,826部）を継承して公開することが掲げられた。運営は会員を募って寄付金で維持することが開申書に明記された。賛助員は、1口10円（年額1円、10年で皆納）を納めるものとして、口数によって優遇された。10年には、購入・寄贈書が増加、蔵書は約1万冊になった。同館はのちに高田町立図書館となり、

市立を経て、現在は上越市立図書館になっている。

　ここにあげた団体は多くはないが、時代の転換期にあって資料の保存に尽力した。これらの資料は、現代に継承されている。

2　小学校教員による運動

　1887年（明治20年）3月、大日本教育会は神田一ツ橋に附属書籍館を設けた。地方教育会では、小学校教員が指導力を発揮して会員を集め、同館をモデルに図書館づくりを先導した。これらは組織の要請による活動だが、これとは別に有志が集まって図書館づくりを進めた地域もあり、なかには大日本教育会の組織的な図書館運動よりも早くに着手しているところもあった。

　北海道札幌地区には、1883年3月、小学校教員の前野長発[19]らによって札幌司典社が設立された[20]。86年、札幌読書会と改称するが、92年の大火で焼失した。

　1889年、青森県弘前地方に小学校教員有志が自他楽会を組織した。この会は、弘前和徳小学校教員有志による読書クラブだが、読書だけでなく会員間の親睦を図ることも目的だった。会則には「本会ハ各自所有ノ書籍ヲ交換シ、更ニ新著訳書・雑誌ヲ購読シテ知識ヲ計リ、尚後来書籍館ヲ設立スルヲ以テ目的トス」（第1条）と掲げ、会員は20人に限定した（第2条）[21]。有志は月10銭の会費を出しあい、学術書や文学書などを購入して、回覧した。その影響か、7年後の1896年、同じ市内に読書会二九会ができた。同会は時敏小学校教員による読書会だということが知られているが、それ以外のことについては明らかではない。1903年、私立弘前教育会がこの2つの読書会に呼びかけ、私立弘前図書館を設けた。図書館は両会の会員が運営し、06年に市立になった[22]。

　1882年、岩手県盛岡市内の若い教育者を中心とした読書家25人が玉東舎を起こした。図書を購入して回覧を開始したが、将来は図書館を設立することを目的にしていた。84年に舎員は122人になった。

　1879年、長野県諏訪郡高島学校の訓導・金井汲治らが益友社を結成し

第3章　住民有志による図書館運動　　167

た。この結社は何を主な目標として活動したのかは不明だが、政治結社ではなかったようだ。当初は9人の社員が毎月10銭を拠出して書籍・新聞・雑誌などを備え、地域の人々にも開放したとされる。同社については、85年に図書室を設けたとする記事もある。91年5月、同県松本尋常高等小学校（開智学校）内に開智書籍館が設けられた。「学術研究ノ便利ヲ得セシムル」（第1条）ことを目的に、「漸次其規模ヲ拡大シ他日松本文庫創立ノ素地ヲ開ク」（第2条）ことも念頭に置いた。公共図書館を目指す計画があったとはいえ、当面は教員の学習・研究環境を充実することが先決とされた。教員を館員（会員）とし、「館員ハ本館ヲ維持シ及ビ拡張スル為メ館員トシテ月々出金スルノ義務ヲ有ス」（第6条）と定め、その会費によって書籍や新聞・雑誌などを購入することを規定した。役員の選出は「館員互選」（第12条）としている。97年4月、同県北安曇郡池田町には池田尋常小学校職員によって、卒業生の見聞を広めるために明治丁酉図書館が作られた。

　1884年12月、富山県上新川郡に真理館ができた。有志が各自所有の書籍を持ち寄り、寄付を出しあってそれを書籍購入に充てた。中心になったのは、小学校教員の久世麗太郎で、青年小学校教員7人、農家を家業とする者1人が発起人となり、5カ村にわたる地域の館友（会員）によって開始された。地域活動、文集の発行など広範囲な活動を展開した。創設から94年までは久世が館主を務めたが、これ以降は幹事を選出して半期交代で運営にあたることになった。97年頃まで継続していたという。

　図書館令の公布以降では、1907年9月、札幌区北九条尋常小学校附属通俗図書館が開館した。同校校長の小山準平が発意して、職員が月俸の100分の1を拠出、これを設立基金に充てた。以降も寄付金と寄贈書籍によって運営していた。福島県では、1899年に共励会が組織され、鷹巣教育図書館ができた。この館は少なくとも1918年までは活動していたことが確認できる。08年5月には、長野県に高遠図書館ができた。同館は、高遠小学校教員が主体となって同窓会や青年会と連絡し、また町内一般有志と高遠出身在京者と連携して広く館友（会員）を組織した。館友は毎月5銭を会費として拠出した。20年に高遠進徳図書館と美術館を合併して町立になった。

3　地方行政官の場合

　有志者による図書館づくりにはリーダーの出現が不可欠ともいえるが、地方の行政官が中心的な役割を担うケースがあった。1880年（明治13年）、北海道に開拓使函館支庁の官吏や教員らによって書籍共覧会が作られ、同年11月に思斉会と名を変えた。この会の中心になった村尾元長（1854—1908）は江戸に生まれ、19歳のときに開拓使出仕になって函館支庁に勤務した。73年に新聞縦覧所設置議案が提出されたとき、議案提出に関わっている。

　1881年11月、宮城県牡鹿郡に牡鹿郡内共立書籍館が設けられた。このとき設立の伺を提出したのは5カ村の名士などで、文部省からの補助金をもとに各村の戸長協議会が協議して図書を購入している。大区制が実施されていた頃で、第五大区各村の協力によって発意されたことから、館名に共立の名称が付されたと考えられる。その意味では公立図書館というべきかもしれないが、有志者からの寄付も運営のよりどころになっていた。この運動の中心人物の大区長・黒川剛（大童信太夫）は、この2年後に拾古文社を作っている。書籍館は当分の間、郡役所内に置かれることになり、館舎の建設などの計画もあったが、82年村にコレラが発生したため、その影響で民間からの資金援助の見通しが立たなくなり、図書館の運営は行き詰まった。同館は、のちに郡立を経て石巻市図書館になった。

　1887年、熊本県に菊池書籍館が設立された。同館は、設立時に「広ク寄贈寄託ヲ募リ漸次購入スル」計画を立て、一般住民からの寄付と寄贈を受けた。わずかな町村費と閲覧料で運営をしのいだが経営不振を脱せず、95年頃に廃館になった。同館の設立に寄与したのが上羽勝衛（1842—1916。1843年生まれとも）だといわれる。上羽は肥後国宇土の生まれで、71年に熊本洋学校教授になり、73年に熊本県で最初の小学校教科書を編纂・著述して出版した。74年、熊本師範学校教師を経て熊本県庁に入庁し県学務課長を務める。のちに県下各郡長を歴任した。菊池書籍館を設置したのは上羽が菊池郡長のときだったが、開館4年後には銀行の頭取になり、そ

の次の年には鶴城学館を設立して、中等教育、女子教育に従事している。⁽³⁹⁾
これらのことから、郡長を退いてからは図書館運営には携わっていなかっ
たと推察される。

4　地域の名望家の場合

　時代の流れとともに図書館運動は変化していくが、地域での文化・教育
の充実を図るために、名望家といわれる人たちが会員を組織して図書館を
リードしていった。なかには、上京して学業を修めたあと地域に戻り、郷
土の発展のため図書館づくりに尽力した人物もいた。
　1906年（明治39年）1月、北海道網走郡網走町に網走図書縦覧所ができた。
同館は前年12月に安田貞謹、貴田国平、松崎豪らが首唱して設立された。
安田は網走尋常小学校の校長、貴田は運動家で町会議員、松崎は網走町役
場に勤務する役人だったが、特に安田と貴田はこの町の名望家として知ら
れていた。その安田を網走尋常小学校の校長に迎えるお膳立てをしたのが、
高田源蔵だとされる。高田は、表には出てこないが、網走をはじめ、北海
道の漁業を取り仕切っていた藤野家の総支配人を務めていた。寄付などに
よって同館の運営を支え、10年には名誉館員に推されている。また、図
書館が建物を求めて借家を転々とし、最終的に藤野家の空き地を借りるこ
とになるが、そこには藤野家の支配人・京谷勇次郎の協力があった。⁽⁴⁴⁾
　1898年4月、市制施行によって青森町が市になった。5月に社交を目的
に青年倶楽部が設立され、付属事業として図書部の設立が計画された。
99年12月、三橋三吾らが発起人になって倶楽部内に図書部が発足した。⁽⁴⁵⁾
翌1900年1月、部員が協議して賛助者を募り、知事部局、教育関係者、県
議、市議、官吏などにはたらきかけて35人の同意を得た。会員からの拠
金を得て新刊書を購入し、三橋宅の別棟に書庫を借りて一般に公開した。
02年には三橋宅から移転して図書館としての姿を整えた。04年5月には私
立青森図書館となり、07年に青森市立図書館、28年には青森県立図書館
になった。
　1885年、山形県西村山郡の在郷有志によって谷地読書協会が設立され

た。その中心となった石川賢治（1859—1937）は羽前国村山郡谷地村の生まれ。慶應義塾に入って福沢諭吉の教えを受け、実業家になった。84年に帰省して、翌年には地域の仲間に読書協会の組織を呼びかけた。25人の会員を集め、入会金1円、会費月額25銭の拠金によって運営することになった。

　1906年1月、埼玉県川越に同志会図書館が作られた。安部立郎が中心になって、川越中学在校生や卒業生などで会員を組織した。設立時の会員は13人で、最盛期には120人を集めた。15年5月に私立川越図書館に、そのあと市立になった。

　1903年、新潟県刈羽郡宮川に猪股雷道が文庫を開く。のちに猪俣はこれを柏崎町に移すことについて、関甲子次郎に相談する。関は地元の有力者と協議し、05年9月に私立柏崎図書館として運営するために有識者を中心に維持会を組織した。蔵書は市内の芝蘭会という施設に置かれることになる。創立委員には、関のほかにジャーナリスト、実業家、教育者、議員などが名を連ねた。開申時の蔵書は1,500余冊、維持会員は183人で、会費は年2円とした。06年3月に認可され、そのあと15年の刈羽郡立図書館、27年の柏崎町立を経たのちに市立図書館になった。猪股雷道（1877—1943）は上京して遊学、のちに高等女学校の創立などに関わり、高浜町長などを歴任した。関甲子次郎（1864—1926）は郷土史家で、1884年頃から刈羽郡内の古事を記録し、37年の歳月をかけて1921年に大著『柏崎文庫』（全20巻）を完結している。

　1888年7月、静岡県沼津に沼津文庫が設立された。沼津本町ほか3カ町の戸長・山形敬雄と沼津尋常小学校長・間宮喜十郎（1850—95）が発起者になった。77年、数人の同志によって文庫の設立が計画されたが、実現には至らなかった経緯がある。沼津文庫は、参観人の見料を唯一の収入とし、そこから看守人、書記の給料、雑費、書籍修復費を支出したことから、開館以降はもっぱら寄贈に頼ったとされる。寄贈は、東京都と伊豆、富士郡の3カ所に窓口を置いて受け付けた。開館当初は428冊の蔵書があった。県への届けは戸長・山形の名で出しているが、文庫の実質な運営は間宮喜十郎が担った。間宮は、15歳のときに江戸に出て林大学頭の門に入ったが、戊辰戦争のため沼津に帰っている。のちに再び上京して73年に慶應

第3章　住民有志による図書館運動　　171

義塾に入って洋学を学び、郷里で教育者になった。⁽⁵³⁾

1899年10月、有志の援助を受けて松江図書館が開館した。⁽⁵⁴⁾この頃の松江では若い文化人たちの間で弁論会が盛んに組織された。「思想を練り弁論を磨くため」それぞれの自宅に交互に集まり、ついには「読書と図書の蒐集とが熾烈」⁽⁵⁵⁾になった。弁論会活動の中心人物・久保田竹次郎⁽⁵⁶⁾が木幡久右衛門⁽⁵⁷⁾らと図書館の設立について相談して、同年8月に創立事務所を設けた。9月には県に図書館の設置を申請し、久保田が館主、木幡が館長になった。寄付金の額によって名誉賛助員、賛助員、館友とし、利用には優遇措置がとられた。同館は、73年島根県によって設立された書籍縦覧所を継承しているとされるが（のち77年12月に松江師範学校の管理になり、79年に松江中学校に移管）⁽⁵⁸⁾、それ以降の変遷は明らかではない。松江図書館時代は、たびたび県から多額の補助を受けていたが、やがて大幅な削減によって収入減になり、また物価の高騰などから支出が重なって財政的に行き詰まった。1919年に松江市立図書館となり、のちに県立図書館になった。

1893年9月、長崎県長崎市の安中半三郎（1853―1921）、香月薫平（1827―95）が長崎文庫の設置を計画、翌月に10人の創立委員をそろえ、翌年5月に長崎文庫を設置した。⁽⁵⁹⁾発起者の安中半三郎は江戸の生まれである。幼少時、書籍・新聞・文具・雑貨商を営む父とともに長崎に移る。そのあと家業を継ぎ、出版業もおこなった。89年には市会議員になっている。香月薫平は、長崎戸長役所に勤めたあと郷土史家になり、安中書店から『長崎地名考』を刊行している。⁽⁶⁰⁾創立委員には、長崎県知事、長崎市長、銀行の頭取、著述業などの人材を集めた。文庫は、有志者から寄付金と寄贈図書を募って設立し、運営は会員からの会費と閲覧者の閲覧料によって賄った。⁽⁶¹⁾96年になって一般に公開した。1912年6月に県立長崎図書館が開館したのを機に解散し、15年に県立図書館が移転し書庫を増築したときに同文庫の蔵書を寄贈した。⁽⁶²⁾

1883年に鹿児島県に根占書籍館が作られた。⁽⁶³⁾同館設立の原動力になった磯長得三（1849―1923）は、肝付郡小根占郷に生まれた。71年に上京して攻玉社に学び、土木測量の道に進んだ。⁽⁶⁴⁾82年に一時帰省している。根占書籍館の初年度は社員（会員）10人で、収入を50円と見積もって雑費には見料を充て、会費収入の半額を図書購入費として利用し、半額を積み立

てることにして向こう10年の「仮定試算額」を示し、これをもとに近隣を説得して回り、賛同者を募った。そうした活動が実を結び、結果63人の社員によって組織運営した。同館は、鹿児島県で最も古い公共図書館として知られている。

5　個人会員の広がり

　図書館づくりで強力なリーダーが不在の場合、もしくはリーダーがいても表に出ない場合、運動は成立するのか。そうしたとき、無名の人たちが地域に広く賛同者を募って図書館設立の機運を高め、それを実現する役割を負うことになる。

北海道・東北

　北海道の根室地区では、1885年（明治18年）に有志が町民に向けて図書館の設置を呼びかけ、賛同者150人余りを集めて共同根室文庫ができた。しかし、数年で消滅した。しばらくして、1903年頃に同じ根室地区に根室共立書院ができた。両者に関連性はないようだが、同じ地域で共同、共立という用語をそれぞれが使用しているのは、両者に何らかの影響があるためかもしれない。

　1897年頃秋田県南秋田郡一日市村の青年たちが、知識の修得と農業の改良を目的に尚友会を結成した。自分たちで所有していた図書数十冊を持ち寄り、各自の積立金と篤志家の寄付で文庫を作った。購入した図書は夜学に用いた。1935年頃まで続き、その頃は1,000冊を所蔵していた。1898年頃、同県山本郡能代港町では有志が図書を持ち寄り、のちに寄贈によって私立能代図書館を作った。会員の倉庫階上に閲覧室を設けていた。1902年、山本郡立図書館設立に際して蔵書を寄贈している。

　1901年10月、山形県の酒田町に酒田書籍購読会が作られた。飽海郡内の町村には、青年会経営の図書館のほかにも、会員が運営する購読会や文庫が数多くみられた（ほとんどが明治末期の設立）。また、福島県伊達郡には02年上郡青年同志会ができた。同会は、組織の運営にあたって図書や

金員などを寄付する者を賛助員にして規則第6条に規定し、上郡図書館を作った。[69]

関東

　1905年7月、群馬県吾妻郡原町に原町読書会が発足した。同会は、毎月10銭の会費を納めることなどを規定して図書を共同購入し、図書目録を作成した。08年時点で、会員は20人。小説のほか各分野の図書133冊をそろえた。[70]26年、原町青年会・処女会によって当地に原町図書館が作られている。両者の関係は明らかではないが、読書会が一定の役割を担ったことがうかがえる。[71]

　千葉県では、早い時期の1881年に協心社、翌82年には三省社など多くの結社が、それぞれ新聞縦覧所や新聞解話会を設けて社員に閲覧させた。小学校教員がこの活動の中心になっていた。80年頃、周淮郡（すえぐん）に共立根本書籍館ができた。これは75年に江尻庸一郎（1855—1924）と有志が始めた小規模な共立根本文庫を引き継いだとされる。[72]江尻が文庫に関わっていたのは根本小学校の教師を始めたばかりの頃で、そのあとは佐賀県、福井県、山形県の師範学校長を歴任して、退職後に郷里に帰って小学校の校長を務めた。[73]社員は毎月10銭を納入して、それが書籍の購入などに充てられた。84年の時点では、200冊余りの蔵書があった。同郡には84年10月に同盟共愛文庫が貞元小学校連区に設けられた。有志30人を集め、1カ年1円20銭を4期に分けて納入することと規定した。5年以内に町村書籍館の設立を目指していた。[74]1913年11月、千葉県安房郡に私立北条文庫が町内有志17人で設立された。各自の拠金で文庫を維持し、そのあと後援者、篤志家の援助、個人の寄付などで8,187冊まで蔵書を増やした。[75]

　1908年5月には、神奈川県中郡に金目村通俗図書館が作られた。[76]日露戦役を記念して村長と校長が発起人になって同志を募り、図書館期成会という自主的な団体を設立し、会費1口5銭にして、3年間で完了する基金計画を立てた。[77]同館は小学校内に置かれ、副会長を小学校長が務め、幹事役の小学校職員が管理・運営にあたった。のちに村立図書館になり、40年頃まで活動していた。

北陸・甲信越

　1884年、新潟県西頸城郡に郡立西頸城書籍館が設立された。同館は郡立とされているが、特別と普通の2種の会員による拠出金を規定して、会員には館外への貸し出しを認めるなどの優遇措置をとった（創立概則による）。87年まで存続したが経営に行き詰まり、町内の有志によって88年に私立糸魚川書籍館として継承され、1909年に教育会に移管された。08年、戊申詔書の渙発を記念して、同県栃尾郡で、小学校長を中心に会員を組織、半蔵金村図書館が作られた。24年に村立に移管している。11年2月、同県古志郡に一之貝図書館ができた。1889年に集成社が組織され、同社には数千冊の蔵書があったが、1902年頃には退会者が多くなって、これを再編したとされる。12年1月、同県北蒲原郡に17人の発起人によって中条町通俗図書館が設立された。15年の事業計画に「新会員を募り基本金増額を計る」とある。

　1873年1月、石川県金沢市に叢書堂が設立された。わかっていることは「日新の開化を理解せんが為」に有志の拠金によって維持を図り、閲覧には見料を有するとしたことくらいで、いつまで続いていたのか、運営の様子などは伝わっていない。

　富山県では、1883年11月に北越井波書籍館が設立され、会員組織で運営した。88年3月、富山循環書院が、市川伯孝ら8人の発起人によって設立された。1900年1月、魚津文庫が設立。同年2月には中新川郡滑川町の青年有志によって滑川図書館が作られた。町内諸家が所有する書籍と寄付金によっていて、趣意書には発起人13人の氏名を載せている。また、同年5月に御慶事記念出町文庫が青年中心に設立されたが、3カ月後の8月に同町の大火で焼失した。1898年、長野県北安曇郡に南小谷図書館が作られた。村長、校長、有志らの会員制によって運営していたが、1902年頃に図書が散逸する恐れがあることから再編が検討され、12年に南小谷教育館図書部となった。

東海以西

　1897年1月、名古屋市に金城倶楽部ができ、創立時には160人の会員が

いた。1909年1月、名古屋通俗図書館が開館した。当初は倉岡勝彦の個人経営だったが、12年から会員組織に変更した。最盛期には2,000人の会員を擁し、16年には維持会員620人を数えた。

和歌山県田辺町では、西牟婁郡長、田辺町長、町内小中学校長ら26人が図書館設立のための会合を開き、1900年5月に田辺図書館を設立するに至る。運営費は賛助会員からの会費と町の補助金、寄付によって賄い、図書は町内蔵書家から借り受けた。発足2年目には賛助員19人、正会員13人。集まった運営費が予定の半額に満たず、経営は苦しかったという。のちに西牟婁郡立図書館に併合され、23年（大正12年）7月に田辺町立図書館となった。

1901年、島根県立第二中学校長を中心とする有志が主唱し、創立委員49人を集め、郡費と町費の補助を受けて浜田図書館が開館した。同館はのちに市立となった。02年、島根県津和野町に図書館ができた。これより先には小学校長が青年倶楽部を組織して図書縦覧所を作っていたが、この倶楽部が1年で解散したことから、町内の有志者50人で図書館の開設を目指した。館員（会員）の拠金に加えて町の有志の寄付金を基金にして発足した。05年から町の補助を受けた。

1907年、山口県柳井に私立柳井図書館ができた。会員組織で運営し、会費と一般の寄付と寄贈図書で充実を図った。高知県には03年11月、高知市に土佐図書倶楽部が作られ、部長・幹事と20人の評議員を決めた。07年3月、沖縄の戦勝図書館は、那覇区の区会議員による有志の団体・甲辰倶楽部によって久米の明倫堂内に開設された。運営には寄付金と倶楽部費が充てられた。同館は、10年に沖縄県立図書館が設立されたときに廃館して、蔵書を寄贈した。

注

(1)「青森県年報」『文部省年報 第8（明治13年）』所収、文部省、1880年、277丁

(2) 三戸町史編集委員会編『三戸町史』下、三戸町、1997年、73—78ページ、同編『三戸町通史』三戸町、1979年、236ページ。1878年（明治11

年）、郡区町村編制法の施行によって、三戸郡八戸町、三戸町、五戸村になるが、それ以前の三戸は、大小区制によって第八大区五小区という区画だった。

(3) 田嶋知宏「青森県における公共図書館数の変化とその経緯」、青森中央短期大学編「青森中央短期大学研究紀要」第26号、青森中央短期大学、2013年、5ページ

(4) 三戸小学校百年誌編纂委員会編『三戸小学校百年史』三戸小学校創立百周年記念事業協賛会、1974年、17—18ページ

(5) 「青森県年報」『文部省年報 第11（明治16年）』所収、文部省、1883年、447丁

(6) 弘前市立弘前図書館編『津軽古図書保存会文庫目録』（「弘前図書館郷土資料目録」第1巻）、弘前図書館、1960年、附録5

(7) 東奥日報社編『青森県人名事典』東奥日報社、2002年、460ページ

(8) 黒川剛は大童信太夫（1832—1900）のこと。大童は幕末仙台藩の重臣で、福沢諭吉と親交があった。戊辰戦争後に脱藩し逃走していたときに黒川剛を名乗った。のちに許され、大蔵、文部、内務省に出仕。宮城県の牡鹿、黒川、宮城郡長を歴任した（河北新報社宮城県百科事典編集本部編『宮城県百科事典』河北新報社、1982年、129ページ）。

(9) 『宮城県図書館年表——創立百周年記念 昭和56年』宮城県図書館、1981年、1ページ

(10) 松倉恂（1827—1904）は、幕末仙台藩の重臣。維新後は福沢諭吉のとりなしで官吏に転じた。1878年（明治11年）から84年まで初代仙台区長。晩年は伊達家の家扶になる（仙台市史編さん委員会編『仙台市史 通史編7 近代2』仙台市、2009年、156ページ）。

(11) 常盤雄五郎は、拾古文社と仙台文庫の関係について「或はこの拾古文社がのち仙台文庫に発展したものではあるまいかとは、私が懐いている一つの疑問である。が、今の処では何とも断言はでき兼ねる」としている（常盤雄五郎『本食い蟲五拾年』仙台昔話会、1956年、166ページ）。

(12) 仙台市史編さん委員会編『仙台市史 通史編6 近代1』仙台市、2008年、358—359ページ

(13) 大槻文彦（1847—1928）は国語学者。日本最初の近代的な国語辞書というべき『言海——日本辞書』（全4巻、大槻文彦、1889—91年）を編集した。1892年に宮城県尋常中学校校長となり、同年から95年まで宮城書籍館館長を兼ねた。

第3章　住民有志による図書館運動　　177

（14）作並清亮（1841—1915）は、幼年時代に藩校普賢堂に学び、のちに指南見習い、明治維新後は伊達藩の家扶になる。大著『東藩史稿』は、伊達家の通史、仙台藩の人物史というべき著作（河北新報社宮城県百科事典編集本部編『宮城県百科事典』河北新報社、1982年、407—408ページ）。

（15）新発田教育会編『新発田町教育史』新発田教育会、1936年、559—561、633—636ページ、新発田市史編纂委員会編『新発田市史』下、新発田市、1981年、373ページ

（16）高田市史編さん委員会編『高田市史』第3巻、上越市、1980年、829ページ

（17）館長になった清水広博は1842年（天保13年）生まれ。1868年（明治元年）、高田藩中老役参政として修道館を管理。のちに大参事になって東蒲原郡長などを歴任した。1903年から高田図書館設立のために尽力した（高田市史編集委員会編『高田市史』第2巻、高田市、1958年、123—131ページ）。

（18）上越市公文書センター「榊原家文書目録解題」（https://www.city.joetsu.niigata.jp/uploaded/attachment/145984.pdf）［2019年9月1日アクセス］

（19）前野は1849年（嘉永2年）江戸の生まれ。1874年（明治7年）開拓使に採用されて札幌に在勤。1876年（明治9年）、第一小学校教則の編成に従事、諸教員に授業法を伝授する。のちに創成学校訓導や師範学校教員など。公務の傍ら私塾を開き、北海講話会の設立に関与した（岡崎官次郎編『北海道人物誌』第1編、北海道人物誌編纂所、1894年、97—99ページ）。

（20）札幌区編『札幌区史』札幌区、1911年、816—817ページ

（21）「新編弘前市史」編纂委員会編、㞍尾俊哉監修『新編弘前市史 資料編4 近・現代編1』所収、弘前市市長公室企画課、1997年、866—868ページ

（22）「新編弘前市史」編纂委員会編、㞍尾俊哉監修『新編弘前市史 通史編4 近・現代 1』所収、弘前市企画部企画課、2005年、446—449ページ

（23）長野県教育史刊行会編『長野県教育史 第1巻 総説編1』長野県教育史刊行会、1978年、961ページ

（24）諏訪教育会編『諏訪の近現代史』諏訪教育会、1986年、317ページ

（25）諏訪市図書館編『諏訪市図書館誌資料集（1）』諏訪市図書館、1985年、1ページ

（26）松本市著、佐藤秀夫監修、重要文化財旧開智学校資料集刊行会編『史料開智学校』第20巻、電算出版企画、1997年、392—394ページ

（27）北安曇誌編纂委員会編『北安曇誌 第5巻 近代・現代』下、北安曇誌編

纂委員会、1984年、607—608ページ

(28) 村上清造「富山県図書館史稿（6）」、富山県立図書館「富山県中央図書館報」第33号、富山県立図書館、1937年、3ページ。富山県図書館協会『富山県図書館運動史と図書館史──富山県図書館協会30周年記念』（富山県図書館協会、1961年）は、真理館は1899（明治32年）頃まで活動していたとする（同書59ページ）。

(29) 坂本龍三／谷口一弘／藤島隆共編『年表・北海道の図書館──1837〜1991』北の文庫、1992年、17ページ

(30) 「札幌の三図書館（上）北九條小学校図書館」（「北海タイムス」1911年2月28日付、藤島隆『北海道図書館史新聞資料集成──明治・大正期篇』所収、北海道出版企画センター、2003年、95ページ）、「北九條図書館」（「小樽新聞」1911年9月13日付、同書所収100ページ）、「北九條図書館の現況」（「小樽新聞」1912年11月12日付、同書所収125ページ）などが活動を伝えている。

(31) 「図書館委員会」（「北海タイムス」1914年10月26日付）によって1914年（大正3年）までの活動が確認できる（藤島隆辺『北海道図書館史新聞資料集成 明治・大正期篇 補遺』北の文庫、2019年、38ページ）。

(32) 福島県教育センター編『福島県教育史 第2巻 近代後期編』福島県教育委員会、1973年、323—326ページ

(33) 高遠町誌編纂委員会編『高遠町誌 下巻 自然・現代・民俗』高遠町誌刊行会、1979年、1048ページ

(34) 藤島隆『明治期北海道の図書館』北の文庫、1993年、48ページ

(35) 北海道新聞社編『北海道歴史人物事典』北海道新聞社、1993年、130ページ、函館市文化・スポーツ振興財団「村尾元長 函館ゆかりの人物伝」（http://www.zaidan-hakodate.com/jimbutsu/07_ma/07-muraomo.html）［2019年9月1日アクセス］

(36) 石巻市図書館編『としょかん百年のあゆみ』石巻市図書館、1981年、23ページ

(37) 石巻市史編纂委員会編『石巻市史』第4巻、石巻市、1962年、310—312ページ、牡鹿郡編『牡鹿郡誌』宮城県牡鹿郡、1923年、337—338ページ

(38) 熊本県教育会編『熊本県教育史』中、熊本県教育会、1931年、486—489ページ、熊本県編『熊本県史 近代編 第2』熊本県、1962年、658—659ページ

(39) 木野是彦「上羽勝衛」、熊本日日新聞社編『熊本人物鉱脈──この百年

をつくる』所収、熊本日日新聞社、1963年、60—62ページ、熊本県教育委員会「近代熊本黎明期の先駆け　上羽勝衛」（http://kyouiku.higo.ed.jp/page/pub/default.phtml?p_id=2337）［2019年9月1日アクセス］

（40）安田については次の文献がある。沖藤典子『北のあけぼの——悲運を超えた明治の小学校長』現代書館、2018年

（41）貴田は、1870年（明治3年）生まれ。東京で政治運動をおこなったあと、札幌を経て網走に入り、1904年に網走港修築の実現に中心的な役割を果たした。そのあと網走町会議員を経て、北海道会議員などを歴任（金子信尚編『北海道人名辞書　再版』北海民論社、1923年、533ページ）。

（42）松崎は網走町に住み、小学校教員ののち同地発行の「北見実業新報」の社長になり、1913年には北海道会議員になった（金子郡平／高野隆之編『北海道人名辞書』北海道人名辞書編纂事務所、1914年、604—605ページ）。

（43）高田は、1850年（嘉永3年）、近江国に生まれ、藤野家総本家（幕末から北海道沿岸各地に支店を設け、漁業、回漕、倉庫業などを経営）の丁稚に入り、そのあと根室支店支配人などを経て、大阪藤野総本店総支配人、のちに同本店取締を務める。1898年（明治31年）網走藤野漁業支配人になって翌年退社、相談役になる（前掲『北海道人名辞書』602ページ）。

（44）向井豊昭「京谷勇次郎と網走図書館」「北の文庫」第5号、北の文庫の会、1978年、1—8ページ

（45）間山洋八『青森県図書館運動史』（「四季叢書」第5巻）、津軽書房、1967年、36—39ページ、青森市史編纂室編『青森市史』第1巻、青森市、1954年、468—471ページ。三橋三吾（1875—1944）は、私立青森図書館の設立に関わったあと、青森県立図書館評議員、同館後援会会長などを歴任している。

（46）河北町誌編纂委員会編『河北町の歴史』中、河北町、1966年、1009—1018ページ

（47）飯野洋一「安部立郎と川越図書館」、図書館史研究会編「図書館史研究」第7号、日外アソシエーツ、1991年、23—41ページ。安部立郎（1886—1924）は、私立川越図書館を設立し、理事長になったあと、1918年に町立川越図書館司書、1923年には川越市議会議員を務めた。

（48）川越市総務部市史編纂室編『川越市史　第5巻　現代編2』川越市、1981年、397ページ

（49）関甲子次郎原著、柏崎市立図書館編『刈羽郡案内』柏崎市立図書館、

1976年、92ページ。同書には、猪俣、猪俣文庫と表記。

（50）山田良平『柏崎市立図書館六十年史』柏崎市立図書館、1967年、1—8ページ

（51）柏崎市立図書館編『柏崎市立図書館開館100周年記念誌』柏崎市教育委員会、2007年、15ページ

（52）大野虎雄『沼津兵学校附属小学校』大野虎雄、1943年、49—53ページ、沼津市誌編纂委員会編『沼津市誌』下、沼津市、1958年、111—114ページ

（53）沼津市教育会編『沼津市を中心としたる郷土の偉人』沼津市教育会、1932年、13—14ページ

（54）島根県『新修島根県史 通史篇2 近代』島根県、1967年、798—799ページ

（55）太田直行『松江図書館五十季史』島根県立松江図書館、1949年、2ページ

（56）久保田竹次郎（1865—1944）は、松江市の自宅に図書館設立事務所を置いてこれを仮館舎とした（山陰中央新報社島根県歴史人物事典刊行委員会編『島根県歴史人物事典』山陰中央新報社、1997年、224ページ）。

（57）木幡久右衛門（1867—1909）は、意宇郡宍道村の出身で、木幡家第13代。1888年（明治21年）に上京して東京専修学校で法律と理財学を学び、帰郷後は農談会や郡農会で活躍していた（島根県大百科事典編集委員会／山陰中央新報社開発局編『島根県大百科事典』上、山陰中央新報社、1982年、634ページ）。

（58）上野富太郎『松江市誌』松江市、1941年、1144ページ

（59）長崎県史編纂委員会編『長崎県史 近代編』吉川弘文館、1976年、814—815ページ

（60）長崎市小学校職員会編『明治維新以後の長崎』長崎市小学校職員会、1925年、165—166ページに長崎文庫、275ページに香月薫平、305—306ページに安中半三郎について記載。日宇孝良「明治期のマルチ人間安中半三郎——長崎文庫の創設・長崎盲唖学校の設立に尽力」、長崎歴史文化協会「ながさきの空——長崎歴文協短信」第363号、長崎歴史文化協会研究室、2012年

（61）林源吉「長崎文庫について」、長崎県立長崎図書館編『県立長崎図書館50年史』所収、長崎図書館、1963年、98—100ページ

（62）大庭卓也／田村隆「「長崎文庫」創設始末（上）長崎における図書館事

始」、九州大学日本語文学会「九大日文」編集委員会編「九大日文」第3
号、九州大学日本語文学会「九大日文」編集委員会、2003年、2—13ペー
ジ

(63) 鹿児島県図書館協会編『鹿児島県図書館史 —— 根占書籍館を中心にし
て』鹿児島県図書館協会、1964年、10—15ページ

(64) 鹿児島県姓氏家系大辞典編纂委員会編纂『鹿児島県姓氏家系大辞典』
(「角川日本姓氏歴史人物大辞典」第46巻)、角川書店、1994年、329ペー
ジ

(65) 田島秀隆「根占書籍館の起源について〔鹿児島県下〕」、西日本図書館学
会「図書館学」第22号、西日本図書館学会、1973年、9—14ページ

(66) 前掲『明治期北海道の図書館』55—57ページ。共立書院は1903年(明
治36年)秋から根室在住の篤志家が、会員を募り書籍を購入して回覧を
開始、2年後の1905年(明治38年)に開設(藤島隆「根室教育会と共立書
院」、前掲「北の文庫」第5号、8—9ページ)。

(67) 八郎潟町史編纂委員会編『八郎潟町史』八郎潟町、1977年、342—343
ページ。尚友会については不明。

(68) 能代市史編纂委員会編『能代市史稿 第6輯 現代—上編(明治年代)』能
代市、1962年、372ページ

(69) 桑折町史編纂委員会編『桑折町史 7 資料編4 近代史料』桑折町史出版委
員会、1991年、441—444ページ

(70) 群馬県史編さん委員会編『群馬県史 資料編22 近代現代6 教育・文化』
群馬県、1983年、610—612、1128ページ

(71) 群馬県吾妻教育会編『群馬県吾妻郡誌』群馬県吾妻教育会、1929年、
877ページ

(72) 富津市史編さん委員会編『富津市史 通史』富津市、1982年、1105—
1106ページ、同編『富津市史 史料集 2』富津市、1980年、654—656ペー
ジ

(73) 小糸町史編集委員会編『小糸町史』小糸町史編集委員会、1974年、244
ページ

(74) 関口斧弥「率先垂範の大校長 江尻庸一郎先生」、「千葉県の教育に灯を
かかげた人々」編集委員会編『千葉県の教育に灯をかかげた人々』第1巻
所収、千葉県教育会館維持財団文化事業部、1989年、400—407ページ

(75) 君津市市史編さん委員会編『君津市史 通史』君津市、2001年、701ペー
ジ

(76) 館山市史編さん委員会編著『館山市史』館山市、1971年、559—560ペ
ージ、千葉県安房郡教育会編『千葉県安房郡誌』千葉県安房郡教育会、
1926年、701—702ページ

(77) 平塚市博物館市史編さん担当編『平塚市史 10 通史編 近代・現代』平塚
市、2011年、439ページ

(78) 神奈川県図書館協会図書館史編集委員会編『神奈川県図書館史』神奈
川県立図書館、1966年、39ページ

(79) 糸魚川市編『糸魚川市史 6』糸魚川市、1984年、496ページ

(80) 栃尾市史編集委員会編『栃尾市史』中、栃尾市、1979年、668ページ

(81) 新潟県教育百年史編さん委員会編『新潟県教育百年史 明治編』新潟県
教育庁、1970年、859ページ

(82) 中条町史編さん委員会編『中条町史 資料編 第4巻 近現代』中条町、
1989年、511ページ

(83) 石川県編『石川県史 第4編』石川県、1931年、670—671ページ

(84) 村上清造「富山県図書館史稿 (4)」、富山県図書館協会編「富山県中央
図書館報」第31号、富山県立図書館、1936年、2—3ページ。北越井波書
籍館の創立年は2説ある。1883年（明治16年）11月とする文献は、この
ほかに、「富山県図書館年表」（同編『富山県図書館協会創立50周年記念
誌』富山県図書館協会、1981年）22ページ、「年譜」（同編『富山県立図
書館の50年』富山県立図書館、1990年）88ページがある。1882年設立と
する文献は、第5章注 (34) に記す。

(85) 滑川市史編さん委員会編『滑川市史 通史編』滑川市、1985年、478—
479ページ、同編『滑川市史 史料編』滑川市、1982年、704ページ

(86) 村上清造「富山県図書館史稿 (7)」、富山県図書館協会編「富山県中央
図書館報」第34号、富山県立図書館、1937年、4ページ

(87) 前掲『北安曇誌 第5巻 近代・現代』下、610ページ

(88) 加藤三郎編著『愛知県図書館史年表資料考説――愛知県における図書
館のあゆみ』中部図書館学会、1981年、31—32ページ

(89) 同書59ページ

(90) 田辺市史編さん委員会編『田辺市史 第3巻 通史編3』田辺市、2003年、
179—181ページ

(91) 田辺市史編さん委員会編『田辺市史 第9巻 史料編6』田辺市、1995年、
681—685ページ

(92) 浜田市誌編纂委員会編『浜田市誌』下、浜田市総務部企画広報課、

1973年、100ページ

（93）島根県教育庁総務課、島根県近代教育史編さん事務局編『島根県近代教育史 第1巻 通史編 明治』島根県教育委員会、1978年、1237―1238ページ、島根県編『新修島根県史 通史篇2』島根県、1967年、802ページ

（94）柳井市史編纂委員会編『柳井市史 各論篇』柳井市、1964年、149―150ページ

（95）高知市史編纂委員会編『稿本高知市史 現代編』高知市、1985年、412―413ページ。日本図書館協会編『近代日本図書館の歩み 地方篇』（日本図書館協会、1992年）は、1904年五藤正形宅に設立し、会員制で非公開だったが県立図書館が発足したときに蔵書の大部分を寄贈した（692ページ）とする。

（96）琉球政府編『沖縄県史 第4巻 各論編 第3』琉球政府、1966年、621―622ページ

第4章　趣意書は何を物語るのか

1　趣意書作成の経緯

　会員制図書館を作る際には、多くの場合は発起人あるいは設立委員が中心になって運営に携わる組織が形成される。そこでは蔵書の構成、財源の確保、人事、規則の制定など、安定的な図書館運営を維持するための計画が立てられる。同じ私立図書館でありながら、個人経営の場合と大きく異なるのは、これに賛同する有志者を幅広く募るところにある。そのためには、地域に協力を呼びかけることが必要になる。多くのところでは、どのような動機で図書館づくりを始めようとするのかなどの趣意を文書にして頒布する方法がとられた。

　ただし、どれくらいの数の図書館が趣意書を作成したのかは正確にはわからない。趣意書が残っているところは多くはないが、それは作成しなかった館が少ないことを必ずしも意味するものではない。例えば山形県の谷地読書協会では、1885年（明治18年）2月に同会が結成されたとき、石川賢治が自ら筆を執って趣旨書を作成した。ところが1946年6月、バス会社から出火して谷地図書館が類焼し、関係書類とともに設立趣意書などを焼失した。その一部が、「将来本会の発展を基礎としてわが郷土に谷地図書館なるものを創立することにしたい」、あるいは「将来之ヲ以テ谷地図書館ナルモノヲ創立セントス」という内容だったと、代々言い伝えられてきた。

　ここでは趣意書の作成と、その意義について考えてみたい。図書館の設立に際して趣意書を作成したのは有志による組織がほとんどであり、団体内に設けられた図書館では、益友社、大我井文庫、3団体が合同で開始し

た沼垂図書館での作成が確認できる。求我社も図書館設立の趣意を記して
いるが、事業の必要性を明記するにとどまっている。同じ組織内で図書館
設立の趣意が共有されていることから、その必要が低かったと考えられる。

　趣意書は、厳しい社会・経済状況のなか書籍の入手、地域格差の是正と
解消を訴え、あるいは読書の効能を説き、資料保存の社会的使命に言及し、
教育環境の整備、なかでも社会教育の公的保障などについてその必要性を
提起した。ここではこれらを整理して、趣旨を類型化し、順を追ってそれ
らの傾向を探ってみたい。第2節は、共同購入と書籍の共有について検討
する。これは多くの趣意書に共通している。高価な書籍を購入するための
費用負担を軽減し、数多くの書物を読むことができる状況を作ろうとする
趣旨が記されている。第3節は読書の効能、第4節は資料の保存と継承、
第5節は教育環境の整備について検討する。趣意書ではないが、規則など
に設立の趣旨が付記されている場合なども同様に検討を加えた。趣意書か
らは、どんなことが読み取れるだろうか。

2　共同購入による書籍の共有

　1879年（明治12年）という比較的早い時期に、長野県諏訪郡に益友社が
作られた。同社に趣意書はないが、「規則」の冒頭部分（前文）には次の
ような記述がある。

　　　汲治謹白有志者好此挙許入社諸君　頃者新著書籍陸続出版其中可一
　　覧者不少　而市価昂昇不易購求等　然以謂分子相集為河海為山岳　有
　　志諸君相聚為結社其購買之蓋不甚難（略）（「益友社規則」）

　近年新刊書が次々と出版されるが、それらをすべて見ることはできない。
高価であるため購入が難しいからにほかならない。だが、志を同じくする
者が集まり社を結べばこれらを入手することができる、と述べている。同
社「規則」第1条の1には「社員定期ノ出金及有志者ノ捐金ヲ以テ書籍及
新聞紙雑誌等ヲ購求シ地方人民ノ借覧ヲ請願スル者ニ貸与スル社ナリ」と、

具体的に結社の役割を明記している。これに「書籍貸付条例」が併記されていた。

　1883年、鹿児島県に根占書籍館が作られた。ここでは明治期の開化をどうとらえていたのか。

　　　本県ノ地タル西南ノ僻陬ニシテ殊ニ我南隅ハ僻陬中ノ僻陬ニシテ中華ヲ距ル最遼遠加フルニ高山巨海ノ隔絶スルアリテ汽船往来ナク電信ノ架設ナキヨリ交通ノ不便却テ我国ノ欧州ニ於ケルヨリ殊ニ甚シ故ニ欧米ノ文明ハ他ノ郡県ニ止リテ我土地ニ伝ハラス依然トシテ数十年前ノ旧観ヲ呈セリ（略）価格巨多ニシテ一己人ノ力能ク之ヲ弁スル者ニ非ザレバ（略）（「私立書籍館創立ノ趣意」[7]）

　国の開明は、一足先に開明したほかの国と気脈を通じることによって実現する。この国も欧米諸国の文明を輸入した。しかし、それがこの地に伝わるには数十年を要する。それは1人の力ではどうすることもできない。叡智を集めて書籍館を作ろう、という。

　北の大地はどうだったのか。1885年1月、北海道の共同根室文庫は次のような趣意を掲げ、町民に向けて呼びかけた。

　　　読書ノ有益ナル喋々弁論スルヲ要セス方今文化日ニ開ケ人智歳ニ進ミ政治法律経済ヨリ凡百ノ技術ニ至ルマテ新著ノ書籍陸続発行読マサル可ラス見サル可ラサルモノ甚タ多シ然リ而シテ我根室ノ地タル北海ノ隅ニ僻在シ草創日尚ホ浅キヲ以テ市ニ書肆ナク家ニ蔵書ナク且ツ碩学博識ノ人ニ乏シ故ニ書ヲ読マント欲スルモ之ヲ得ルニ由ナク通セスシテ問フヲ得ス疑テ質スヲ得ス（略）今同志相謀リ資金ヲ醸集シ和漢洋ノ書籍ヲ購求シテ之ヲ蔵シ名ケテ共同根室文庫ト称シ借覧ノ法ヲ設ケ以テ切磋講究ノ用ニ充テ吾人ノ便益ニ供セント欲ス（略）（「緒言」[8]）

　根室は北海道東部では最大の町だが、「猶一ノ書店」もなく「筆墨紙店」もないのが現状だった。

第4章　趣意書は何を物語るのか　187

3 読書の効能

　次に、読書の効能についてどうとらえていたのだろうか。前述の趣意書
などにも述べているとおり、開化後の世の中にはさまざまなジャンルの書
籍が流通していて、それらを読むことによって情報・知識を得ると考えら
れていた。趣旨にその重要性を掲げるところも当然多くみられた。1880
年（明治13年）11月に名称を変えた函館の思斉会の「諸言」は、会名の由
来と「見賢思斉」について要約している。これはまさに、「古人読書ノ功
験ヲ述タル金言」にちがいないのだが、ただしこれには二難があるとする。
1つは、個人の財力で古今有益の書を収集するのは難しいから、志があっ
ても道徳を修め知識を磨くことはできないこと。ここまでは前述の趣意と
変わらない。2つには、仮に1人で万巻の書を渉猟したとしても友がなけ
れば見識を広めることができない。そこで多くの書を読み、同志と学ぶに
は本会に集うことだ、と説いた。⁽⁹⁾
　1881年、埼玉県入間郡に発足した大我井文庫は、私塾の文庫だけに、
読書と蔵書の関係を重視していた。

　　　夫レ通俗書ヲ読ミ半仮名文ヲ読ミ、然シテ後ニ真ノ漢文ヲ読メハ登
　　高自卑ノ訓ニモ戻ラヌ、不知不識読ミ得ラルベシ。然ルニ千万ノ書ヲ
　　買収スルニ至テハ金額モ亦随テ多数也。各自相求メン事容易ナラズ。
　　不如結社シテ購求セバ該金少ニシテ書籍夥多ヲ得ラレヘシ。（略）
　　（「大我井文庫設立趣意書」）⁽¹⁰⁾

　同文庫の蔵書は通俗書に重点が置かれ、俗史が最も多く、以下、正史、
稗史、漢史通俗、地理、風俗紀行などが続く。ここでは読書には段階があ
り、それに応じた書籍を選択する必要があること、そのために広範な書籍
を収集することを明示していた。
　1884年12月、富山県上新川郡の真理館は館名のとおり真理探究を趣旨
に掲げた。

吾徒ハ真理ヲ尊敬スル者ナリ　公平無私ヲ愛重スル者　深ク感慨スルトコロアリ　此ニ於テ真理館ヲ設立シテ各自ガ所有スル些少ノ書ヲ送置シ有志者借覧ノ便ニ供シ各自カ小財ヲ合セテ独貨購フ能ハサルノ書ヲ購ヘ宇宙ノ広大事理ノ萬端ヲ究極スルノ便路ヲ開キ尚進ンテ真理上大ニ盡ス所アランコトヲ期ス（社会外士「真理館設立趣意[11]」）

　1888年3月にできた富山循環書院は、趣意書を発表して賛同者を募って約60人を集め、総会を開いて役員を選出した。館名は、人々の間を書物が循環することに由来する。

　各自其ノ意ニ適スルモノヲ購求シテ之ヲ机上ニ備フルハ至便ナリト雖モ涯リナキ望ヲ果サンニハ其方法ナカル可ラス（略）抑モ本院ノ目的ハ近来続々上梓の著訳書ハ勿論欧米各国ノ原書若クハ稗史小説ト雖モ苟モ世益アルモノハ社中ノ決議ヲ以テ漸次ニ之ヲ購求シ互ニ翻読セント欲スルニ在リ（略）（「富山循環書院設立の趣旨[12]」）

4　資料の保存と継承

　新たな時代が到来し、どのようにして情報・知識を収集するかに関心が集まった。その一方で、旧藩士は近世の図書や文書が散逸するという危機感を募らせた。そこで、いち早く資料の保存に着手しようとしたのが、1883年の宮城県の拾古文社だった。同社の活動の実態は伝わっていないが、同社に関わった人物が、それから10年後の93年に発足した仙台文庫の中心的な役割を担うことになった。同文庫は、図書などを閲覧するための施設の整備を目的に結成された。

　戊辰維新以降時勢ノ変遷ト共ニ、地方ノ旧記遺編ノ散逸スル甚シト云フヘシ、今ニシテ之ヲ蒐集セスンハ、遂ニ湮滅シテ断簡残編モ亦得ル能ハサルニ至ランヲ恐ル、是ヲ以テ首トシテ之ヲ採拾シ、併セテ和

漢洋古今書籍ヲ蒐集シ、一ニハ有志諸君ノ閲覧ニ供シ、二ニハ後世参
　　考ノ便ニ備ヘント欲ス（略）（「仙台文庫会規約」前文）

　この前年の1892年7月、青森県弘前に発足した津軽古図書保存会の趣意
書からは、時代が一新することによって、これまで代々蓄積されてきた文
書などが失われてしまえば取り返しがつかないことになり、この機を逃し
てはならない、とする危機感が伝わってくる。

　　　封建既ニ廃シ群〔郡〕県治ヲ布キ諸般ノ事物皆悉ク其面目ヲ一新ス
　　ルト同時ニ古代ノ制度典例ヲ記セルノ策書モ亦歳月ノ消磨ト烟火ノ災
　　厄トニヨリテ遂ニ湮滅見ルヘカラサルニ至レル者今ヲ以テ古ニ徴スレ
　　ハ其証瞭然火ヲ観ルヨリモ明ナリ　吾輩此ニ憂フルアリ我旧藩暦
　　〔歴〕世ノ名君賢宰等カ刻苦制定セル所ノ制度文物モ亦将ニ風霜烟火
　　ノ災厄ニ遭遇シ或ハ山崖壚莽ノ間ニ投棄セラレテ遂ニ湮晦見ルヘカラ
　　サルノ期ニ達セントス　余輩之ヲ思ヒ之ヲ懐ヘバ実ニ痛哭ノ涙衣襟ヲ
　　沾フスヲ知ラサルナリ　若シ今ニシテ之レガ保存ヲ図ラサレハ遂ニ晦
　　滅見ルヘカラサルノ悔ヲ遺スニ至ルヤ必セリ（略）（外崎覚「津軽古図
　　書保存会創立趣意書」）

　これと前後して1888年8月、静岡県の沼津に沼津文庫が設立された。同
文庫には、藩書調所、神奈川会所改などの印のある旧幕府時代伝来の蘭医
書などの書物が受け継がれた。

　　　人智ヲ啓発シ文化ヲ誘導スルハ書籍館ヨリ善キハ莫シ、大都通邑必
　　ズ其設アル所以ナリ、明治十年某二三同志ト謀リ沼津文庫ナル者ヲ設
　　立シ（略）当時蒐集セシ和漢ノ典籍若干部蔵シテ本校ニアリ、於是今
　　回再ビ前計ヲ継ギ（略）地方人民ノ開化以テ歩ヲ進ムル有ルベシ
　　（略）（「沼津尋常小学校附属沼津文庫設立趣意」）

　文庫の運営には、間宮校長以来、歴代の校長が携わった。1937年頃に
は5,656冊の蔵書があった。45年7月の空襲で被災して蔵書の大半を焼失、

文庫は中断するが、残った200冊の蔵書は市立図書館に引き継がれた。[17]

1894年5月に設立した長崎文庫は、かつては長崎が諸外国との交流の要地だったことを記す。

　　　古来多種の学問及ひ貿易上の沿革を知らんと欲せは則ち我長崎に求めさる可からす然るに其古文書や将に年を逐ふて亡失せんとす近くは聖堂の蔵書の如き既に已に乱散せり豈に惜むへきに非すや今の時に当り之か保存法を立る応に市民の任なるへし[18]

長崎文庫もこのようにして、郷土資料の保存を当面の使命に掲げて活動を開始した。

5　教育環境の整備

多くの図書館は、事業を活性化するため、皇室の慶事や戦勝の機会をとらえ、記念事業の一環として図書館活動に取り組んだ。図書館令公布の前後には、これに加えて小学校卒業後の社会教育振興を図ることを目的に図書館を整備するところが増えていった。1897年（明治30年）、明治丁酉図書館は、北安曇郡池田町に「小学校卒業者ノ見聞ヲ広メ徳義ヲ固ムルタメ」[19]に設立された。当初の会員数は94人。会員は、名誉、特別、通常、准の4種があり、名誉会員以外は金額で分類している。通常会員の月額は10銭。役員は会員の選挙によって決めること、総会は会員10人以上の発議によることを会則で定めた。主意書には「僻陬ノ地」という文言もあるが、良書を収集することで学識を高めること、また本を読める環境を整備する意義を記していた。

　　　百般ノ事業ニ向ツテ其改良ヲ促シ進歩ヲ謀ラント欲セバ、先ヅ学理ノ研究ヲ要ス、而シテ学理研究ノ要素ハ多ク良書ヲ供給シテ講学ノ気風ヲ興起スルニアリ、殊ニ小学卒業生ノ如キハ後来宜シク国家中堅ノ地盤トナルノ決心ヲ以テ自ラ任ズベキモノナリ、一朝校舎ヲ退クト共

ニ豈其講学ヲ廃スベケンヤ（略）然レトモ僻陬ノ地ヤ良書ヲ得ル難キニ比シテ社会ノ進歩ヤ益新刊ノ書籍ヲシテ多カラシム、（略）到底一人一個ノ能ク弁ズル所ニアラザルナリ、（略）（明治丁酉図書館「創立主意書」）[20]

　1900年4月、魚津文庫は阿波加修造[21]の和漢書を基本として、魚津町の明理小学校同窓会の有志によって設立された[22]。設立に際し、趣意書を公表した。

　　（略）東宮殿下の御慶事是なり余輩臣民たるものは当に満腔の誠意を表して之れを祝せざるべからず［を］知らず（略）今回の御慶事に対して東京市は（略）仙台市は（略）名古屋市は（略）大阪市は（略）近く我隣町なる滑川の如きも町会の決議により同じく文庫を設立せんとする由（略）余等発起人ハ世間多数の例に随ひ普通文庫を設立して今回御慶事奉祝の記念となし兼ねて社会教育普及の一助に供せんとす（略）（「御慶事記念魚津文庫設立の旨趣」）[23]

　同文庫は、魚津文庫期成会を組織し、会の規約に「本会ハ社会教育ノ一法トシテ、設立セル魚津文庫ヲ期成スルヲ目的トス」[24]（第1条）と規定して、会費納入額によって通常、特別、名誉会員の区別を設けた。発足時には14人の発起人の氏名を列挙しているが、そのなかに横山源之助[25]の名が記されている。発足に際し有磯漁郎の名で別に稿を起こしている。

　　実業家よ、君等は図書館を利用し其の事業に関係する書籍統計に依りて実業家の頭脳を作れ、有志者よ君等は都会より流れ来る演説屋の議論に偏せずして新刊政治書目に依りて時勢の進歩を察よ、青年よ郷（卿）等は社会の新勢力たるを忘れず博く知識を求めて二十世紀の青年たる品位見識を作れ、而して一般平民諸君は、家業の余暇を以て読書の快楽を収め国家に在りて忠良の民となり社会に処しては聡明の人たるを期せよ（略）（有磯漁郎「魚津文庫の設立を喜ぶ」）[26]

期成会の設立趣意が記念事業ということからどちらかというと追従的なのに対し、横山の寄稿文には、書物から情報・知識を吸収し、新しい時代に立ち向かうべきだというメッセージが強く打ち出されている。同文庫は、そのあと一時期休止の状態にあったが、1925年に町立に移管。のちに市立図書館となる。

　魚津図書館の趣意書にみえる滑川図書館は、町会の議を経て準備が進められ、1900年2月に設立された。

　　　現時我地方青年社会ノ状勢ヲ観察スルニ彼義務教育ヲ卒ヘタル子弟ノ家庭ニ在ルヤ一定ノ職業ヲ得ルマテニハ少カラサル日数ヲ費シ其間ニ於テ彼等カ嘗テ収得セシ智識ヲ忘却シ剰サヘ酒食ノ悪風ニ染ミテ漸次一種ノ惰民トナルモノ多ク豈嘆スヘキ限リナラスヤ（略）（「図書館設立趣意書」）
(27)

　1901年に開館した美川読書館は、すでに述べたとおり小学校同窓会の席上で発議されたが、同窓会からは独立した組織で運営することになった。趣意書は以下のとおり。

　　　是抑々教育事業を学校のみに放任し校外に於て風教学芸を鼓吹奨励するの機関設置なきの致す処（略）此度町において読書館なるものを設置し有益の古書新刊書籍を蒐集し好学書籍に乏しき青年の研学に資し且誰にても来館閲覧の趣味を得しめ聊勤学矯風の一助たらしむる計画（「設立趣意書」）
(28)

　1905年9月、日露戦争戦勝記念事業として新潟の沼垂図書館が設立された。

　　　明治三十七八年ノ戦役ニ属シ王師連勝敵国摺伏煌燿タル威武ハ世界列強ノ震駭晨燿スル処トナルコレ実ニ我国タルモノ千古遺忘ス可ラサルトコロノモノナリヤ（略）永々戦役ノ紀念トナシ一ハ以テ社会教育ニ資スルトコロアランコトヲ期ス（略）（「図書館設立趣意書」）
(29)

第4章　趣意書は何を物語るのか　　193

また、1907年3月、沖縄県の甲辰倶楽部が設立した戦勝図書館は、文部省に設置を申請する際に「永遠ニ戦死者及出征者ノ芳名ヲ後世ニ遺シ一ハ以テ世界未曾有ノ大戦勝ヲ記念シ以テ精神的教化ヲ後進者ニ与ヘンコトヲ期(30)」す、と前述同様に記念事業としての趣意を記した。08年5月、神奈川県中郡の金目村通俗図書館も日露戦役記念として設立された。

　　　時勢ノ進歩ニ伴ヒ、小学児童モ、青年モ、智識ヲ渇望スルコト切ナ
　　リ、小学校及補習学校ノ教科ノミニテハ、猶彼等ニ満足ヲ与フルヲ得
　　ス、然レトモ、是等ノ児童モ青年モ、一ハ経済上ノ関係、一ハ書籍ヲ
　　得ルノ不便等ヨリ、各自ニ其希望ヲ満タス能ハス、大ニ遺憾トスル処
　　ナリ（略）（「図書館設立趣意書(31)」）

　このほかにも1912年、長野県の高遠図書館（1908年設立）が、高遠進徳図書館及美術館を合併して町立になったときに配布した趣意書には「永ク先哲ノ余徳ヲ記念シ長ヘニ天然ノ美域ヲ存有シ以テ後進研学ノ資ニ供セン為(32)」という趣意が記されている。また、小学校同窓会で趣意書を作成したところもあった。15年に御大典記念として長野県東伊那小学校同窓会が東伊那尋常高等小学校内に通俗図書館を設立した。このとき「東伊那小学校同窓会ニ図書館ヲ設置スルノ趣意書」に「抑々図書館ノ価値タル今ヤ贅言ヲ要セザル」としながら、「青年教養ノ機関トシテ最モ当ヲ得タルモノノ一ツ」とその趣意を述べている。同館は、駒ケ根市立図書館東伊那分館として現在に至る(33)。

注

（1）谷地町誌編纂委員会編『谷地町誌編纂資料編　第12号』（谷地町教育史料）、谷地町誌編纂委員会、1954年、2ページ

（2）同書1ページ

（3）河北町誌編纂委員会編『河北町の歴史』中、河北町、1966年、1009ページ、谷地町誌編纂委員会編『谷地町誌編纂資料編　第14号』（望洋石川賢治

翁略伝）、谷地町誌編纂委員会、1955年、9ページ

(4) 前掲『岩手・近代図書館運動史』16ページ

(5) 長野県教育史刊行会編『長野県教育史 第10巻 史料編4 明治12年—19年』長野県教育史刊行会、1975年、1074ページ

(6) 同書

(7) 鹿児島県図書館協会編『鹿児島県図書館史 ——根占書籍館を中心として』鹿児島県図書館協会、1964年、10ページ

(8) 谷口一弘「戦前期根室地方における図書館の歴史（2）共同根室文庫」、北海道武蔵女子短期大学編「北海道武蔵女子短期大学紀要」第40号、北海道武蔵女子短期大学、2008年、217—266ページ

(9) 前掲『北海道図書館史新聞資料集成』2ページ

(10) 埼玉県編『新編埼玉県史 資料編25 近代・現代7 教育・文化1』埼玉県、1984年、343ページ

(11) 富山県図書館協会『富山県図書館運動史と図書館史 ——富山県図書館協会30周年記念』富山県図書館協会、1961年、59ページ。社会外士とは久世麗太郎の別名。なお、趣意書には数種がある。

(12) 村上清造「富山県図書館史稿（4）」、富山県立図書館編「富山県中央図書館報」第31号、富山県立図書館、1936年、3ページ。末尾に「明治21年3月」と発起人8人の署名あり。

(13) 常盤雄五郎著、吉岡一男解説『復刻版 本食い蟲五拾年』今野印刷、1991年、158ページ

(14) 弘前市立弘前図書館編『弘前図書館郷土資料目録』（「津軽古図書保存会文庫目録」第1巻）、弘前図書館、1960年、附録1

(15) 沼津市立駿河図書館編『沼津文庫目録——特別集書』（「図書館郷土資料叢書」第5巻）、駿河図書館、1975年、5ページ

(16) 鈴木保「沼津文庫設立趣意書について」、「沼津市談」第6号、沼津郷土史研究談話会、1968年、68—72ページ

(17) 沼津市史編さん委員会／沼津市教育委員会編『沼津市史 通史編 近代』沼津市、2007年、124ページ

(18) 「鎮西日報」1893年9月12日付

(19) 前掲『長野県教育史 第10巻 史料編4 明治12年—19年』1138ページ

(20) 同書

(21) 阿波加修造（1835—1916）は、医師で教育者。高岡町の漢方医の家に生まれ、魚津町の漢方医・阿波加家の養子に入り、蘭医・緒方洪庵、外科

医・華岡青洲に学ぶ。私塾阿波加塾を開き、1883年魚津明理小学校校長を務める。94年に衆議院議員になる（富山大百科事典編集事務局編『富山大百科事典』北日本新聞社、1994年、57ページ）。

(22) 魚津市史編纂委員会編『現代のあゆみ』（「魚津市史」下）、魚津市、1972年、455─457ページ

(23) 魚津市史編纂委員会編『魚津市史 史料編』魚津市、1982年、659─660ページ

(24) 『魚津町誌』魚津町役場、1910年、687ページ

(25) 横山源之助（1871─1915）は、社会思想家。有磯逸郎などの別称がある。魚津町の生まれ。上京して英吉利法律学校に学び、1894年毎日新聞社入社。著作に『日本之下層社会』（1899年）などがある。

(26) 前掲『魚津市史 史料編』660─662ページ、初出は「富山日報」1900年5月9─10日付。

(27) 滑川町編『滑川町誌』新興出版社、1982年、499─502ページ（滑川町1913年刊の複製）、村上清造「富山県図書館史稿（7）」、富山県立図書館編「富山県中央図書館報」第36号、富山県立図書館、1937年、3ページ。末尾に「明治33年4月」と発起人13人の署名がある。

(28) 美川町文化誌編集委員会編『美川町文化誌』美川町役場、1969年、188─190ページ

(29) 新潟市立沼垂図書館編『新潟市立図書館の歩み──沼垂図書館創立70周年記念誌』新潟市立沼垂図書館、1995年、18ページ

(30) 琉球政府編『沖縄県史 第4巻 各論編3』琉球政府、1966年、622ページ

(31) 平塚市博物館市史編さん係編『平塚市史 6 資料編 近代（2）』平塚市、1995年、594─595ページ

(32) 高遠町誌編纂委員会編『高遠町誌 下巻 自然・現代・民俗』高遠町誌刊行会、1979年、1048ページ

(33) 駒ケ根市誌編纂委員会編『駒ケ根市誌 現代篇』下、駒ケ根市誌刊行会、1974年、116ページ

第5章　図書館運動の展開

　本章では、会員制図書館ができたのちの組織や運営の状況について、またその蔵書などがそのあとどのように継承されたのかを検討する。

1　図書館の運営と継承

　まずは、図書館運営の概要と継承について、それらの傾向をみておきたい。団体内の図書館では、図書館利用のために会費を徴収することは多くなかった。青年会を例にとれば、青年会運営のための会費は徴収するが、会員が図書館を利用するための会費を、それとは別に徴収しないという意味になる。同窓会図書館で、同窓会会費とは別に図書館の利用のために会費を徴収しているところもあったが、その場合は別の組織とされたのではないか。いずれにしても、団体内の図書館の運営は親組織に依存していて、有志による場合は自ら経営責任を負うことになる。

運営の状況

　図書館開設時の会員数、会費（年会費もしくは月額）、蔵書冊数、閲覧場所は表2のとおりになり、これらは団体に属さない独立の図書館の状況で、資料の記述などを参考に集計した。いずれも開設時、もしくは開始間もない時期のもので、会費に、通常、特別など複数のランクがある場合や上限が明記されていない場合は、そのうちの最少額とした。対象の図書館の設立年に約30年間の幅があるために適切な比較とはいえないかもしれないが、ある程度の目安にはなるだろう。

　会員数は、19団体の最多が183人（柏崎図書館）、最少が12人（益友社）、

表2　図書館開始時の会員数、会費、人数、蔵書冊数、閲覧場所

	会員数	会費（月額）	蔵書冊数	場所
平均	49.2人	10銭	626冊	会員宅が多い
対象館数	19館	26館	13館	9館

注：各項目について、資料に記述がある図書館を対象に、そこに明記されている数値で、開設時もしくは開始間もなくの頃のそれぞれの値の平均値を算出。会費の金額が複数ある場合は、通常会員などの最少をとり、「○以上」の場合、「以上」は切り捨てた。年会費は、月額に換算。

平均が49.2人で、会費を年会費として徴収した団体は10カ所、月額が16カ所で、月額に換算した最多は30銭（北越井波書籍館）、最少は5銭（3カ所）、平均が10銭である。北越井波書籍館の開館時は30銭だったが、のちに20銭、10銭と減額している。蔵書冊数は、最多が約2,000冊（美川読書館、諏訪図書館）、最少が30冊（開智書籍館）、13団体の平均は626冊になった。閲覧場所は、9団体のうち、土地建物を有した高田図書館は、記念事業として当初資金を集め、それを充当したことによるもので、例外と考えていいだろう。関係施設を借用した団体が2カ所、回覧が1カ所（酒田書籍購読会）あったが、ほかは会員の自宅に蔵書を集めた。

　谷地読書協会では会費とは別に、入会金1円を徴収した。購入図書のほとんどが外国の翻訳本だったことも関係しているかもしれない。また、寄付金を募るところも少なくなく、会員制図書館は、運営の維持に必要な経費を自前で賄う以上、さまざまな方法で資金を融通しなければならなかった。では、この月額平均10銭という額は、この当時としてはどの程度の負担になったのか。前述したとおり、対象となる図書館の設立年に幅があるためにこの間の貨幣価格も多少変動していて必ずしも正確ではないが、当時の映画館の入場料が10銭から20銭、総合雑誌「中央公論」が10銭前後、丸善のPR誌「学鐙」[1]は10銭で変わらない。[2]日用品では足袋が10銭前後を推移していた。[3]会費がこの程度であれば、中流あるいはそれ以下の階層でも決して支払えない額ではなさそうだ。別の言い方をすれば、多くの会員制図書館は、少なくとも上級階級のための図書館ではなかったといえる。

表3　図書館の継承

	団体内 図書館	有志による 図書館	合計
1、直接公立に移行	2 （ 8.0）	24 （ 36.9）	26 （ 28.9）
2、公立へ移譲、寄贈	2 （ 8.0）	5 （ 7.7）	7 （ 7.8）
3、私立を経由して公立	3 （ 12.0）	10 （ 15.4）	13 （ 14.4）
4、私立へ継承	0 （ 0.0）	2 （ 3.1）	2 （ 2.2）
5、廃止	7 （ 28.0）	4 （ 6.1）	11 （ 12.2）
6、不明	11 （ 44.0）	20 （ 30.8）	31 （ 34.5）
合計	25 （100.0）	65 （100.0）	90 （100.0）

注：同窓会図書館を除く。

図書館の継承

　次に、会員制図書館ができたあとに、その蔵書などはどのように継承されたのかを検討する。これを大別すると、公・私立図書館への移行とそれ以外ということになるが、ここでは、図書館の継承・移行について次のように整理した。

　第1に、直接公立図書館へと設置主体が移行する場合で、公立図書館の前史と位置づけられる。第2に、主に蔵書が、公立図書館へ移譲や寄贈などによって継承される場合で、通常、公立図書館史の前史という言い方はされない。第3に、教育会や法人組織などの私立図書館を経由して、そのあと公立図書館となる場合。第4に、私立図書館に継承される場合で、そのあと公立図書館への移行が認められなかった場合。第5に、焼失や廃止などの理由で公・私立図書館へと継承されなかった場合。第6に、不明。これらについて団体内の図書館、有志による図書館とに分けて整理した（表3）。

　第1は、直接公立へと移行した図書館で、全体で26館（28.9%）、第2は、蔵書を公立図書館に移譲したり寄贈したりした館で7館（7.8%）、第3は、私立を経由して公立図書館に移行した館で13館（14.4%）、第4は、私立図書館に移行した館で2館（2.2%）、第5の廃止などは11館（12.2%）、第6の

表4　公・私立図書館移行までの年数（公・私立図書館となった年──設立年）

年数	0—10	11—20	21—30	31—40	41—	不明	合計
団体内図書館	3 (42.8)	0 (0.0)	1 (14.3)	1 (14.3)	2 (28.6)	0 (0.0)	7 (100.0)
有志による図書館	11 (28.2)	14 (35.9)	7 (17.9)	3 (7.7)	3 (7.7)	1 (2.6)	39 (100.0)
合計	14 (30.4)	14 (30.4)	8 (17.4)	4 (8.7)	5 (10.9)	1 (2.2)	46 (100.0)

注：前記表3の1から3の公立図書館へ移行した46館を対象。同窓会図書館を除く。

不明が31館（34.5％）となっている。第1から第3までがそのあと公立図書館に移行した図書館といえるが、これを団体内か独立かで比較すると、団体内の図書館が7館（28.0％）なのに対し、有志者による図書館は39館（60.0％）と大幅に上回っている（合計は46館、平均51.1％）。団体に属さず、有志者による運営は財政面での困難さを伴うが、親組織の意思決定に左右されず、自分たちで運営の方向性を決定することができたからではないか。

　前述の「図書館の継承」のうち、1（公立に直接移行）、2（蔵書の寄贈など）、もしくは3（私立を経由して公立化）の46館について、表4に公立図書館へ移行するまでの年数を集計した。

　最短は2年の高田図書館で、翌年に町へ寄贈している。最長は沼津文庫と豊水図書館の64年で、北越井波書籍館と酒田書籍購読会が49年となっている。不明を除く平均年数は団体内の図書館が26.4年、有志によるものが17.1年、これらの平均は21.1年となる。ただし、年数にはこの間、私立図書館として運営を継続していた時期や活動を休止していた時期なども含まれ、会員制図書館として活動していた実年数ではないことを断っておく。

2　団体内に設置された図書館

　会員制図書館として活動して、のちに公立になったところもあれば、私

立を経て公立図書館になったところ、あるいは寄贈や移管などによって発展的に解消したところなど、その変遷はさまざまだった。これらの館がどのような経過をたどったのか。団体内に設けられた図書館からみておこう。

発展・継承の経緯

岩手県花巻の豊水図書館は、1908年（明治41年）に私立豊水図書館となり、戦後を迎えた。45年10月の方針に「館員を募集し館費を徴収して諸般の経費に充てる」とあることから、会員制による運営が戦後も維持されていたことになる。51年、花巻町立図書館の設立に際し、豊水図書館の蔵書約1,200冊が移管された。同館が発足してから64年後のことになる。

1882年、三重県宇治山田の交修社は、社の目的を学術研究に変更した。このとき社員は38人だったが、図書の仮閲覧所を設けた。しかし、施設が十分ではなかったために、1906年日露戦争の戦勝記念に度会郡教育会が図書館を設立したとき、同社の蔵書を寄贈することになった。同教育会はのちに宇治山田市教育会になり、小学校内に図書館が設立された。そのあと、住民から独立館建設の要望が高まり、28年に宇治山田市立神都図書館になった。49年に宇治山田市立図書館と改称され、55年に伊勢市立図書館になって現在に至っている。交修社図書室は、私立を経て公立図書館になるまでに46年を要した。

1885年（明治18年）新潟県に発足した友共社は、1904年に長岡倶楽部が私立長岡図書館を設立するとき、蔵書を寄付して解散した。10年に私立長岡図書館は長岡市教育会附属図書館となるが、17年に大正記念長岡市立互尊文庫を設立した際、同文庫に蔵書を寄贈した。東京の荏川町文庫は、関東大震災に遭遇したが、幸い被害もなく、28年に品川図書館と改称したのち32年に東京市へ寄付された。このほか福島県の会津図書館共立会は、図書館を建設して市に寄贈し、3年後に市立図書館を実現した。山口県の宇部図書館は9年で村立図書館になった。

同窓会図書館を前記の表から省いたのは、設置数が多いことに加え、ほとんどの館のそのあとの経過が不明なことによる。そのなかで公・私立図書館へと発展した図書館が数館見受けられた。長野県上伊那郡の赤穂小学校同窓文庫（1901年設立）は、1916年の私立赤穂図書館を経て24年には村

立となり、同郡片桐小学校同窓会図書館（1908年設立）は24年（大正13年）に村立図書館になった。[9][10]

　山口県の錦波小学校校友会図書閲覧室は、校友会図書部の事業として寄付金と会員の会費によって運営されていた。この図書館の設立を主唱したのが、吉敷郡西岐波村で家業の酒造業を継いでいた三井誠之進（1877—?）で、1906年には、館名を私立西岐波文庫と改称し、文部大臣に私立図書館の設置を開申した。同館は、13年の「山口県図書館事業一覧」に「県内私立図書館ノ先駆タリ」と紹介された。[11][12][13]

　このほか、市町村立図書館へと継承された図書館に福島県郡山市の金透図書館がある。同館は、同窓会設立の2年後の1895年に開館し、約50年後の1944年に郡山市図書館が設立された際、蔵書約3,000冊を寄贈した。[14]

　これらは資料的な裏づけがあるが、一方で活動が現行の図書館へと継承されているという資料的な裏づけがないにもかかわらず、同窓会図書館の活動を前史に位置づけている市立図書館が2館見受けられる。次にこの2館の経過をみておこう。

継承された図書館運動

　1898年（明治31年）、和歌山県新宮町に丹鶴小学校同窓会が発足した。このとき、会の事業で図書館を設立する案が出された。資金面の理由から先送りとなったが、翌年図書館の設置が決まった。99年2月、趣意書を頒布して、寄付を募っている。99年5月、丹鶴同窓会附属図書館が開館した。この日までに127人から6,000円余りの寄付金によって購入したものと寄贈があったものをあわせ、581部、1,545冊の書籍が集まった。施設は近隣の寺を借り、図書の購入に必要な費用は役員が立て替えた。1900年は年間の閲覧者数が約1,400人に達し、02年には7,000人を超えた。しかし、09年には「微在すること数年、古城落日の感あり」といった状態にまで落ち込んだ。そうした状態が続いたことから、14年に閉鎖している。その39年後の53年、新宮市立図書館が開館した。同館の『新宮市立図書館要覧』には同窓会図書館を前史とする記載がある。ところが、この間、同窓会図書館の蔵書などが引き継がれたといった記録はなく、直接的には関係がないとされる。[15][16][17]

同様の事例がもう1館ある。1904年3月、千葉県に松戸小学校卒業生の寄付金によって松戸小学校同窓会文庫ができた。文庫規則は、「本文庫会計ハ別途会計トナシ、本校卒業生等ノ有志寄附金ヲ以テ本文庫ノ経常費ニ充ツ」とし、在校生、本関係者に加え、身元の確実な住民に書籍を貸与するとした。しかし、そのあとの運営は振るわず、15年のときの蔵書は330冊にとどまった。16年4月、活性化のため町内有志者と図って運営の改善策を講じたが、そのあとについては明らかではなく、同文庫は、発展的に解消したとされる。ときを経て43年（昭和18年）、松戸町図書館が設置された。現在の松戸市立図書館『図書館要覧』2017年度の年表の冒頭には、同窓会文庫を前史とする記述がある。だが新宮市立図書館と同様、同窓会図書館の蔵書などが継承された記録は見当たらないようだ。

　このように新宮市、松戸市の両館では、土地や建物、蔵書などの施設・備品などが引き継がれているという記録はないが、同窓会図書館を前史と位置づけている。それは、当時の図書館員がそのように考え、記述したと推察するしかないのだが、それには理由があったのではないか。いずれの同窓会図書館も地域の図書館運動の先駆的な役割を果たし、それが市立図書館設立の機運に何らかの影響を与えた、という評価がなされたということになる。図書館運動をひと言で言うなら「図書館の設置、発展を目的とした運動」ということになる。同窓会図書館の施設や蔵書などがたとえ移行されなかったとしても、同窓生や住民によって地域の図書館の維持・発展を目的に運営されていたという意味で、図書館運動と解釈することは可能なのではないか。物的に継承するものが存在しなくても、（両市がそのように考えたのかどうかは別にして）かつて人々によって実施された活動をもって図書館運動を定義する考え方があってもいいように思われる。運動とは、そもそも活動や変化を意味する。そうだとすれば、図書館運動をとらえようとするとき、物質はその痕跡を示すひとつの目安にすぎないのではないか。多くの人々のエネルギーの痕跡をたどる試みをもう少し先に進めてみたい。

団体からの独立運営

　次に、既成の団体から独立した運動について述べる。ここでは青年会や

同窓会などの団体、もしくは構成員が、従来の組織から離れて独立した図書館運営を展開したことをいう。それまでの活動とどのような違いがあるのかというと、青年会の場合は、会の活動の一環として図書館活動が位置づけられるのに対して、青年有志による場合は、図書館運営自体を活動の目的にしたということになる。

1901年（明治34年）4月、石川県石川郡美川町に美川読書館が開館した。同館は、この2年ぐらい前から青年などの間で図書館設立の機運があり、賛同者を募って献本を呼びかけ、趣意書を作成するなどの準備をしていた。前述のように、美川尋常小学校同窓会の席上、加藤甚太郎の発議で図書館設置を実行に移すことになった。通常、特別、名誉の3種の館員（会員）を設け、通常は20銭、特別は50銭、名誉は1円から5円と会費を定めた。町からの補助を受けていたが、維持運営費の大部分は会費で賄ったという。同窓会は設立の契機になったが、館則に同窓会員に関する規定はなく、公衆の閲覧に供することを目的に掲げた。発起人8人、賛成人11人を集め、趣意書を町内に配布し、全町に献本運動を展開し、独立した運営態勢を整えた。

苦労したのは蔵書の管理だったようだ。もし同窓会図書館として設立していれば、校内を使用できたのではないか。館則の第2条に「本館ハ当町田中伊平方ニ置ク」と記してスタートしたものの、そのあと、秋元加吉、西川善正宅を転々とした。田中は発起人8人のうちの1人だが、秋元と西川は発起人ではなく、また賛成人の11人にも入っていない。どういう経緯で自宅を提供することになったのかは不明だが、会員制図書館の最も難しい問題がここにあったといえるだろう。幸い、同館は設立から4年後の1905年3月、町に移管され、翌年に美川町立美川図書館と改称、のちに市立図書館になった。

1902年8月、諏訪郡上諏訪町に高島小学校同窓会の有志が、「政治上ニ関係セズシテ偏ニ我郷風教ノ維持発達ヲ帰スルニアリ」と目的を定め、篤志会を結成した。これも同窓会とは別の組織ということになる。翌03年8月の総会で図書館建設が議論されたが、困難だという判断が下された。それでも図書を寄付してそれを会員が閲覧することを決めた。それから十数年後の15年に図書館建設の着工、17年10月の臨時総会で会則の改正が決

まり、その第3条に「本会ハ諏訪図書館ヲ経営シ及講演会等ヲ行フ」が加えられた。この間に、卒業生の加入を促し、図書の募集、資金の積み立てなどについての議論を重ね、条件整備を進めていたことが功を奏し、18年8月、諏訪図書館の開館にこぎ着けた。⁽²⁵⁾

　公立になったのは、それからさらに10年後である。その間の足取りをみておきたい。1918年6月、第1回図書館委員会を開催。専任理事10人を決め、図書の整理方針を協議した。19年5月、第1回通俗講演会を開催（以降は継続して開催）。20年4月、館外貸し出しを開始（会員に限定）、閲覧料は無料とした。22年6月、大阪毎日新聞社から点字新聞の寄贈を受けるとあることから、盲人に対するサービスをしていたのだろうか。24年1月、募金と合わせ20周年記念事業として児童図書を購入、児童文庫を高島小学校内に置き、運営を委託した。同年9月、初めての展覧会を開くなど、充実した運営を垣間見ることができる。28年、役員会で御大典事業として町に移譲することを決議した。これには財政困難の理由もあったという。⁽²⁶⁾

　1901年、浜松の教員有志が主唱して、浜松女子尋常小学校に浜松青年書籍館を設けた。ところが維持が困難になり、これを受けて翌02年9月、2つの青年会が合流して浜松青年同志会を結成した。館名も私立浜松図書館に改称して継承することになった。同会は「本会ノ目的ヲ達スル一端トシテ」実施する事業の筆頭に、「付属浜松図書館ノ拡張ヲ計ル事」をあげた。「主意書」で図書館のことには言及していないが、「会則」とともに「浜松図書館々則」「図書借覧規則」、あわせて運営に際し「図書部規定」「新聞雑誌縦覧所規定」の内規を定めた。のちに浜松青年会館と浜松図書館建築のための寄付金募集も実施した（「浜松青年同志会一覧」）。⁽²⁷⁾20年、私立浜松図書館の蔵書約1,000冊を基礎として、浜松市立図書館が設立された。⁽²⁸⁾

　地域の複数の団体が協力して新たな図書館を組織することもあった。1905年9月、新潟県中蒲原郡の沼垂町教育会、北星文庫（北星団〔沼垂町青年協会の前身〕が所有する文庫）、庚子文庫（学校教員の研修のために設けられた文庫で6年間図書を収集していた）の3団体が合流して私立沼垂図書館が開館した。⁽²⁹⁾規則に「有志者ノ寄附ヲ以テ之ニ充ツ」（第9条）とし、1円以上もしくは図書の寄贈者を賛助員、5円以上を特別賛助員、10円以上を

名誉賛助員にし、3種の会員を寄付金額によって規定した。14年に沼垂町が新潟市に編入合併されたとき、市立図書館計画が浮上したことから同館は閉館したが、県立図書館ができ、市立図書館の計画が中止になると、20年に沼垂町青年協会による運営を再開した。26年に市に移管されるまで活動が続けられた。維持会員は110人を数えた。[30]

3 住民有志による図書館運営の状況

　団体に属さずに図書館運営を目的に結成した団体で、公立図書館に移行したところは24館（36.9％）、公立へ蔵書を寄贈した5館（7.7％）を合わせると29館（44.6％）に上る（表3）。ここでは、それらの図書館がどのような運営の経過をたどったのかをみておきたい。

公立図書館への移行

　富山県の北越井波書籍館は、小学校教員青木万太郎（1859―1938）[31]や酒造業池田三六らによって1883年（明治16年）11月に設立された。[32]33人の同盟者を募り、会員組織によって同盟金（入会金のこと）50銭と書籍購入のための月額30銭の会費を納入することにした（のちに、20銭、さらにそのあと10銭に減額）。蔵書は漢籍、史書、国学書が中心だった。86年、池田が当地を離れたことから閉館した。彼が運営の中心だったのだろう。そのあと、青木の教えを受けた実業家の米倉麟介（のちに山田と改称）が、図書館設立を目指して多種多様な図書を購入して小学校に保管していたが、不況のあおりを受けて倒産し、計画は挫折した。これに追い打ちをかけるように、1925年9月7日の井波大火（274戸が被災）でそれらの図書も焼失した。

　井波町小学校長を経て1919年に町長になっていた青木は、大火後の町の復興として小学校を再建した。のちに公会堂昭和会館を設置して、ここに書庫と閲覧室を置いた。青木の後を継いだ町長は（彼も青木の薫陶を受けていた）、これを見て町議会に諮り、32年に町立図書館を設立した。初代館長になったのは青木で、亡くなる38年までその職にあった。会員制

図書館としての活動はわずか2年足らずだが、地域のなかに住民の意思で図書館を作る運動が、約46年にわたって展開されたことになる。

　1885年に発足した山形県の谷地読書協会は、そのあとも継続して活動を続けていた。購入した図書はほとんどが洋書の翻訳本だったという。公立図書館への移行には、それまでと同様に石川賢治が尽力した。石川は、貿易業に専念したが、渡米したあとも協会に本を送り続けるなど、読書協会の育成にも気を配っていた。折しも1909年に大病を患い、これを機に実業界から身を引くことを決意する。そして11年、私財の一部を町に寄付したことがきっかけになり、15年の町議会で町立図書館の設置が決まった。石川の寄付は図書館運営のための基本金に充てることになった⁽³³⁾。

　長野県松本の開智書籍館は、開智小学校教員によって1891年に開館した。同館規則の第1条に「学科ノ何タルヲ問ハズ須要ノ書籍ヲ蒐集シ館員ヲシテ学術研究ノ便利ヲ得セシムルニアリ」と規定されているのは、教師のための図書館という役割を重視する方針からきていた。その背景には教育者が広く新しい知識を新著に求めながら、境遇などのため容易に入手ができない事情があった⁽³⁴⁾。第2条に「他日松本文庫創立ノ素地ヲ開ク」とあり、小学校卒業後の社会教育の重要性が認識されていたが、創設時には教員に対する環境の整備を優先せざるをえなかった。

　同館の運営を主導したのが、「当時のもっとも進歩的な教育者の一人⁽³⁵⁾」寄藤好實で、1887年に開智学校の訓導、その翌年に校長となり、同館の設立から1901年4月に松本高等女学校に移るまでの10年間、館長を兼ねた⁽³⁶⁾。1884年に東筑摩郡私立教育会が設立した際には、寄藤は幹事を務めていた。2年後の86年、会員数が県下で203人のとき、開智学校の会員数が35人と群を抜いていたことは、同校教員の意識の高さを物語っている⁽³⁷⁾。開館当初、蔵書数はわずか24冊にすぎなかったが、3年後の94年（明治27年）には1,000冊、さらに3年後の97年（明治30年）には2,000冊に達した。当初は、教師が教授用に使用する参考書が多くを占めていたが、やがて小説、実用書なども数を増やしていった⁽³⁸⁾。

　教員は会員になり毎月会費を納入するが、それ以外に寄付もあり、それらが蓄積され運営基盤を支えた⁽³⁹⁾。「規則」によって置かれた役員は書籍館議員と称され、役員の互選によって選出された。選書は、議員の賛否によ

っておこなわれ、特に高額な図書の場合には提出者が明記され、購入に至る決定がルール化されていたことがうかがえる。[40]

寄藤が移ったあとの同館の経過は次のとおりである。1906年、「戦役記念館」が設立されたため、書籍館は同館内に移転する。同年、ここに旧松本藩の蔵書、寄贈図書などが統合された。このとき、校舎内に読書室を設けて一般公衆の閲覧に供することになり、貸し出しも開始された。1908年、市制施行。この年に開智図書館と改称した。同年、東筑摩郡教育品研究所（1890年設立）が廃止になり同所の図書が併合されると、蔵書は2万5,000冊を超えた。10年、信濃図書館分館を併設する。記念館内に閲覧室を設けて、貸出規定を制定した。20年、信濃図書館分館が閉鎖され、これに伴って蔵書が併合された。翌21年、市立図書館となった。[41]

1906年1月に閲覧を開始した網走図書縦覧所は、ユニークな運営を実施した。翌07年1月、日露戦紀念網走図書館と改称する。館則を定め、通常・特別・名誉会員を規定した。08年3月に館舎竣工、09年1月に開館式、2月に「図書館維持会」の規約を制定した。規定によれば1口30銭、300口の掛け金を募集し、年に12回、抽選のうえ1等5円（1本）から7等（35本）まで計20円（64本）を配当する。翌年から5年間据え置き、満期日には元利金を払い戻し、さらに抽選で割増金を配当するという講の仕組みが導入された。10年3月、特志会員について、10銭以上を出金する者と規定、また、「購入図書選択委員ニ関スル件」によって、委員7人が購入図書を決定して役員会に報告する規定を設けた。この間、09年には京谷勇次郎が館長になった。京谷は、11年11月に函館図書館に視察に出向いている。前述の図書館維持会は、15年1月に満期になり、それ以降の維持方法については不明だが、24年7月に町への移管を決めた。[42]

このように、公立図書館への移行にはさまざまな過程があったが、それぞれの経緯をたどった理由はどのようなものだったのか。まず網走図書館からみておこう。1915年4月から町長が図書館長を兼ねるようになった。また、翌年から町費の補助が実施されているが、物価の高騰にもかかわらず、図書費は伸び悩み、会員数も漸減の傾向にあった。そこで、町営移管を望む声が高まったとされる。[43]同様に財政難を理由に移管したところに、長野県の諏訪図書館があった。石川県の美川町読書館も、維持運営に対す

る苦労が重なったことから移管している。新潟県の高田図書館は、開館の翌年に政府から図書館の経営を社寺には認めないという通達を受け、経営者の名義変更をしたが、経営難から町への寄付を申し出ることになった。島根県の松江図書館も県から多額の補助を受けていたが、大幅な削減が運営を直撃して市への寄贈を決めた。このように、数のうえでは財政困難によって公立図書館への移行を決めた図書館が多かった。

　一方で、前述した北越井波書籍館や谷地読書協会、開智書籍館のように有志による図書館運営が認められ、公立図書館へと移行するケースもあった。新潟県刈羽郡の柏崎図書館も、1905年から、冬にそりで巡回文庫を回付した。これによって郡と町から補助が出るようになり、図書館の規模の拡張が刈羽郡に認められて郡立図書館になった。

私立を経由して公立図書館への移行

　有志者が設立した図書館で、私立を経由して公立へ移行したところは10館（15.4％）あった（表3）。青森県の八戸書籍縦覧所は、1895年（明治28年）に弘観舎から八戸青年会に運営が委託された。八戸青年会は、89年の発足時に書籍縦覧会を設け、読書活動を開始していたが、97年にこの委託を受けて青年会図書館を開館した。青年会は、1912年に町に蔵書などを寄付し、翌年町立図書館になった。

　1892年6月、岩手県の玉東舎は総会を開き、盛岡市に蔵書を寄贈し、書籍館を設立するよう市会に請願することを決めた。しかし、市会で否決されて実現しなかった。1903年5月になって、盛岡市教育会から図書館設立のため、同舎の蔵書を借り入れたいという申し入れがあり、玉東舎はこれを受け入れて閉鎖した。03年、教育会によって私立盛岡図書館が発足、さらにこれが21年10月に岩手県立図書館になった。

　1901年10月、酒田書籍購読会が有志12人によって開始された。会則には「本会ハ可成新版ノ書籍ヲ購読シ世ノ潮流ニオクレザランコトヲ目的」（第1条）とすると掲げ、会員は毎月10銭を拠出（第2条）することなどを定めた。翌年の蔵書は200冊以上になった。04年4月、酒田文庫と改称、06年には会員が100人に達し、蔵書も1,000冊を超えた。07年12月、飽海郡会議事堂の付属施設を借りて縦覧所を設けた。09年12月、私立酒田図

書館になり、その翌年、文部省に認可された。23年、財団法人光丘文庫が設立されると、25年3月、酒田図書館は全蔵書を同法人に寄贈して解散した。光丘文庫は50年4月に酒田市立図書館になった。[47]

　酒田書籍購読会が発足してから10年余りあとになってまとめられた「飽海郡内図書館一覧」[48]には、郡内の小規模な図書館28館が掲載されている。蔵書は最少が5冊、最多でも751冊であり、多くは青年会が中心になって設立し、労賃などを会費に充てていた。このうち館名に、購読会を冠するところが4カ所あった。いずれも1907年から11年にできていることから、酒田書籍購読会の影響と考えられる。

2度にわたって会員制図書館の設立を主導した岡田健蔵

　1907年（明治40年）、函館毎日新聞社緑叢会図書室が発足したが、直後の大火で焼失した。それから半年後の08年（明治41年）3月、岡田健蔵は函館区長である山田邦彦の紹介状を持参して、東北と東京の図書館視察に向かった。4月に帰函し、6月に岡田は再び緑叢会に図書館の設立をはたらきかけた。会には図書館設立委員会ができ、岡田は視察の報告をする。これを受けて緑叢会は、規則第2条第2項に「図書館設立ノ成功ヲ期スルコト」の一項目を加え、また、①館舎として区有協同館を借り入れること、②創業費として旧函館英語学校解放の残金を譲り受けること、③維持会員組織（月額50銭を拠出）を計画する、という方針を決めた。

　同年9月、図書館設立発起人募集のため、岡田は函館毎日新聞社主筆の工藤忠平とともに区内有志を訪ね、65人の賛成を得た。このときの岡田の社会的な地位を考えると、会員を募るうえでの工藤の協力は大きかったと思われる。同館の設立に際し、「函館毎日新聞の主筆工藤忠平氏は其心情を憫んで、陰に陽に之を助け」[49]たと岡田は記している。工藤は、「函館操觚界の長老」[50]とまでいわれた人物で、ここでの操觚界とはジャーナリズムの世界のことをいう。11月に創立発起人会が結成され、協同館の借り入れが許可されると、函館毎日新聞社内にあった創立事務所が移された。当初、函館毎日新聞社緑叢会の下に作られた再建のための組織は、創設を前に独立した組織に生まれ変わった。岡田は同館に泊まり込んで創立事務を開始した。[51]

1909年2月、私立函館図書館が開館した。これまで労苦をともにした工藤忠平は同館副館長となり、開館式で次のように語った。北海道には図書館が最も少なく、先進的な都市でかつ帝国五港の一津と称されるこの函館でもいまだに図書館が設立されていない。これは函館区の「体面」という点からしても決していいことだとはいえない。もしそうなら、この函館図書館も公立であるべきだと考えてもよさそうなのだが、もう少し工藤の言葉を聞こう。

　　　然レドモ災後ノ疲憊ハ巨費ヲ投シテ一挙ニ之ヲ完成スル能ハサルヲ奈何セン此ニ於テ専ラ有志ノ同情ト義気ニ訴ヘ創設ノ経費及ビ図書ノ購入費等皆之ヲ寄附ニ仰キ殊ニ現在図書ノ大部分ハ蔵書家諸君ノ寄贈及委託ニ係レリ要スルニ本館ノ創設ハ函館区ニ於ケル図書館事業ノ基礎ヲ作レルニ過キズシテ今後之カ大成ト完備ハ一ニ諸君ノ熟誠ト同情ニ待ツノ外ナシ（略）[52]

　周知のとおり緑叢会の図書室は、函館の大火で失われた。それを再興しようにも、その函館の大火による焼失区域面積は約132ヘクタール（約40万坪）で、焼失戸数1万2,390戸、多数の死傷者を出し、函館庁舎をはじめとする主要な建造物も焼失、甚大な被害が及んだ。そのことを考えれば、函館市に援助を求めるのは無理というもの。とするなら、これを必要とする有志の力によるほかはない。ただし、これはあくまでも基礎にすぎず、いずれ公立の図書館設立のために市民が尽力してそれを実現することに期待したい、と述べた。
　私立函館図書館の「維持規則」[53]第2条には、「本館ハ会員ヲ以テ組織ス」と会員制図書館であること、第3条に会員としての負担は「会員ノ一口ニ付毎月金五拾銭納付ノ事」（第1項）とし、第5条には会費は管理維持費などに充当される旨が明記された。1926年9月に同館は市立になった。この間の経緯などについては坂本龍三が詳しく述べているので、ここでは繰り返さないことにする。

第5章　図書館運動の展開　　211

図書館活動の停止、そして、そのあとのこと

　図書館が活動を停止して、のちに蔵書などが公立図書館に移管されたケースは、多数見受けられる。ところが移行した先の公立図書館すべてが継続して運営されたとはかぎらない。村立図書館へ移管されたことまではわかっていても、そのあとの活動について不明な図書館は少なくない。すでに述べたとおり、津軽古図書保存会（青森）は弘前市立図書館に移管して解散した。また、長崎文庫も1912年（明治45年）6月に県立長崎図書館が設立されたのを機に解散し、15年、県立図書館の移転、書庫の増築を機に蔵書を寄贈した。こうした有志による図書館で、公立図書館に移管などをしたところは5館（7.7％）あるが、このなかにも移管先の公立図書館が活動を停止した例がある。

　北海道函館に発足した書籍共覧会は、1880年11月に思斉会と名を変えた。82年には会員180余人となり、最も多いときで300余人を集めた。83年にはそれまでの共覧組織を維持するとともに、仮の書籍縦覧所から「共立書籍館」へと施設の充実を図ることを目標に掲げた。ところが、86年11月、函館、札幌、根室の3県が廃止され、札幌に道庁ができることになり、多くの会員が函館から転出した。そのため同会は、87年、蔵書を区立函館図書館へ寄付して解散した。同館は翌年に開館し、90年に函館教育協会へ委嘱、93年に函館共有文庫となった。共有という文庫名から、再び会員制図書館として活動を続けたことが推察される。同文庫は、そのあとの活動は停止状態に陥っていたが、蔵書は維持していた。しかし、1907年の大火で焼失した。

　その思斉会から会員が転出した先の活動もみておこう。思斉会と会の名称を変更した3年後の1883年3月、札幌地区に前野長発らによって札幌司典社が設立されたことはすでに述べた。同社は、将来「共立書籍館」を設立するという目的をもっていた。札幌に北海道庁が置かれることになった86年、それまで函館の思斉会で中心的な役割を担っていた村尾元長が道庁に移ってきた。村尾は、これを機に司典社の運営に加わることになる。同社は、村尾らと協議して札幌読書会と改称した。図書館設立のめどが立ったのだろう。88年8月には、図書、新聞、雑誌を購入して会員の縦覧に

供し、他日書籍館を設立すると新聞に広告し、「規則」を掲載した。その「規則」には「書籍ハ縦覧ノ外日限ヲ定メ自宅ニ携帯閲覧スルヲ得」と記されていた。しかし、その4年後、大火のため焼失した。

　函館の思斉会は、公立図書館に蔵書を寄贈して解散したが、その寄贈先の公立図書館は経営を停止、さらにその移管先の図書館が焼失した。札幌読書会は、図書館への発展途上の過程で焼失したために廃止された。前記の表3では、思斉会は2（公立図書館への移行）、札幌読書会は5（廃止）に分かれるが、最終的には蔵書などは継承されずに廃止したことになる。いずれにしても、これは図書館運動の終着点と見なしていいと思われる。

　ところが、そうではないと考える図書館員が存在した。『函館図書館年報』の書き出しは次のようになっている。

　　　函館図書館第一年報ヲ上梓スルニ際シ本区図書館事業ノ依テ起リ来レル処ヲ研究スルニ其淵源実ニ遠ク且ツ深キモノアリテ存ス北辺文化未タ汎カラザル七拾余年前ニ於テ既ニ之カ事業ニ手ヲ染メシモノアラントハ誰カ其意外ニ驚カザルモノアランヤ

　この地域の図書館運動をさかのぼろうというのだ。その第1に、江戸時代に図書館を開いた渋田利右衛門をあげる。そして明治初年の渡辺熊四郎を引用して、思斉会の活動があったことに言及する。さらに思斉会の手を離れた蔵書が前述のような経過をたどって引き継がれていったこと、函館書籍館の時代については統計をとる。そして、1907年の大火に遭遇する前の状況を記している。05年には函館教育会図書館設立のために、旧商業学校校舎払い下げの運動があったこと。また、翌06年5月には、佐藤市彌が東北3県の図書館視察に出かけるなど、再興に向けた活動が続けられていたこと。大火で焼失した函館共有書庫には5,000冊の蔵書があった、とも記している。

　ここではこれ以上のことを述べていない。それにしても、自館の来歴を表すための「函館図書館沿革略」に匹敵する記述はどこの図書館にもあるが、前述したような「函館区ニ於ケル図書館事業ノ沿革」を「函館図書館沿革略」の前に記した図書館を、寡聞にして知らない。これは岡田健蔵の

筆によるのではないか。地域に図書館を作るにあたり、この地域にはどのような図書館があり、そこにどのような運動が展開され、人々の力がどのように注ぎ込まれていったのか。これから作ろうとする図書館は、そのかつてあった図書館のうえに建てられる。そこから新たな図書館活動を始めようという思いが感じられる。引用文中にみえる「研究」の文言からは、そうしたことが想像しうる。5,000冊の蔵書は夢となって消えたが、運動は新たな担い手の登場によって引き継がれることになった。これはそうした宣言ではないだろうか。

　図書館は、後継者が途切れることによって廃止を余儀なくされる。表3のとおり、5（廃止）、6（不明）を合わせると、全体で42館（46.7%）になる。この数字は何を物語るのか。成功しなかった図書館の数なのか。報われなかった努力の跡なのか。それとも、それとは異なるメッセージを私たちに伝えているのか。

　　注

（1）週刊朝日編『値段の明治・大正・昭和風俗史』朝日新聞社、1981年、165ページ

（2）週刊朝日編『新値段の明治・大正・昭和風俗史』朝日新聞社、1990年、199ページ

（3）週刊朝日編『値段の明治・大正・昭和風俗史 続続』朝日新聞社、1982年、49ページ

（4）花巻市図書館編『花巻の図書館——図書館要覧2005年度版』花巻市図書館、2005年、35ページ

（5）「花巻町立図書館建設進む」、岩手県立図書館編「いわて」復刊第8号、岩手県立図書館、1952年、28ページ

（6）伊勢市編『伊勢市史 第4巻 近代編』伊勢市、2012年、331—358ページ

（7）伊勢市立伊勢図書館編『図書館概要』伊勢市立伊勢図書館、2018年、1ページ

（8）長岡市編『長岡市史 資料編4 近代1』長岡市史、1993年、1030—1031ページ

（9）上伊那誌編纂会編著『長野県上伊那誌 第3巻 現代社会篇』上伊那誌刊行

会、1967年、1171ページ

(10) 中川西公民館『片桐村誌』中川西公民館、1966年、535ページ

(11) 山口県史編纂所編『山口県史』下、山口県史編纂所、1934年、324―325ページ、桐島薫子「佐々木向陽の伝記に関する諸問題（1）著述類・三井誠之進『佐々木向陽先生傳』の紹介を含む」、筑紫女学園大学・筑紫女学園大学短期大学部紀要編集委員会「筑紫女学園大学・筑紫女学園大学短期大学部紀要」第10号、筑紫女学園大学、2015年、1―10ページ

(12) 西岐波文庫『私立西岐波文庫一覧 明治44年1―12月』西岐波文庫、1912年、1ページ

(13) 山口県立山口図書館編『山口県立山口図書館報告』（「県立山口図書館開館十周年紀念山口県図書館事業一覧」第18巻）、山口県立山口図書館、1913年、38ページ

(14) 郡山市『郡山市史 第4巻 近代』上、郡山市、1969年、525―527ページ

(15) 新宮市史史料編編さん委員会編『新宮市史 史料編』下、新宮市、1986年、725―729ページ

(16) 新宮市立図書館編『新宮市立図書館要覧 平成28年度』新宮市立図書館、2018年、1ページ

(17) 須出高明「県内図書館覚書――新宮市」、「図書館だより」第6号、和歌山県立図書館、2001年、2ページ

(18) 松戸市誌編纂委員会編『松戸市史料 第4集』松戸市、1964年、61―62ページ

(19) 千葉県図書館史編纂委員会編『千葉県図書館史』千葉県立中央図書館、1968年、314ページ

(20) 松戸市立図書館編『図書館要覧』松戸市立図書館、2017年、39ページ

(21) 図書館用語辞典編集委員会編『最新図書館用語大辞典』柏書房、2004年、384ページ

(22) 『百年のあゆみ――創立百周年記念』美川町中央図書館、2001年、1―2ページ

(23) 本吉港史編纂委員会編『本吉港の歴史』石川県白山市、2005年、259ページ

(24) 諏訪市図書館編『諏訪市図書館誌資料集（1）』諏訪市図書館、1985年、36ページ

(25) 諏訪教育会編『諏訪の近現代史』諏訪教育会、1986年、436ページ、諏訪市史編纂委員会編『諏訪市史 下巻 近現代』諏訪市、1976年、659―660

ページ

（26）前掲『諏訪市図書館誌資料集（1）』6—10ページ

（27）浜松市編『浜松市史 新編史料編2』浜松市、2002年、369—386ページ

（28）『浜松市立図書館小史』浜松市立図書館、1965年、11ページ

（29）新潟市編『新潟市史』下、新潟市、1934年、229ページ

（30）前掲『新潟市立図書館の歩み』17—21ページ

（31）富山県教育記念館『とやまの教育を築いた人たち』富山県教育記念館、2003年、61—62ページ、野村藤作「初代館長青木万太郎先生 図書館人物誌①」、前掲『富山県図書館協会創立50周年記念誌』5—6ページ

（32）北越井波書籍館の創立年を1882年（明治15年）とする文献には、前掲注（31）のほかに井波町史編纂委員会編『井波町史』（井波町、1970年、460ページ）、同編『井波町史』上（井波町、1970年、1007—1009、1033ページ）がある。

（33）山形放送株式会社／新版山形大百科事典発行本部事務局編『新版 山形県大百科事典』山形放送、1993年、29ページ

（34）東筑摩郡・松本市・塩尻市郷土資料編纂会編『東筑摩郡・松本市・塩尻市誌 第3巻』下、東筑摩郡・松本市・塩尻市郷土資料編纂会、1965年、654ページ

（35）松本市教育百年史刊行委員会編『松本市教育百年史』松本市教育百年史刊行委員会、1978年、870ページ。同書は、「東筑摩郡教育会雑誌」（第3号、吟天社、1884年）に、同教育会が図書館設立を奨励する記事を掲載したこと、大日本教育会が附属書籍館を開館したこと、辻新次や能勢栄の影響などをあげているが、いずれも直接的な影響関係とは見受けられない。

（36）信濃教育会編『教育功労列者』信濃教育会、1935年、426—434ページ。寄藤好實（1863—1928）は、幼少時、家が困窮していて、生地の松本を離れて南信穂高村へ移り、13歳のときに研成塾に入塾、高橋敬十郎（白山）のもとで寄宿生活を送る。「僅か二十五歳で校長」となり「南信の中心として教育界の牛耳を握り、少壮後進の身を以て先輩多数職員を率ゐ、奉公の至誠を捧げて鋭意事に従つた」とされる。当時の職員は士族出が大多数で、部下には藩政の頃に上役だった者がいた。足軽の身分だった寄藤は苦労したとされる。松本を離れてからは、文部省普通学務局第一課長、徳島県女子師範学校校長兼高等女学校校長などを歴任。

（37）東筑摩塩尻教育会百年誌編纂委員会編『東筑摩塩尻教育会百年誌』東筑摩塩尻教育会百年誌編纂委員会、1984年、30、48ページ

(38) 松本市教育会百年誌編集委員会編著『松本市教育会百年誌』松本市教育会、1984年、150ページ

(39) 「出納帳」明治24年5月―明治31年4月、明治32年5月―明治36年度、開智書籍館（松本市中央図書館所蔵）。開智書籍館発足時の1891年（明治24年）5月27日、5月分の館費48人分の2円84銭、館員寄付金1円20銭、月計4円4銭の収入があった。また、96年頃には月の収入が20円近くになり、繰越金12円が記録されている。

(40) 「書籍購求会議簿」明治32年8月、開智書籍館（松本市中央図書館所蔵）。同会議簿には、同年度の書籍館議員に寄藤の名が記載されているが、赤字で抹消され、三浦仁佐郎とほかに10人の氏名が記され、寄藤がこの年度まで議員だったことがうかがえる。また、この簿冊は、書名、冊数、予価／書店、賛否（印鑑を押印）、縦覧、消印の欄が設けられ、欄外に購入決定の可否、継続の別が記されている。低価格の書籍の場合にも提案者名が記されているが、高額な書籍の購入には必ず提案者が明記されている。

(41) 開智学校『開智学校沿革史』開智学校沿革史刊行会、1965年、203―209ページ

(42) 網走市立図書館著、網走の図書館100年誌作成委員会編『網走の図書館100年誌――1906〜2006』網走市教育委員会社会教育部、2010年、16―21ページ、前掲「京谷勇次郎と網走図書館」1―8ページ

(43) 網走市史編纂委員会編『網走市史 下巻 開拓時代篇』網走市、1971年、581ページ

(44) 高田市史編集委員会編『高田市史』第2巻、高田市、1958年、129ページ

(45) 柏崎市立図書館編『柏崎市立図書館開館100周年記念誌』柏崎市教育委員会、2007年、8―9ページ

(46) 岩手県立図書館『岩手県立図書館のあゆみ』岩手県立図書館、1969年、2―6ページ、酒田市史編さん委員会編纂『酒田市史 下巻 改訂版』酒田市、1995年、463―467ページ

(47) 山本和明／青木稔弥／青田寿美「酒田『書籍購読会一途』瞥見」、人間文化研究機構国文学研究資料館学術資料事業部編「調査研究報告」第31号、人間文化研究機構国文学研究資料館学術資料事業部、2010年、53―84ページ。これに先立つ研究に、山本和明／青田寿美「『書籍類貸付控』からみえてくるもの――酒田市光丘文庫蔵田中家文書より」（人間文化研

究機構国文学研究資料館学術資料事業部編「調査研究報告」第30号、人間文化研究機構国文学研究資料館学術資料事業部、2009年、313—330ページ）がある。

（48）「飽海郡内図書館一覧」『荘内三郡教育要覧』所収、荘内三郡教育学事会、1912年

（49）岡田健蔵『岡田健蔵先生論集』図書裡会、1969年、180ページ

（50）函館市史編さん室編『函館市史 通説編 第3巻』函館市、1997年、955ページ。工藤は、1873年に生まれ、1918年に46歳で没している（前掲『北海道人名辞書』261ページ）。

（51）田畑幸三郎「岡田健蔵／図書館にかける」、北海道総務部文書課編『文化の黎明』（「開拓につくした人びと」第8巻下）、理論社、1968年、84—97ページ

（52）『函館図書館年報 第1 明治42年2月—43年1月』函館図書館、1910年、9ページ

（53）同書12ページ

（54）函館市史編さん室編『函館市史 通説編 第2巻』函館市、1990年、1467ページ

（55）前掲『北海道図書館史新聞資料集成』34ページ

（56）前掲『函館図書館年報 第1 明治42年2月—43年1月』1ページ

（57）渋田利右衛門（1817—58）は箱館の商人。1844年、自宅に渋田文庫を設け、蔵書を公開した（日本図書館文化史研究会編『図書館人物事典』日外アソシエーツ、2017年、136ページ）。

（58）渡辺熊四郎（1840—1907）は函館の実業家。書林魁文舎を開き、1873年、新聞縦覧所を設ける（前掲『図書館人物事典』295ページ）。

（59）佐藤市彌（1869—1935）は、1886年（明治19年）函館師範学校を卒業後、上磯沖川小学校の訓導などを経て、1903年に函館市立若松小学校が創設されたときの初代校長になる。以来、1934年に退職するまで32年在籍し、全国でもまれな永続校長として知られた（深井清蔵編『函館名士録』函館名士録発行所、1936年、123—125ページ）。佐藤が東北の図書館を視察したのは、校長就任3年目にあたる年だった。

おわりに

　ここまで述べたことについて、整理しておこう。

　会員制図書館については、これまで3つの大きなタイプがあることが知られていた。すなわち自由民権結社、教育会、青年会で、本篇ではこれらを第1から第3のタイプとした。個々の団体・組織は小規模だが、いずれも運動としては全国展開した。ここで検討を加えたのは、これらのほかの会員制図書館で、それらを第4のタイプとした。

　この第4のタイプの図書館は、これまであまり注目されることがなかった。まず、その理由についてふれておいた。会員制図書館には、公開したところもあったが、公開しないところもあった。公共図書館は、公開が原則であることから、地域の図書館の状況がまとめられるとき、非公開の図書館は調査の対象から外されることになる。公立図書館へ発展を遂げた図書館については、前史をさかのぼる過程で会員制図書館の時代があったと認識されることはあるが、不幸にも発展途上で解散したり廃止されたりするような図書館は、歴史の表舞台に登場することなく、消え去った（以上、序章の第3節で検討）。

　本篇では会員制と確認できる図書館をなるべく多く採録することから始めてみた。調査に限界があったことは否めないが、これらからどんなことがいえるのか、そのことからみておこう。会員制図書館の多くは明治初期に作られ、図書館令が出た頃のあと数を増やしていくが、特定の時期に図書館設立を促す直接の契機になるような事象はみられなかった。いつの時代にも、そのときどきの何らかの要因によって図書館が作られた。地域に関しては、東北、北陸、北関東といった農村地域に比較的多くの会員制図書館が作られたが、特定の地域に偏るのではなく、各地に運動が起こった。それぞれの組織・団体の多くは小規模で、活動時期も短期から長期にわたるものまでさまざまだった。また、どちらかといえば個別的、散在的で、それらに関連性が認められることはあまりなかった。別の言い方をすると、どこでも起こりうる運動といえた（以上、第1章の第2節で検討）。

おわりに　　219

次に、これらを類型化して、それぞれの図書館について検討した。その際に、重視すべきは設立主体の性格ということになる。団体内に設けられた図書館と、そうではない、有志が独立して運営した図書館があり、これらは運営の方法も活動の内容もそれぞれ大きく異なっていた。

　団体内に設けられた図書館は、比較的早い時期から、おそらくは自由民権結社などの影響を受け、これらに続いて教育系の結社が活動した。また、小学校教育の普及にしたがって、同窓会が結成され、さらにその活動を広げていくなかで図書館が作られていた。地域社会に根差して活動する団体が会員の教育の一環として、また、地域の産業を振興するために図書館を設けた。これらの図書館は、第1から第3のグループとは異なり、公的な補助を受けることはあっても、ほとんどが自力経営をしていたことから、行政の意向や政治的な理由のために活動を規制されたことは、少なくとも資料などからはうかがえなかった。半面、財政困難に陥ったり災害などによって大きな打撃を受けたりすれば、活動の停止を余儀なくされた。会員からすれば、個人負担は少ないが、団体の性格に左右されるという側面があった（以上、第2章の第1節から第3節で検討）。

　有志が独立して運営した図書館は、旧藩士、小学校教員、行政官、地域の名望家などが、その初期には強力なリーダーとなって活動を牽引した。これらの人々は、それぞれの職業や属性のために当時の地域社会で主要な役割を担っていた。彼らは、上意下達といった方法ではなく、地域での合意形成を重ねて賛同者を募る方法をとった。こうした手法は広がりをみせ、一般の住民の間に、さらなる裾野の広がりをもたらした。また、一般の有志には、当時、地域のまとめ役を担っていた小学校教員が多かったが、それ以外にも特定の職種や階層に限ることなく、多種多様な人たちがこの活動に参加した（以上、第3章の第1節から第5節で検討）。

　経済的に恵まれない人々が協力しあいながら図書館づくりを進めるには、名士や有力者などが私立図書館を作る場合と違って、お互いに理念を共有することが不可欠であり、図書館設立趣意書はそうしたことを確かめ、約束するための文書として作成された。地域が置かれた状況はさまざまであり、ここでは各館で作成した趣意書を大きく4つほどに分けてみた。地域では、設立の目的を達成するための図書館づくりが進められた。これらは

地域の問題関心を反映しているとも、また地域の課題に対応するという図書館の機能・役割が期待されたとも考えられる（以上、第4章の第1節から第5節で検討）。

　会員制図書館の会費の額は月額平均10銭程度で、それほど過大な負担が強いられる額ではなかったが、組織は概して脆弱で、特に施設面での労苦は絶えなかった。会運営の困難さから公立化への移行を早めたところも少なくなかった。公・私立図書館への移行にはいくつかのプロセスがあった。それらは、個別の図書館の財政・運営面の状況によって異なるものであるとともに、地域の人々の公立図書館への関心の高まりによっても差異が生じた。団体内に設けられた図書館は、当然団体の経営に依拠するために活動にも限界があった。団体によっては積極的な運営もみられ、それは公・私立図書館への移行を可能にした。また、小学校同窓会は、図書館数が多かったわりに公立化したところは少なかったが、新宮町や松戸町のように、公立図書館の設立に影響を及ぼしたと思われる活動もみられた。また、既成の団体から、図書館設立を目的に別の団体を結成する動きがあったことは図書館運動の新たな展開を示唆するものでもあった（以上、第5章の第1節から第2節で検討）。

　有志が図書館づくりをするなかには、長い年月をかけて運動を継続した取り組みが多くみられた。半世紀以上にわたる運動を継続した地域もあったが、そのなかで大災害による被災を経て、運動を振り出しに戻さざるをえないという地域も少なくなかった。一方で長野県松本の開智書籍館は、開設時に公立化を活動の目的のひとつにあげていた。当初からそこまでの展望をもっていたわけではなかったが、開館後の早い段階で、図書館としての強固な基盤を形成していた。そのことが、そのあとの図書館を取り巻く状況の変化への対応を可能にし、結果的に公立図書館への移行を促進することになったと考えられる。

　書物の共同購入と共有ができても、それらをどうやって維持・管理するかは多くの人々を悩ませた。会費や寄付、図書の寄贈を呼びかけることで運営の維持を図った。市や町村などから補助を受けたところもあるが十分とはいえず、図書館が発展するにつれ、蔵書は増える一方であり、それに伴って会員数の減少、財源の確保、施設の維持などの課題が付いて回った。

おわりに　　221

これらを解決するためには公的な管理運営が求められ、公・私立図書館への移行や移譲といった策が講じられることは必然というべきだろうか。

　会員制図書館の困難さを十分に知りながら、2度にわたり、会員制図書館によって、自ら図書館運営を切り開く道を選んだのが岡田健蔵だった。岡田の図書館に対する考え方は何に由来するのか、彼の図書館思想の原点を検討してみた。地域の図書館づくりには、彼の地でどのような人たちが、どのように図書館づくりをしてきたのかを知る必要があり、そのうえに自らの新たな図書館を建てるという認識を得ることが岡田の思想の根本だったのではないか。では、岡田が見た図書館とはどのような図書館なのか。それは図書館運動としては継続されず、大火で蔵書を焼失し廃止された図書館ではなかったか。本篇ではこうした図書館は、廃止と不明を合わせると46.7％で、5割近くになることを指摘した。蔵書が失われ、運動が途絶えれば活動は停止する。それらは陽の目を見なかった活動ということになる。しかし、では、それだけで終わったのかというと、そうではなく、脆弱ではあっても運動のエネルギーは蓄積し継承される。あとに続く人が出現すれば、過去の運動を再生させ、それをあらたな運動へと高めることができるということではないか（以上、第5章の第3節で検討）。

　さて、私たちはここから何を学ぶことができるのだろうか。

　第1に、限られた図書館を例に検討したが、それでもこれといった会員制図書館がこの国にはなく、せいぜい自由民権結社くらいだというような誤解は解けるのではないか。かつては、この国の図書館に自主性を求めようとして得られなかったが、そうではなく、近代図書館への足がかりとして地域で仲間を作り、本や資金を集めておこなった図書館づくりがあり、それが現代の図書館の礎になっていることを確認することができたのではないか。

　第2に、会員制図書館は、長期間にわたって運営したところも多かったが、財政面で行き詰まり、ついには公・私立図書館へと移行した。それは会員制図書館の限界を意味していたが、必ずしも運営の失敗を意味するものではなかった。数人から数十人の有志が開始した運動は、多くの住民を巻き込んで地域に図書館設立の機運や読書運動に対する共感を呼び起こした。住民の図書館利用のニーズを高め、図書などの図書館資料を整備し、

場合によっては所有する施設の一切を市や町村などに寄贈したことは、公立図書館開設のための初期投資を、住民有志が準備したことになる。こうした活動を通して、住民が地域での図書館の公的な役割・機能を理解する機会をもたらしたという見方ができる。

　第3に、会員制図書館はいつでも、どこでも、誰にでも、どのようにでもできるということは周知のとおりだが、ただし仲間を集め、目指す方向を合意形成で定める手続きがいる。それが趣意書を作成した理由だが、それだけではない。その輪を広げ、強くすることで図書館を維持することができる。その過程で失敗しても、やり直しがきく。この方法は、過去に限ったものではなく、戦後も、現代にも可能な図書館づくりの方法のひとつとなる。地域に図書館がなく、それを必要だと思ったとき、また自治体に財政の危機が訪れたときに、住民は図書館を諦めるのではなく、自ら主体となって図書館づくりをしてきた。これらは現代の公立図書館の源流のひとつに数えていいのではないか。

　そして、最後にもう一つ記したい。ここには職業人としての図書館員は登場しない。彼らは、もともと図書館を利用したかったのであって、図書館に携わりたかったわけではない。したがって図書館員になっても、彼らは素人として図書館運営に従事したにすぎず、岡田健蔵のような人物を例外とすれば、とうてい専門家とはいえなかった。だからアマチュアということになる。とはいえ、そのアマチュアという言葉の語源には、愛する、好き、という意味があることを思うと、ここに登場する人たちは、必要に駆られて図書館に関わっただけではなく、その半面、好きこのんで図書館の世界に足を踏み入れたともいえるのではないか。彼らのそうした姿勢からみえたことがある。素人は専門家をしのぐことはできない。しかし、一方で、彼らはあるものを手にした。それは、好き、という感情を突き詰めた先に獲得した技量で、それは、自らが主体となって図書館の機能・役割を支える技術だ。それは困難な状況に陥ったときに、最もその力量を発揮する。

おわりに　　223

第5篇 日本におけるライブラリー・
ビューロー製の図書館用品
──三井文庫所蔵の三井物産資料を中心に
小黒浩司

はじめに

　ライブラリー・ビューロー（Library Bureau。以下、LB と略記）は1876年に設立された。この76年は、メルビル・デューイが十進分類法（Dewey Decimal Classification）を考案した年だが、米国図書館協会（American Library Association。以下、ALA と略記）が創立され、「ライブラリー・ジャーナル」（*Library Journal*）が創刊された年でもある。LB や ALA 設立の中心となったのも、デューイである。彼は、標準的な図書館用品の開発と普及を図書館発展の基盤に置いたのである。

　アメリカの図書館発展策は、日本を含む各国に強い影響を及ぼした。LB 製の図書館用品もまたしかりである。LB の1899年版カタログを見ると、国内5店舗のほかにロンドンやパリの国外店を記載している[1]。1909年版のカタログでは、国内22店舗のほかにカナダ（4店）、イギリス（5店）、フランス（1店）の国外店を記載している[2]。

　日本での LB 製品の一手販売権を獲得したのが三井物産である。両社の代理店契約は1924年（大正13年）から34年（昭和9年）のおよそ10年間だ（契約の締結や更新、解除の詳細は後述）。LB の図書館用品は、日本の図書館用品店の手本になり、LB に追い付き追い越すことを目標に各社が競いあった。

　アメリカのニューヨーク州ハーキマー郡歴史協会には LB 関係文書が所蔵され、これを駆使した LB 研究も存在するが、本篇では、三井文庫所蔵の三井物産関係資料を中心に、LB 製品が日本市場に登場し、消え去る過程をたどる。三井物産関係資料から LB 製品の販売動向を探り、この国の図書館用品事業の黎明期を検証する。

注

（1）"Classified illustrated catalog of the Library Department of Library Bureau : a handbook of fittings and supplies," HathiTrust Digital Library（https://

babel.hathitrust.org/cgi/pt?id=mdp.39015036858630&view=1up&seq=5）
［2019年9月7日アクセス］

(2) "Library catalog. A descriptive list with prices of the various articles of
furniture, equipment and supplies for libraries and museums furnished,"
HathiTrust Digital Library（https://babel.hathitrust.org/cgi/pt?id=nyp.334330
00398655&view=1up&seq=12）［2019年9月7日アクセス］

第1章　三井物産の経営の展開

　三井物産は近代期日本を代表する総合商社であり、三井財閥の中核企業だった。その創業は、偶然にも LB と同じ1876年（明治9年）である。競合他社（当時は「反対商」といっていた）を圧し、20世紀初頭には日本最大の商社になった。なお、最有力の反対商である三菱商事の設立は1918年である。

　三井物産と LB の関係は、三井物産を取り巻く経営環境やその経営戦略と密接に関わっていた。そこで本章では、先行研究に依拠しながら、LB との取り引きに関係がある部分に絞って、戦前期の三井物産の歴史を概述する。

　LB・三井物産の代理店契約は、先に記したように1924年から34年にかけての10年余りである。アメリカで LB との窓口になったのはニューヨーク支店だった。三井物産本店では、機械部（陳列所）が LB 製品の販売を担当した。

　三井物産は国内外に支店などの拠点をもち、取扱商品・地域の拡大に対応してその店舗網を拡充していった。LB との窓口になったニューヨーク支店は1879年に開設されたが82年に閉鎖され、96年に再開した。ニューヨーク支店の開設は生糸販売が大きな目的だったが、米綿や機械輸入などももくろんでいた。98年で三井物産全体の取扱高のうち、輸出・輸入ともに約20％、利益の10％をニューヨーク支店が占めていた。[1]

　ニューヨーク支店はそのあとも、三井物産の販売の中心的な地位を保ち続けた。1925年の三井物産の国内外総取扱高の16％、輸出では70％を占めている。35年になると国内外総取扱高の12％に、輸出では28％に減少しているが、これは恐慌や日本での国産奨励運動などが影響したものとみられる。[2]

三井物産の創業当初の主要取扱品目は米や綿花・綿糸だったが、この国の産業近代化に応じて取扱品目を増やしていった。そのなかで機械輸入は、三井物産全体としても、またニューヨーク支店にとっても主要な地位にあった。第1次世界大戦前、機械取扱高は三井物産総取扱高の6％から8％を占めた。機械取扱高の約90％が輸入であり、ニューヨーク支店は機械仕入れ店としての役割を担っていた。⁽³⁾

　機械輸入は紡績機が中心だったが、やはり三井物産の事業拡大に連動して次第に取扱品目を増やしていった。日清戦争後には鉄道用品の輸入が激増し、紡績機械と鉄道用品の商いが三井物産機械類商売の二大根幹になった。⁽⁴⁾

　機械取扱高の増大を受け、1907年（明治40年）7月、三井物産は機械部を新設し、それまで営業部で扱っていた機械・鉄道用品などの取り引きを統括するようになった。10年時点で、機械・鉄道用品の全国輸入高の58％を三井物産が扱っていた。⁽⁵⁾

　第1次世界大戦後の不況期でも、機械類は三井物産の重要取扱品のひとつだった。例えばLBとの代理店契約が成立した1924年上期で第5位、下期で第4位である。⁽⁶⁾　また、同年の日本の全輸入額の45％を三井物産による輸入が占めている。⁽⁷⁾

　商況悪化のなかで、三井物産は機械商売を発展させるためさまざまな対策を講じるが、そのひとつが取扱商品を展示する陳列所（ショールーム）の開設であった。その構想は1915年の支店長会議で、当時の機械部長・中丸一平が希望のひとつとして述べている⁽⁸⁾が、実現したのはその10年後の25年（大正14年）1月のことである。機械部陳列所の新設の目的を、鳥羽機械部長は次のように述べている。

　　機械部取扱商品中中小型電動機（略）打字機及事務所用什器類ノ如キハ其需要相当ノ高ニ上リ部商品トシテ必要ナルモノナレドモ在庫品ヲ有シ、小売ヲ為サヾレバ販売ノ能率ヲ発揮スルコト能ハザルニ依リ、是等商品ノ販売ニ当リ併セテ新規取扱品ヲ陳列シテ一般ニ紹介スル⁽⁹⁾

　第1次世界大戦後の不況を乗り切った三井物産は、1920年代半ば以降は

第1章　三井物産の経営の展開　　229

積極的な営業政策を展開した。その業容拡大を牽引したのが安川雄之助である。安川は「カミソリ安」と呼ばれ、24年には筆頭常務に就任して辣腕を振るう。

　安川は三井物産の製造部門への進出を主導し、1925年4月に三機工業、26年1月に東洋レーヨンを設立するなど、経営の拡充に努めた。三機工業は、空調・給排水・電気など建築付帯設備事業をおこなう、三井物産機械部を母体にした子会社である。

　1930年代初頭、三井物産は円相場の下落を好機として、業務の拡大に全力を挙げた。しかしそうした三井物産の積極政策は、財閥批判を招く。32年（昭和7年）3月5日、当時の三井財閥の最高指導者だった団琢磨が、三井本館前で暗殺された（血盟団事件）。団の後任の池田成彬は、持ち株公開、三井一族の引退など三井改革を進めた。三井物産も、財閥批判や国産品奨励といった事態に対応するため、代理店契約や取扱品目の見直しなど経営方向の転換を図り、34年1月に安川筆頭常務も退陣する。

　さて、本章の最後に三井物産・LB間でも結ばれた代理店契約について述べよう。

　三井物産ニューヨーク支店は機械・鉄道関係品の日本への輸出を伸ばすため、アメリカ企業の代理店の地位を確保し、口銭（手数料）を得ることに努めた。この代理店獲得はニューヨーク支店だけでなく、三井物産機械部全体の方針だった。1926年の三井物産支店長会議で、鳥羽機械部長は「機械商売発展策」として次のように述べている。

　　大体ヨリ云ヘバ機械部トシテ代理店獲得ニカヲ尽サゞルベカラザルハ
　　言ヲ俟タズ、之ヲ過去ニ徴スルモ代理店ヲ有スル商品ノ商売ト然ラザ
　　ルモノトヲ比較スルトキハ代理店ヲ有スル商品ノ商売有利ナルコト明
　　白ナリ、而シテ機械部ニ於テハ現在数十ノ代理製造家ヲ有シ、当社ノ
　　信用、資力ト多年ノ経験トニ依リ売約高ハ日本ニ於ケル同業者中第一
　　位ヲ占メ

　三井物産は他商社が不安定な経営を続けていた1920年代にも、安定した高収益を上げた。春日豊は三井物産が恐慌の打撃を軽減しえた理由の第

一に、一手販売権の存在をあげている。さらに春日は、三井物産の一手販売が30年下期末までに350件に達していたとする。また、山口和雄は24、25年の代理店商品の売上高が三井物産機械売約高全体の約60％に及んでいることを指摘している。[13]

しかし前述のように、1930年代の財閥批判や国産品奨励といった逆風のなかで、三井物産は経営の見直しに迫られる。30年3月、本店機械部は国内製造家の技術力の高度化や政府の国産奨励政策に対応するため、代理店契約に国産品取扱認可条項を挿入するよう、ニューヨークなど海外支部に指示した。33年6月には機械部から代理契約を整理すべき製造家としてアメリカ14件などが提示されたように、欧米製造家との契約解除が進行した。[14]

また三井物産は、政府の国産奨励政策に対応するため、欧米製造家との契約を解除し、同種製品製造の国内製造家との契約への切り替えを進めた。春日は三井物産が独自に製造権を購入し付した件数が85件程度と推定し、その半数が1928年から34年に集中していると述べている。三井物産は、欧米の技術を買収して、これを国内製造家に導入して国産化を推進した。そして国内製造家と提携して一手販売を獲得し、商権を維持することに努めた。[15]

注

(1) 上山和雄『北米における総合商社の活動——1896～1941年の三井物産』日本経済評論社、2005年、35ページ

(2) 同書123—124ページ

(3) 同書265ページ

(4) 栂井義雄『三井物産会社の経営史的研究——「元」三井物産会社の定着・発展・解散』東洋経済新報社、1974年、70ページ

(5) 山口和雄『近代日本の商品取引——三井物産を中心に』東洋書林、1998年、95ページ

(6) 同書209ページ

(7) 同書242ページ

(8) 三井物産株式会社文書課「第三回（大正四年）支店長会議議事録」、三井

第1章　三井物産の経営の展開　　231

物産著、三井文庫監修『三井物産支店長会議議事録』第9巻所収、丸善、2004年、84ページ

(9) 三井物産株式会社文書課「第九回（大正十五年）支店長会議議事録」、三井物産著、三井文庫監修『三井物産支店長会議議事録』第15巻所収、丸善、2004年、119ページ

(10) 前掲『北米における総合商社の活動』37ページ

(11) 前掲「第九回（大正十五年）支店長会議議事録」125ページ

(12) 春日豊『帝国日本と財閥商社——恐慌・戦争下の三井物産』名古屋大学出版会、2010年、30ページ

(13) 山口和雄『近代日本の商品取引——三井物産を中心に』東洋書林、1998年、243ページ

(14) 前掲『帝国日本と財閥商社』219—220ページ

(15) 同書222ページ

第2章　LBとの代理店契約の締結

　LB・三井物産間の代理店契約の契約書正本を、筆者の三井文庫調査では確認できなかった。しかし1934年5月の契約解除関連文書（契約解除の問題については第7章「代理店契約の解除」で後述）に写しが添付されていた（三井物産のニューヨーク支店代理店契約103番と解される印が捺してある）。これによれば、24年2月25日にLBのニューヨーク支配人と三井物産のニューヨーク支店長間で契約調印がなされている。

　また、LB・三井物産間の代理店契約の更新に関する文書（契約更新の問題は第4章「代理店契約の更新」で後述）に前述の契約書の訳文が添付されていた。東京・三井物産調製とみられる罫紙を使用していて、三井物産東京本店で翻訳したものとみられる。以下、本章では契約書についてこの訳文を使用する。なお、訳文の日付は時差の関係からか1924年2月26日になっている。

　契約は全6条からなっている。LBはその製品（Steel and wood Files and supplies）の「日本帝国並ニ其領土内」（the territory of Japan）での一手販売権を三井物産に委任すること（第1条）、三井物産がLB製品の販路拡大に努力し他社製品の販売をおこなわない（第4条）ことなどを取り決めている。

　川崎操はLBの鋼製積層書架の初期採用事例として、1919、20年頃の大阪毎日新聞社調査部をあげているが[1]、前述のようにLB・三井物産間の代理店契約は24年2月である。一方、三井物産機械部作成のカタログには、大阪毎日新聞社調査部内の積層書架の写真が掲載されている[2]。

　大阪毎日新聞社は、日本で最初にアール・ホー社（R. Hoe & Company）製の高速輪転機3台を導入した（稼働は1922年3月）。三井物産はアール・ホー社の総代理店であり、大阪毎日新聞社の最新鋭の輪転機も三

井物産が輸入を手がけた（同年12月、大阪朝日新聞社に4台）[3]。三井物産は、輪転機以外の調度品、例えば図書室のLB製鋼製書架の輸入もあわせて請け負ったと考えていいだろう。

　ここで三井物産は、LB製品が優秀だと知り、また書架など鋼製家具の日本市場での将来性に期待し、LBに代理店契約の締結を持ちかけたのだろう。一方LBも、日本という新たな市場の可能性を知った。LBの経営も岐路に直面していて（LBの経営問題については次章「LBの岐路」で後述）、双方の思惑が一致し、正式な代理店契約の締結に至ったと推定できる。

　ところで、1924年11月発行の間宮商店「図書館研究」第3巻には、LB製の鋼製カード容器や鋼製立体式容器などが掲載されている[4]。これは同年2月のLB・三井物産の代理店契約締結情報を、間宮商店が「図書館研究」第3巻発行時点で知らなかったためとみられる。代理店契約第1条によって、LB製品の一手販売権が三井物産に委任され、間宮商店だけでなく、ほかの用品店などもLB製品を扱うことができなくなった。

　LB・三井物産の代理店契約は、LBの知名度に三井物産の販売力が加わったことを意味するのであり、同業他社にとって少なからぬ脅威だったと思われる。品質や価格でLB製品に比肩しうる用品類を用意しないかぎり、この2社連合に市場を席巻されてしまう。三井物産・LBの代理店契約は、用品店間の過酷な競争の幕開けでもあった。

注

(1) 川崎操『書架考・書庫と湿気』（「芸艸会パンフレット」第2分冊）、芸艸会、1933年、8ページ、同「書架の変遷と近代書架」、図書館職員養成所同窓会編「図書館研究」第2号、図書館職員養成所同窓会、1955年、65ページ、「書架のしおり」第2集、小黒浩司編・解説『図書館用品カタログ集成 戦後編 第2巻』（「文圃文献類従」第54巻）所収、金沢文圃閣、2019年、48ページ

(2) 千代田区立千代田図書館所蔵一橋・駿河台図書館業務資料「世界的権威 ライブラリ・ビウロウ製 鋼鉄製書架」（https://www.library.chiyoda.tokyo.jp/files/findbook/gyoumushiryou/image_pdf/126-135.pdf）［2019年9月7日 アクセス］、『ライブラリ・ビウロウ鋼鉄製書架並ニ図書館用品各種』三井物

産株式会社機械部陳列所、2ページ（同志社大学図書館所蔵）（小黒浩司編・解題『図書館用品カタログ集成 戦前編 第1巻』〔「文圃文献類従」第54巻〕所収、金沢文圃閣、2016年、60ページ）

(3) 前掲『北米における総合商社の活動』276ページ

(4) 間宮不二雄編「カード容器ト立体式容器ノ話」（「図書館研究」第3巻）、間宮商店、1924年

第3章　LBの岐路

　LBのカタログ類をみると、その創業は1876年と記されている。しかし、LBが図書館用品類を製造・販売する企業としての態を整えたのはもう少しあとのことであり、その間経営の混乱が繰り返された。そうした混乱を引き起こした主因は「手に負えない改革者」デューイにあったようだ。彼は企業の経営者としての適性に欠けていた。[1]

　デューイのLB設立の目的は、標準的な図書館用品の開発と普及にあり、利益の追求は二の次三の次だったとみていい。"Bureau"という社名から、公社や外局のような位置づけと判断できる。デューイは、LBの社長・大株主として同社を支配したが、実際の運営はH・E・デビッドソンらに委ねていた。

　LBは図書館の発展という公共的な目的をもって設立され、図書館に良質の用品類を供給するために存在する。したがって多品目少量生産で、どうしても高価格となる。採算性が低くて利益が少ないというのは、資本主義の世の中では致命的な欠陥といえる。

　先に述べたように、LB創業から10年ほどの間、その経営は混乱が続いた。それでもLBが存立しえたのは、19世紀後半のアメリカが公共図書館の一大発展期にあり、とりわけアンドリュー・カーネギーの寄付によるカーネギー図書館建設の恩沢が大きかった。

　カーネギーは1886年から1919年の間に1,412市町村に1,679の建物を寄付した。1897年当時971館だった公共図書館は1923年に3,873館に増加したが、その増加分の2,902館の約57%にあたる1,665館が、カーネギーが寄付した図書館だった。[2]

　だが、図書館という「市場」が活性化すれば、他社との競合も避けられない。LBの経営陣も先行きに不安を覚えるようになったのだろう。LB

は図書館で培った技術をほかの分野に転用することで、経営の安定と発展を図ろうと考えた。官公庁や民間企業の世界で生産される事務文書類の整理のために目録カードとその容器を活用し、インデックス・カード・システムを作り上げた。

　3×5インチ（7.5センチ×12.5センチ）の標準カードを使って顧客情報などを管理するファイリング・システムは、図書館以外の企業などでも威力を発揮した。また3×5インチのカードでは記録面積が小さいことから、4×6インチのカードを作り、同様のファイリング・システムを開発した[3]。LBは、それらを収める容器類をホリゾンタル・ユニット（horizontal unit cabinets）と総称した。

　さらに1892年LBは、N・S・ローズノーと共同でフォルダーに書類を挟んで管理するバーチカル・ファイリング・システムを開発した（製品化は1900年）。バーチカル・ファイリング・システムは、図書館でのパンフレット類の整理でも使われるが、主に民間企業での文書管理に使われた[4]。それら容器類の総称がバーチカル・ユニット（vertical unit cabinets）である。

　LBは1888年の組織改編を契機に図書館用品の製造販売業から、文書管理という知識・情報を扱う企業への業態転換を加速させた[5]。1903年には社員向けのファイリング学校を、12年には索引・ファイリング部を設置している[6]。それはデューイとの溝を深めることでもあるが、企業の存続・発展のためには当然の選択ともいえる。LBは01年に組織を再編してデューイを「放出」する[7]。デューイは10年までに所有していたLB株をすべて売却し、LBの経営から離れる[8]。

　LBは、ファイリング・システム事業を軸とした経営の展開によって業績を大きく伸展させた。本篇冒頭で、1899年と1909年のLBの店舗数を示したが、この10年で国内外の店舗数が急増したことがわかる。しかしそれは、「情報」という新たな市場をめぐる熾烈な企業間競争に巻き込まれることでもあった。

　1925年、LBはランド・カーデックス社（Rand Kardex Company）に買収され、Rand Kardex Bureau, Inc. となった（以下、カ社と略記）。カ社はビジブル・カードを開発したJ・H・ランドらが設立した事務機器製造企

第3章　LBの岐路　　237

業で、関連企業の買収の一環として、LB を傘下に収めたのである。ちなみにカ社設立の前年の24年には、IBM（International Business Machines Corp.）が成立している。

　1927年、カ社はさらにレミントン・タイプライター社などを合併してレミントン・ランド社（Remington Rand Business Service Inc.）となった。[10]こうしてLBは、新たな市場の覇者を目指す巨大複合企業体（conglomerate）構築の波に飲み込まれ、事実上消滅したのである。

注

(1) ウェイン・A・ウィーガンド『手に負えない改革者——メルヴィル・デューイの生涯』川崎良孝／村上加代子訳、京都大学図書館情報学研究会、2004年、71—77ページ

(2) カーネギー寄付の図書館数については、文献によって異同があるが、ここでは川崎良孝『図書館の歴史——アメリカ編 増訂第2版』（〔「図書館員選書」第31巻〕、日本図書館協会、2003年、160—161ページ）を参照。

(3) Card and filing supplies, F. W. Wentworth, c1918, p. 64.

(4) 坂口貴弘『アーカイブズと文書管理——米国型記録管理システムの形成と日本』勉誠出版、2016年、34—50ページ

(5) 同書45ページ

(6) 同書85—90ページ

(7) 前掲『手におえない改革者』243—251ページ

(8) 同書250ページ

(9) ビジブル・カード・システムは、日本では当初平（並）列式カードと呼ばれ、官公庁や企業で各種台帳類に使用された。1929年（昭和4年）、日本事務器が国産化に成功、バイデキスという商品名で販売を開始している。

(10) 1950年、レミントン・ランド社は UNIVAC（アメリカ初の商用コンピューター）を買収するが、1955年にはスペリー社（Sperry Corporation）と合併してスペリー・ランド社になった。1978年にコンピューター部門以外を売却し、スペリー社に改称した（1976年に図書館用品事業廃止）。

第4章　代理店契約の更新

　LB・三井物産間の代理店契約は、契約書第6条で契約期間を2年としているが、同時に6カ月前に予告して解約を申し出ないかぎり、契約は「永久有効ニ存続ス」ともうたっている。長期継続的な取り引きを前提とした契約だったと考えていいだろう。

　ところが、前章のように1925年にLBはランド・カーデックス社に買収された。カ社はLBの事業内容などの再編を進め、そのなかで三井物産との代理店契約についても見直したとみられる。

　三井文庫には、1926年3月6日付の三井物産機械部陳列所発東京支部機械掛宛「Library Bureau-Agency ノ事」[1]という文書が残されている。遅くとも26年初頭に、カ社は三井物産に対して代理店契約の破棄も含めた強硬姿勢を示したようだ。これに対して三井物産は、硬軟織り交ぜながら交渉した。

　三井物産からすると、せっかく結んだ契約を2年足らずで終わりにするのは惜しい。図書館などへの売り込みが進展中なので契約を継続したい、というのが本音だった。「Library Bureau-Agency ノ事」では、「目下引合中ノ主ナルモノ」として次の7件をあげている。三井物産の強力な営業力で、LB製品が震災復興中の図書館や官公庁、企業に順調に浸透していたことがわかる。

　　(1) 東京帝国大学図書館書庫ノ Book stack
　　(2) 同図書館用カード箱、其他各種用品
　　(3) 右大学法科文科各研究室内図書室用品
　　(4) 東京朝日新聞社新築社屋書庫内設備
　　(5) 鉄道省経理局統計カード整理箱増設（既注文72個）

（6）宮内省図書寮 Book Stack 及 furniture
（7）不動貯蓄銀行書類及カード整理箱[(2)]

　一方、1926年7月22日付本店機械部総務掛発紐育機械支部宛「代理店契約ノ事」では、陳列所の意見として「L.B. 製品ハ品質優良ナレドモ価格高キ点ニ於テ従来屡売込困難ヲ感ジタリ Art Metal ハ（略）価格安キ模様」としていて、LB 製品の難点として高価格であることを指摘し、LB との契約継続に強くこだわっていない。こうした社内意見をふまえ、ニューヨーク支店はカ社の出方によっては、LB から他社へのくら替えも辞さないという姿勢で、同社との交渉に臨んだと推定できる。

　ここで三井物産側が LB に替わる製品としてあげた Art Metal 社製品との価格差がどの程度なのかを、間宮商店の価格表（1924年10月改正）で確かめてみたい。[(3)] 書簡型引き出し数4のバーチカル・ファイル容器（錠なし）で、LB 製235円に対し、同社製160円である。品質の差もあるかもしれないが、LB 製品があまりに高価格であることは確かで、三井物産側の強気の姿勢も当然といえる。

　カ社は予想外の三井物産の厳しい態度にたじろぎ、前掲「代理店契約ノ事」によれば、「大分強硬デアツタ Kardex ノ鼻柱ハ折レテ L.B. 代理店契約ノ事ハ当分不問」（東京機械掛意見）[(4)] となった。代理店契約は継続されることになり、1926年11月3日付で契約が更新された。

　しかもこの契約更新にあたり三井物産は、契約書第1条の文言を次のように改め、自社優位に契約を改めることに成功した。[(5)]

　先に述べたように、1924年2月締結の代理店契約第1条では、LB はその製品の「日本帝国並ニ其領土内」（the territory of Japan）での一手販売権を三井物産に委任することが定められていた。これに対し新契約では、販売権の区域について「旧契約ニ於テハ単ニ Japan トアリシヲ新契約ニ於テハ Japan, Korea and South Manchuria トシタリ」とし、日本の版図に朝鮮や南満洲も含まれ、それらにも三井物産の販売権が及ぶことを明確化した。さらに本店機械部総務掛は「台湾ハ含マルルモ樺太ハ含マレザルモノト解セラルルモ製造家ノ意嚮確メ方紐育支部へ依頼シタリ」と、樺太が含まれているかが明らかでないとして、ニューヨーク支店を通じて LB に

確認している。[6]

　その結果、1926年12月30日付機械部総務掛発各機械支部、代務店、派出員宛「Library Bureau 代理店契約更新ノコト」で、LB が「Japan ニハ本土ハ勿論台湾及樺太モ包含スルモノト了解スル旨ノ文書ニ依ル回答書ヲ寄越」したとして、11月3日付契約書を "Japan, including Formosa, Korea and Saghalien, and South Manchuria" に訂正するよう通知した。[7]

　この再契約の過程から、三井物産がカ社による LB 買収という事態を、抜け目のない交渉術で乗り切ったことがわかる。また三井物産の事業が、日本帝国主義と密接に関連していて、LB 製品も例外ではなかったことが理解できる。

　もっともこの契約更新によって、LB 製品が高価格であるという難点が解消されたわけではない。やがてこれが大きな足かせとなって LB 製品は競争力を失い、日本市場からの撤退に追い込まれる。

注

(1) 1926年3月6日付三井物産株式会社機械部陳列所発東京支部機械掛宛「Library Bureau - Agency ノ事」
(2) 同資料
(3) 前掲「図書館研究」第3巻。なお、三菱重工業株式会社社史編纂室編『三菱重工業株式会社史』（三菱重工業、1956年）によれば、1923年6月に同社長崎造船所がアートメタル製品の製作を開始した（604―605、762ページ）。また三菱商事株式会社編『三菱商事社史』（上・下 資料編、三菱商事、1986―87年）によれば、1924年5月にアートメタル製造会社を三菱商事と三菱造船が共同で設立、三菱造船と同社製アートメタルなどの一手取扱契約を締結している（上巻223ページ、資料編192ページ）。
(4) 1926年7月22日付本店機械部総務掛発紐育機械支部宛「代理店契約ノ事」
(5) 1926年11月3日付「AGREEMENT」
(6) 1926年12月10日付本店機械部総務掛発各機械支部、代務店、派出員宛「代理店契約更新ノ事」
(7) 1926年12月30日付機械部総務掛発各機械支部、代務店、派出員宛「Library Bureau 代理店契約更新ノコト」《Library Bureau Division of

Kardex International, Ltd, Inc. 契約書写》

第5章　三井物産取扱のLB品目

　三井文庫調査の筆者の主な目的は、この国のどこの図書館でどのような
LB製品が導入されたかの解明である。しかし、次の2点の文書が残って
いるだけで、残念ながら詳細なことはわからなかった。

　まず前掲の「Library Bureau-Agency ノ事」中の「目下引合中ノ主ナル
モノ」で、東京帝国大学図書館など7機関の名があげられている。[1]だがこ
れはあくまでも「引合中」であり、商談が成立したかどうかは不明である。
また、具体的な品名も明らかではない。

　もう1点は、1930年4月4日付本店機械部総務掛発紐育機械支部宛「代理
製造家商況報告」で、陳列所取扱の29年11月―30年1月のLB製品の売り
上げ報告である。[2]短期間の報告ではあるが、日本でのLB製品の販売傾向
がわかる貴重な資料だと思われる。そこでこの売り上げ報告を下表にまと
めた。

　ここでまず、LB製品中カタログ番号8050から81505のバーチカル・ユ
ニット類が全体の77％と、売り上げの中心を占めていることが特色とし
て指摘できる（4段の書簡型キャビネット No.8050だけで55％）。[3]最下行の
「Filling Supplies」の大半も、ガイドやフォルダーなどの関連商品とみら
れ、これを加えると80％弱がバーチカル・ファイリング・システム関係
になる。

　前述のようにLBの鋼製ファイリング・キャビネットについては、間宮
商店の「図書館研究」第3巻に「立体式容器」[4]の名で掲載され、これを用
いた整理法についても述べられている。また、今沢慈海の『図書館経営の
理論及実際』[5]では「直立式パンフレット容器」の名で載っている。しかし、
1929年頃の図書館界でこうしたキャビネットを活用しているところはご
くわずかだったと思われる。

表1　1929年11月—30年1月のLB製品の売り上げ報告

Cat. No.			価格	
8050	Steel vertical unit cabinets	4-drawer correspondence	15,169.25	96
8040	Steel vertical unit Commercial Standard	4-drawer correspondence	380.00	3
8250	Steel vertical unit cabinets	4-drawer legal cap	3,283.60	17
8240	Steel vertical unit Commercial Standard	4-drawer legal	731.00	5
8260	Steel vertical unit Commercial Standard	3-drawer legal cap	325.80	2
81505	Steel vertical unit cabinets	10 four-row drawers for half-size index cards	1,224.00	4
90706	Tops and bases for steel horizontal unit cabinets	Top or cornice for 25 3/4 in. depth unit	20.00	1
90716	Tops and bases for steel horizontal unit cabinets	Top or cornice for 18 in. depth unit	183.60	8
90826	Tops and bases for steel horizontal unit cabinets	High leg base, 25 3/4 in. depth	30.00	1
90836	Tops and bases for steel horizontal unit cabinets	High leg base, 18 in. depth	342.70	8
93615	Steel horizontal unit cabinets	15 trays for 3x5 cards	1,664.80	11
9365	Steel horizontal unit cabinets	5 trays for 3x5 cards	840.00	12
9963	Steel horizontal unit cabinets	High bookcase, sliding glass doors, 2 adjustable shelves	100.00	1
97618	Steel horizontal unit cabinets	18-drawer flat legal blank	110.00	1

Cat. No.			価格	
9867	Steel horizontal unit cabinets	Ledge or filler	20.00	1
9765	Steel horizontal unit cabinets	4-drawer plan	120.00	1
2452	Steel card index tray cabinets	For 3x5 cards	70.00	2
2456	Steel card index tray cabinets	For 4x6 cards	50.00	1
7101			1,534.76	11
7103			72.00	1
7105			170.40	2
7107			210.90	4
	Bookstock		152.00	
	Filling Supplies.		650.00	
			27,454.81	

（出典：1930年4月4日付本店機械部総務掛発紐育機械支部宛「代理製造家商況報告」、《Library Bureau Division of Kardex International, Ltd, Inc. 契約書写》［三井物産2367―25］）

その一方で、一部の官公庁、民間企業では文書管理の重要性が認識されるようになり、バーチカル・ファイリング・システムの導入が、徐々に進み始めていた。わずか3カ月でおよそ100台というLB製ファイリング・キャビネットの販売実績が、これを裏づけている。

日本経済の発展に伴い、商用書類の整理や保管に対する関心も高まっていた。それは関係図書の出版にも表れている。1926年に三井物産社員の川口輝武が『書類整理法大意』（マネジメント社）を刊行したのを皮切りに、[6] 20—30年代に相次いでバーチカル・ファイリング・システムを紹介した図書が刊行されている。[7]

さて、バーチカル・ユニット類に次ぐ売れ行きを示しているのが、ホリゾンタル・ユニット類で、全体の13%を占めている。積重式のため数量がよくわからないが、頭部（No.90706、90716）・脚部（No.90826、90836）の数から、計9セットとみられる。No.93615（引き出し数15）と9365（引き出し数5）は3×5インチの標準カード用の目録カード容器であり、図書館向けとみられる。しかし第3章で述べたように、LBは3×5インチカードを用いた各種インデックス・カードを製造・販売していて、民間企業などに納品されたのかもしれない。またNo.2456は4×6インチカード用であり、こちらは明らかに図書館ではなく民間企業など向けだろう。[8]

No.7101—7107は、売り上げ全体の7%を占めている。この文書では品名欄に品名が記載されていないが、保管庫類（Steel Storage Cabinets）であり、三井物産のカタログでは「置戸棚」と記されている。[9] 今日でいう両開き書庫である。やはり官公庁や民間企業で文書類の保存に利用されたとみられる。

下から2行目の"Bookstock"は、片面・両面書架、棚板などの鋼製書架と付属品類の総称とみられるが、それでも全体のわずか1%であり、残り99%がファイリング用品類である。日本でもアメリカと同様に、LBを支えていたのは図書館ではなく民間企業であり、図書館用品ではなくファイリング用品であった。

また、先に3×5インチカード容器が民間企業などでのインデックス・カード・システム用に使われたかもしれないと述べたが、鋼製書架類も民間企業での文書保管用に使われた可能性がある。この時期の日本ではまだ

図書館は発展途上であり、LB の図書館用品を使いこなす段階に達していなかったことも側面として指摘できるだろう。

注

(1) 前掲1926年3月6日付三井物産株式会社機械部陳列所発東京支部機械掛宛「Library Bureau - Agency ノ事」

(2) 1930年4月4日付本店機械部総務掛発紐育機械支部宛「代理製造家商況報告」《Library Bureau Division of Kardex International, Ltd, Inc. 契約書写》（三井物産2367—25）

(3) "Steel card and filing cabinets," HathiTrust Digital Library（https://babel.hathitrust.org/cgi/pt?id=nnc1.cu55885888&view=1up&seq=65）［2019年9月7日アクセス］

(4) 前掲「図書館研究」第3巻

(5) 今沢慈海『図書館経営の理論及実際』叢文閣、1926年、140—141ページ

(6) 川口は1919年に三井物産入社。機械部陳列所に属し LB の担当だった。本篇で用いた三井文庫所蔵資料のうち、陳列所発の次の文書には「川口」印が捺されていて、彼が LB 製品販売の実務から契約問題まで幅広く取り仕切っていたことがわかる。川口の文書管理に関する知見は、この過程で得られたものだろう（福永弘之「川口輝武の文書管理」、記録管理学会「レコード・マネジメント――記録管理学会誌」第25号、記録管理学会、1995年、1—8ページ）。前掲1926年3月6日付東京支部機械掛宛「Library Bureau-Agency ノ事」、1928年5月22日付紐育機械支部宛「Library Bureau-Steel furnitures ノ事」、1931年12月9日付紐育機械支部宛「ライブラリ・ビウロウ製品商内ノ事」、1933年10月13日付機械部総務掛宛「ライブラリ・ビウロウ製品一手販売契約ノ事」

(7) 筆者が確認した範囲では、1920—30年代に出版され、バーチカル・ファイリング・システムなどを紹介している図書は次のとおり。川口輝武『書類整理法大意』マネジメント社、1926年、同『書類整理の研究』マネジメント社調査部、1931年、淵時智『文書整理法の理論と実際』同文舘出版、1932年、上野陽一『事務必携』同文舘出版、1934年、向井梅次『商業通論新講』森山書店、1935年

(8) 前掲 Steel card and filing cabinets

（9）同志社大学リポジトリ「三井物産販売事務用品 三井物産株式会社機械
部［事務用品カタログ］」（https://doors.doshisha.ac.jp/duar/repository/
ir/22047/?lang=0&mode=0&opkey=R155090888625823&idx=4&chk_
schema=60000&cate_schema=60000）［2019年9月7日アクセス］、同志社大
学リポジトリ「三井ノ事務用品 三井物産株式会社機械部陳列所［事務用
品カタログ］」（https://doors.doshisha.ac.jp/duar/repository/ir/22049/?lang=
0&mode=0&opkey=R155090888625823&idx=6&chk_schema=60000&cate_
schema=60000）［2019年9月7日アクセス］

第6章　幻の「日本ライブラリー・ビューロー」

　先に1926年の三井物産支店長会議での、鳥羽機械部長の「機械商売発展策」を引いたが、鳥羽は続けて近年政府の国産奨励政策によって「口銭取リノ代理店商売ハ困難ヲ見ルニ至」ったという現状認識を示す。そして「三菱商事ノ如キ傍系ノ製造工場ヲ有スルモノ又ハ住友、古河、川崎、久原ノ如ク製造家ニシテ自己製品ノ販売ニ従事スルモノ多キヲ加ヘ来ルヲ以テ当社今後ノ商売モ意ヲ安ンズル能ハズ」とし、機械部商売の発展のために次のような対策を提起する。

> 当社其製品ヲ「コントロール」シ得ベキ強キ関係アル工場ヲ有スルコト、又ハ優良ナルモノヲ製出スル製造家ニシテ金融ニ苦ミ居ル者アレバ之ニ投資スルヲ一策トシ、其他海外ニ於ケルー流製造家製品ノ製作権ヲ買収スルコト、並外国一流製造家ト共同出資ニ依リ内地ニ工場ヲ新設シ其販売権ヲ当社ノ手ニ収ムルコト亦対策ノーナルベシ[1]

　三井物産が期待したほどLB製品は売れなかったようだ。1928年5月22日付「Library Bureau-Steel furnitures ノ事」で、販売担当の機械部陳列所はLB製品販売不振の理由として次の3点をあげている。

（1）感触及ビ値段ノ点ニ於テ木製品ヲ固守スル向非常ニ多ク
（2）垂直式書類整理ノ方法ガ未ダ一般化セズ
（3）LB製品ノ品質ト値段ノ点[2]

　日本では豊富な森林資源を生かして、古くから木材加工技術が発達していた。木製の目録カード容器やファイリング・キャビネットであれば、船

だんすや帳場だんすの製造技術を転用することで容易に良質で安価な製品を作り出すことができる。しかし関東大震災を大きな契機として、耐久性や耐火性の面から鋼製品が注目された。

そこで陳列所は、販売不振の「唯一ノ打開策」として、LBと東京建鉄の子会社である大東工業との次のような業務提携を提案する。

大東工業会社（旧名東京鋼鉄家具製作所）ヲLBト提携セシメ製品ノ改善ヲナサシメテ日本製エルビー商品ヲ市場ニ供給スルノ件ニ有之コレヲ措イテハ他ニ最善ノ方法ナシト存候[3]

また、提携不可の場合次のような代案を示している。

1、Knocked down ノ filing cabinet ニ主力ヲ注ギソノ販路ヲ拡ムル事
2、Storage cabinet ヲ宣伝スル事
3、Library bookstack 及 card case ノ販売ニ専心スル事[4]

"Knocked down"とは、部品を現地で組み立てる生産方式である。輸送コストの低減、高賃金のアメリカでの組み立て回避などによって、低価格化を図ろうとしたのだろう。三井物産にとって、LB製品の高値が販売の妨げになっていた。

さて、東京建鉄は1920年に田島壱号が設立した、サッシやシャッターといった鋼製建具製造の先駆的企業である。24年、東京建鉄は大規模な増資をおこない、鋼製家具製造の東京鋼製家具製作所などを立ち上げる。この東京鋼製家具製作所を28年に株式会社化して生まれたのが大東工業である。ところが東京建鉄は拡大路線が裏目に出て経営危機に陥り、27年に三井物産に支援を求めた。三井物産は子会社の三機工業と東京建鉄との間で総代理店契約を結び、東京建鉄の経営再建を支援する。[5]

三機工業は前述のように1925年に三井物産機械部から独立創業した、建築付帯工事とその資材販売を事業とする企業である。三井物産のLB・大東工業業務提携提案は、LB製品の価格を下げて図書館などでの購買意

欲を増加させることを一つの目的としていたが、LB の保持する鋼製用品製造技術を大東工業に移転し、これによって自らの子会社である三機工業の経営基盤を強化することを、もう一つの目的としていた。

LB・大東工業提携話は、東京建鉄・三機工業の提携交渉と並行して進展したとみられる（正式の総代理店契約締結は1927年3月）。三井文庫で確認できた LB・大東工業提携に関わる文書は、先に掲げた1928年5月22日付「Library Bureau-Steel furnitures ノ事」と、同年7月31日付機械部紐育支部発本店機械部総務宛文書の2点だが、この2点の文書の内容を総合すると、少なくとも27年の秋までには三井物産本店で LB・大東工業提携案がまとまっていた。

1927年10月18日、本店機械部はニューヨーク支部に宛てて、LB と大東工業の提携を提案、ニューヨーク支部はこの提案を LB に打診した。しかし LB 側はこれを断り、ニューヨーク支部はこの返答を11月25日に本店に送った。これに対して三井物産本店は何らかの再提案をおこなったようで、2月17日付で LB からニューヨーク機械支部に書状が届いた。前述の5月22日付「Library Bureau-Steel furnitures ノ事」は、この2月17日付 LB 書状に対する本店からニューヨーク機械支部に宛てた文書である。

結局この提携話は、立ち消えになった。これは7月31日付の文書で、本店の提案が「当方事情ガ少シモ陳列所ニ通ジ居ラヌ様存ゼラレ当方甚ダ心外ニ存」と、ニューヨーク支部から手厳しく批判されたことがひとつの理由だろう。[6]さらに、東京建鉄・三機工業間の業務提携が見直され、1929年6月、業務提携が解除されたことが大きいと考えることができる。

三井物産の支援が打ち切られた東京建鉄は、そのあと自力での再建を試みるが力尽き、1931年12月東京地裁に強制和議を申し立てて事実上倒産する。東京建鉄は整理会社となり、三菱商事の支援を得て日本建鉄が設立される（1935年4月から日本建鉄工業）。大東工業も連鎖して経営破綻するが、三菱の支援は得られなかったようで、杉浦重平らが事業を引き継ぎ、32年7月に東京鋼鉄家具となった。[7]

それでは、なぜ LB は三井物産の提案を受け入れず、大東工業と提携して日本での鋼製用品製造に踏み切らなかったのだろうか。

まず、日本への製造技術の流出を警戒したことがあげられる。第3章で

第 6 章　幻の「日本ライブラリー・ビューロー」　251

述べたように、すでに LB 製品はアメリカ内でも高価格のため競争力を失いつつあった。日本で安く高品質の鋼製用品が製造されアメリカに逆流することになれば、LB はますます窮地に追い込まれると考えたのだろう。

またそのために LB は、ファイリング・キャビネットの製造のようなハードウエアからファイリング学校の経営やファイリング・システムの構築のようなソフトウエアへと業態転換を図ろうとしていた（結果的には、カ社に買収されてしまうが）。その点でも、三井物産の提案は魅力的ではなかったのだろう。

LB・大東工業間で業務提携が成立し、合弁会社を設立することになった場合、LB の知名度を考えれば、社名は「日本ライブラリー・ビューロー」になったかもしれない。しかしそれは幻に終わった。この提携の不調は販売不振の「唯一ノ打開策」が実現できなかったことを意味し、LB の日本市場からの退場の起点になったといえるだろう。

注

（1）前掲「第九回（大正十五年）支店長会議議事録」125―126ページ
（2）前掲1928年5月22日付三井物産株式会社機械部陳列所発紐育機械支部宛
　　「Library Bureau-Steel furnitures ノ事」
（3）同文書
（4）同文書
（5）東京建鉄の歴史や三井物産との提携などについては、小黒浩司「鋼製用
　　品の時代」（『図書館用品カタログ集成 戦前編 第2巻』〔「文圃文献類従」
　　第54巻〕所収、金沢文圃閣、2016年、191―202ページ）を参照。
（6）1928年7月31日付機械部紐育支部発本店機械部総務掛宛文書（三井物産
　　2367―4）
（7）東京建鉄のそのあとや東京鋼鉄家具などについても、前掲「鋼製用品の
　　時代」194―202、204―210ページを参照。

第7章　代理店契約の解除

　三井物産からすれば、LB・大東工業提携案は、日本でのLB製品失地
回復のための唯一の策であった。しかしそれをLBが首肯しなかったのだ
から、三井物産のLB製品販売に対する意欲は減退して当然である。加え
て1929年10月のニューヨーク株式市場大暴落を契機とする世界恐慌、こ
れが発端のひとつになった昭和恐慌によって日本経済は深刻な不況に陥り、
LB製品の売り上げも31年上期に急減した。

　LBは三井物産に対して（おそらくはニューヨーク支店を介して1931年後半
に）、1931年上期同社製品売り上げ急減の説明を求めた。この問い合わせ
に応じて陳列所は、31年12月9日に「ライブラリ・ビウロウ製品商内ノ
事」[1]と題する文書をニューヨーク支店に送り、同支店はこの文書に基づい
てLB側に説明したと推定される。

　この文書で三井物産は、LB製品売り上げ急落の原因を次のようにまと
めている。

　　①世界的不況
　　②日本ノ鋼鉄家具製造家ノ技術ガ茲一、二年来長足ノ進歩ヲ来シタル
　　　事
　　③政府ノ唱導ニ係ル国産奨励ノ声[2]

　そのあと日本の景気は、満州事変（1931年9月）以降の軍事拡張や円安
などによって急速に回復するが、LB製品の販売不振は続いた。LBは三
井物産ニューヨーク支店に対し、1933年8月26日、続けて9月5日に、同社
製品売り上げ低迷の事情や今後の対応などについてただしたようだ。この
ことは三井物産本店に伝達され、10月13日、機械部陳列所は機械部総務

掛に対して「ライブラリ・ビウロウ製品一手販売契約ノ事[(3)]」と題する文書を提出した。

　この文書で陳列所は、日本での LB 製品の売れ行きが「殆ド昔日ノ俤ナク更ニ業界ノ前途ヲ見ルトキハ当社トシテ今後同製品ノ一手販売者トシテ充分其責務ヲ果ス事困難ナルヤニ被存候」と、その販売不振が深刻であり、将来についてもきわめて悲観的な見通しであることを示している。そのうえで LB・三井物産間の代理店契約を「此際右契約ノ更改又ハ解除ニツキ製造家ト御交渉相願度」と、契約の全面見直しもしくは契約解除の交渉を提案している。この場合の契約の見直しとは、前述の国産品取扱認可条項の挿入だろう。

　また陳列所は、LB 製品の販売が著しく低減した理由を以下の4つにまとめている。

　①政府ノ徹底的国産奨励政策ト官庁購買品ノ国産厳守。
　　御承知ノ通リ日本ニ於ケル商内ノ大得意先ハ官庁ニ候処右方針ノ下ニ輸入品ハ特別ノ理由ナキ限リ殆ド採用サレズ、而シテ此ノ傾向ハ更ニ民間ノ会社、銀行ニモ及ビ輸入品ノ販路ハ著シク制限セラレ候。
　②円貨ノ暴落。
　　為替相場極メテ不利ニシテ数年前ニ比シ原価二倍以上ニ暴騰シタルニ一方購買力ハ向上セズ全ク輸入品ノ使用ハ不可能ト相成候。
　③国産品ノ安値。
　　国産品ノ値段ハ輸入品トノ比較上ノミナラズ同業者間ノ激烈ナル競争ノ結果極度ノ底値迄低下シ平均輸入品ノ三分ノ一位ト相成居候　加之国産品ハ買手ノ予算ニ応ジ如何様ニモ品質、構造ヲ按配シテ安値提供出来ル強味アリテ標準型専門ノ輸入品ニハ不利ト相成候。
　④国産品ノ品質向上。
　　政府ノ奨励ト年来ノ経験トニヨリ国産品ノ品質ハ年々長足ノ進歩ヲ示シ現在大多数ノ品種ハ全ク輸入品ニ頼ル必要ヲ見ズ、其結果輸入品取扱者トシテハ宣伝上強調スベキ口実ヲ失ヒタル次第ニ候[(4)]。

　さらに陳列所は、前述の1931年12月9日付「ライブラリ・ビウロウ製品

商内ノ事」をあげて、LB には日本での同社製品の現状を伝えている、しかし LB は為替相場（円安）だけに原因を求め、その現状を正しく認識していない、と LB に厳しい。そして鋼製家具類の市場は確実に拡大していて、三井物産としては市場占有率を確保し拡充するため、「此際 LB トノ関係ヲ更改シ場合ニヨリテハ内地製品ヲモ取扱ヒ得ル除外例ヲ設クルカ又ハ全然契約ヲ解除シ自由ノ立場トナリテ内地製造家ノ一ト提携スルカ何レカ一ツヲ採リ度ク」と、国産鋼製用品類の販売と LB との関係の全面的な見直しを再度提起する。

三井物産本店は、陳列所の前述の提案を支持して、ニューヨーク支店に契約解除もやむをえないという方針での LB との交渉を指示したとみられる。LB 側も三井物産の契約更新提案を受け入れず、両社の交渉は1933年末頃には決裂し、代理店契約は解除されることになった。

正式な代理店契約の解除は、1934年（昭和9年）5月31日付本店機械部総務掛発三井物産各支店宛「Kardex International Ltd.-Library Bureau Division トノ代理契約解除ノ事」という文書が残っていることから、同年5月末日とみられる。同文書では「近年国産類似品ノ出現ト其異常ナル発展ニ押サレ（略）折角築キシ此種商品ノ地盤モ壊滅ノ外無ク」と述べ、LB 製品が日本国内でまったく競争力を失ったことを認め、備え付け台帳からの削除を求めている（アメリカ第35号が LB の台帳番号のようだ）。

注

(1) 1931年12月9日付三井物産株式会社機械部陳列所発紐育機械支部宛「ライブラリ・ビウロウ製品商内ノ事」
(2) 同資料
(3) 前掲1933年10月13日付機械部陳列所発機械部総務掛宛「ライブラリ・ビウロウ製品一手販売契約ノ事」《Library Bureau Division of Kardex International, Ltd, Inc. 契約書写》（三井物産2367―25）
(4) 同文書
(5) 同文書
(6) 1934年5月31日付本店機械部総務掛発三井物産各支店等宛「Kardex International Ltd.-Library Bureau Division トノ代理契約解除ノ事」《Library

Bureau 契約書写》（三井物産2367―1）

第8章　日本鋼鉄家具との関係

　LB にとって、三井物産との代理店契約解除は日本とその植民地への販路を失うことを意味し、痛手だっただろう。そのカ社内での地位がますます低下することは免れない。

　片や三井物産側からすると、LB と同等・同質の鋼製用品製造業者が国内に存在し、その一手販売権が獲得できれば、LB との契約解除は特に影響はない。安価で良質な国産鋼製用品の安定的な確保の見込みが立てば、強いて LB との関係を保つ必要はなくなる。三井物産は自社利益を最優先し、LB との関係を冷静に見切ったといえるだろう。

　1933年1月、日本鋼鉄家具が設立された。同社は田嶋恩とその兄弟らが取締役を務めていて、日本ファイリングの前身会社のひとつである。[1]

　日本鋼鉄家具は、三井物産とその傘下の三機工業の支援を得て設立されたとみられる。1933年刊行の『和漢洋図書分類表』[2]や36年刊行の『図書の整理と運用の研究』[3]に掲載していた広告を見ると、同社は貴族院・衆議院両図書館の書架や帝国図書館カードケースを受注している。これは同社の鋼製用品が、品質や価格の面で他社製品に比べて優れていたことを示すが、同時に三井物産の強力な販売力あってのことと思われる。

　三井文庫所蔵の三井物産資料では、三井物産と日本鋼鉄家具の提携関係などに関する文書は確認できなかった。しかし、次の2種類の文書が残っていた。

　まず、1935年6月19日付日本鋼鉄家具発三井物産機械部長・浅田美之助宛「弊社商内発展ノ為新京ニ弊社駐在員ヲ設置スル事」[4]である。この文書では、「満州国」内で鋼製家具の需要拡大が期待されることから、日本鋼鉄家具の社員1人を新京に駐在させるので「同員ヲ精々御利用被下貴社経由引合増進出来候様御配慮ノ程願上候」と述べ、日本鋼鉄家具の「満州

国」進出への援助を要請している。

　次に、この日本鋼鉄家具からの申し出に対する、同年10月18日付三井物産機械部副部長名での日本鋼鉄家具常務取締役・田島恩宛「貴社駐在員ヲ新京ニ設置ノ事」である。この文書で三井物産は、先の日本鋼鉄家具発文書に「折角御期待ニ副フ為メ御協力可申様手配可仕候」と返信している。「満州国」での日本鋼鉄家具製品の販売に三井物産が協力する前提として、内地での同様の提携関係が存在していたと考えるのが妥当だろう。三井物産は「LB後」の鋼製用品類の売り込みをも考えたうえで、契約を解除したようだ。三井物産のしたたかな商法を感じる。

注

（1）日本鋼鉄家具の成立事情などについても、前掲「鋼製用品の時代」210
　　　―218ページを参照されたい。
（2）千葉県図書館協会編『和漢洋図書分類表――附・索引』宝文堂書店、
　　　1933年
（3）毛利宮彦『図書の整理と運用の研究』（図書館事業研究会叢書）、図書館
　　　事業研究会、1936年
（4）1935年6月19日付日本鋼鉄家具株式会社発三井物産株式会社機械部長浅
　　　田美之助宛「弊社商内発展ノ為新京ニ弊社駐在員ヲ設置スル事」《日本鋼
　　　鉄株式会社契約関係書類》（三井物産2367―47）
（5）1935年10月18日付三井物産株式会社機械部副部長発日本鋼鉄家具株式会
　　　社常務取締役田島恩宛「貴社駐在員ヲ新京ニ設置ノ事」《日本鋼鉄株式会
　　　社契約関係書類》（三井物産2367―47）

おわりに

　三井物産陳列所が作成したカタログでは、LB 製鋼鉄製書架を「世界的権威」と銘打っている。また別のカタログでは、次のように LB とその図書館用品を称賛している。

> 　米国ライブラリ・ビウロウ（Library Bureau）が図書館用品の製造家として米本国より全世界にその名声を馳せて居る事は既に皆様の御承知の事と存じます。其製品が多年の研究と経験とに基き堅牢且つ優雅なるを旨として微細の点に至る迄実によく行届いた注意を払つてある事は一度本品を御使用になつた方々の均しく御賞賛下さる処で御座います。

　日本の図書館関係者にとって LB 製図書館用品は垂涎の的であり、評価も高かった。しかし LB・三井物産の代理店契約は1924年から34年にかけてのわずか10年余りで終わり、LB は日本市場から撤退する。
　そこには円相場の変動や政府の国産品奨励策、三井物産の経営方針の転換などさまざまな事情が存在するが、国内企業の技術の目覚ましい進歩によって、1930年代初頭には、LB 製に勝るとも劣らない国産用品類が製造されるようになったこともひとつの要因である。この国の図書館用品事業は、そのあと戦争によって一時停滞を余儀なくされるが、敗戦後は急速に立ち直って戦後の図書館改革を支えた。戦後の復活の基盤は、20年代から30年代に築かれたと考えていいだろう。

注
　（1）前掲「世界的権威 ライブラリ・ビウロウ製 鋼鉄製書架」
　（2）前掲『ライブラリ・ビウロウ鋼鉄製書架並ニ図書館用品各種』27ページ
　（3）戦後図書館用品店については、小黒浩司編・解題『図書館用品カタログ

集成 戦後編 別冊』（〔「文圃文献類従」第54巻〕、金沢文圃閣、2019年）を参照。

　本篇の一部は、2016年3月12日に開催された日本図書館文化史研究会2015年度第3回研究例会で「日本におけるライブラリー・ビューロー製の図書館用品」と題して発表した。

あとがき

奥泉和久

　本書は5篇で構成しているが、古代から近代までと時代の幅があるうえに、各篇には時代をまたいで論じているものから、個別の課題を掘り下げるものまである。これに加え、それらの論調は異なっている。そうしたこともあり、著しく統一感に欠けるという印象を抱く読者も少なくないと思う。そこで、せめて各篇のテーマと概要を示すことで、課題を整理する一助になればと考え、少々ガイドめいたことを記すことにする。

　第1篇「古代日本図書館史考」（小川徹）は、第1章では、日本最古の図書館は、いつ、誰によって作られたのかを考える。聖徳太子は605年（推古13年）に斑鳩の宮へ移り、政治の舞台から姿を消すが、斑鳩宮の一角には、太子の思索や読書の場があり、これは私設の図書館といえると述べる。第2章は、図書寮について扱う。大宝律令によって図書寮が設けられ、ここには「経籍」や「図書」が管理された。ところが、これらは現在の意味とは異なると指摘する。第3章は、万葉の時代について記す。大宰府の書殿には多くの書物が置かれ、図書館の機能をもっていた。小川は、ここに広場としての図書館の原風景を見る。第4章では、芸亭は、日本の最古の公開図書館といえるのか、と問いかける。あとの3つの章は、奈良時代の寺院を中心にした経典の流通について検討する。中国から持ち込まれた数多くの経典は、書写され主要な寺院に所蔵された。その中心は東大寺で、ここは図書館としての機能を備えていたとする。経典の所蔵・所在を調査して目録を作成するのが学僧の仕事で、そのひとりだった智憬をクローズアップする。

　第2篇「経蔵考」（小黒浩司）は、最古の経蔵である唐招提寺が校倉造によって建造されたことについて述べ、中世には日宋貿易が盛んになり、印刷された仏典ももたらされ、禅宗とともに高度な印刷技術が伝えられたとする。鎌倉時代には新興宗教が興り、経蔵の存在が見直されるようになる。中国では早くから「大蔵経」の閲覧の便を図るために輪蔵が作られたが、日本に伝わったのは、鎌倉から室町期であり、建立が盛んになったのは近

世の中頃以降だったとする。最後の章では、1103年に北宋で著された『禅苑清規』から第3巻「蔵主」、第4巻「看蔵経」を紹介する。

第3篇「佐野友三郎補記と寸感」(小川)は、「佐野友三郎伝」を執筆したのちにまとめた論考などを収める。第1章は佐野が *Library Bureau* に投稿した "The Public library in Japan"(「日本の公共図書館」)の翻訳。第2章は、その翻訳のなかで、佐野が "reference" を「閲覧」と訳した意味について考える。第3章は、佐野が台湾総督府に在職していた時代のことを記す。赴任後の1896年に抗日武装蜂起が起こり、これに日本軍が報復するが、その報告を佐野が書いたとする文献を紹介する。第4章は、辞世の句に込められた思いを解く。第5章は、「佐野友三郎伝」で紹介したザビエルに関する新聞記事を素材に、アーネスト・サトウにまつわるエピソードを記す。第6章は、「佐野文夫文庫」に関し、戦前、大量の左翼文献を移譲することがどれだけ困難だったのかを振り返る。第7章は、相馬愛蔵について述べる。相馬は、長野県豊科村で青年たちに布教活動をするなかで、書籍館を設立する構想があったことを紹介する。

第4篇「図書館運動の諸相——会員制図書館の系譜と展開」(奥泉和久)は、これまでよく知られていた自由民権結社以外にも会員制図書館が各地に多数存在して活発な活動を続け、現代の図書館にも受け継がれているとする。会員制図書館は団体内に設けた場合と住民有志らによって独自の組織をもつ場合があり、それぞれの構成員の属性によって多様な図書館が生まれたとする。多くの図書館は公立図書館などへ移行する方向を選ぶが、その実現には地域に公立図書館のニーズが一定程度なければ実現しないことから、会員制図書館の図書館運動としての成果といえると評価する。

第5篇「日本のライブラリー・ビューロー製の図書館用品——三井文庫所蔵の三井物産資料を中心に」(小黒)は、図書館用品メーカーのライブラリー・ビューロー(Library Bureau。以下、LB と略記)の三井物産との日本での代理店契約の締結と、契約の更新を経て解除に至る過程を検討する。LB の日本の図書館用品メーカーへの影響力は少なくなかったことを指摘する。また、日本でもアメリカと同様、民間企業のファイリング用品の購入によって経営が支えられていた経緯などを分析する。日本では、木材加工技術の発達によって、その製造技術を転用して良質で安価な図書館

用品が作られ、また、関東大震災を機に、耐久性や耐火性の面から鋼製書架が製品化されて国産品が定着していった、とこの時代の状況を振り返る。

　蛇足めいたことを縷々述べたのでこれに付け加えることはもうないが、最後に言い訳めいたことを少しだけ記しておく。本書の書名について。苦慮した末に、大宰府の書殿に、広場としての図書館の原風景を見た、とする小川の視点から採った。原風景の語釈にはさまざまあるが、感傷的なそれではなく、「〔様変りした現実の風景に対して〕本来そうであっただろう（あってほしい）とイメージする風景」という定義による。時空を超え、いろいろな切り口で、それぞれの思いの丈を記したが、それは何についてかといえば、図書館であり、読書についてだった、ということになるだろうか。

　最後に、2点ほど述べておく。9月に入って小川の体調がすぐれず、校正がはかどらないという連絡があった。小川は校了まで細部にわたり手直しを怠らない。その姿勢を考慮すれば回復を待つのが最善の策だが、負担を軽減する意味で、今回は、小黒と奥泉が原稿の確認作業をすることにした。したがって不備などがあればその責めを負うべきはこの両名にあることをお断りしておく。もう1点は、「まえがき」で、もうひとつの企画「近代図書館を理解するための参考図書」にふれているので、そのことについて。構成と内容の大筋はまとまり、いくつか具体案を検討するところまで進んでいた。しかし、本書の企画を先行させたことから、約1年半近く休止状態が続いている。本書がわれわれの手を離れるようになる頃には再開するはずだが、さてどうなるか。

注

(1) 山田忠雄／柴田武／酒井憲二／倉持保男／山田明雄編『新明解国語辞典』第6版、三省堂、2005年、467ページ

索引

あ

青木万太郎　206

阿閦寺　42－44

安曇青年会書籍館　129

有磯逸郎（漁郎）　→　横山源之助

安国寺経蔵　88

安部立郎　171

斑鳩宮　18, 26－29

石川賢治　171, 185, 207

石山寺　66

磯長得三　172

石上宅嗣　41, 44, 61

インデックス・カード・システム　237, 246

芸亭　41, 43－47, 61

円仁　79

延暦寺　82

大阪毎日新聞社　205, 233

大塚金之助　123, 124

大槻文彦　166

大伴旅人　37, 38

大童信太夫　159, 165, 166, 169

岡田健蔵　155, 210, 213, 222, 223

岡田文次　125

置戸棚　246

か

カーネギー , アンドリュー　236

会員組織図書館　→　会員制図書館

会員制図書館　132－139, 143, 145, 146, 148, 151, 155, 164, 185, 197－200,
　　204, 206, 211, 212, 219, 221－223

会員図書館　→　会員制図書館

回転式書架　74

学僧　47, 50, 56, 58, 59, 61, 70

学友会　151−155

鑑真　44, 47, 65, 70, 75, 76

期成会　174, 192

北野経王堂輪蔵　88

旧藩士　146−148, 164, 166, 189, 220

教育会図書館　135, 143, 144, 213

教王護国寺　76

行政官　169, 220

経蔵　51, 53, 66, 68, 74−80, 82−84, 90−93, 95, 99

経典　26, 50, 52, 54−59, 64−70, 74−76, 78, 82, 83, 88−90, 93, 95, 99

経典の貸し借り　53, 55, 58, 67, 69

経典の管理　56, 59, 60

郷土資料　166, 191

経楼　66, 68, 69

工藤忠平　210, 211

久保七郎　132

組合図書館　→　会員制図書館

黒川剛　→　大童信太夫

経籍　31, 33, 35

華厳供所　50

華厳別供　49, 50

結社　134, 137, 143, 146, 147, 150, 151, 168, 174, 186−188, 219, 220, 222

外典之院　45, 47

公開図書館　41

講の仕組み　208

鋼製家具　234, 250, 255, 257

講堂　51, 66, 69, 75

購読会　154, 173, 198, 200, 209, 210

校友会　136, 138, 139, 150, 154, 155, 202

国司館　39, 40

木幡久右衛門　172

さ

作並清亮　166

サトウ,アーネスト　120, 121

佐野友三郎　109, 120, 123, 125, 127

佐野文夫文庫　123－126

三機工業　230, 250, 251

三面僧坊　51－53, 66, 69

私塾　151, 188

司書　47, 54－56, 59－61, 95, 111

司籍　60

私設図書館　26

司典　60, 167, 212

渋田利右衛門　213

写経所　50, 54－59, 64, 66－70

趣意書　129, 138, 175, 185, 186, 188－190, 192－194, 202, 204, 220, 223

宗所　59, 68－70

自由民権運動　135, 136, 139, 144, 150

小学校教員　135, 139, 144, 146－148, 152, 164, 166－168, 174, 206, 207, 220

小学校同窓会　146, 147, 150, 153－155

掌書　60

成尋　79

聖徳太子　18, 19, 21, 24－29

書写　31, 41, 50, 54, 55, 59, 64－66, 68, 70, 78

書殿　37－39

書物奉行　60

審詳　50, 70

新聞縦覧所　143, 169, 174

信用組合　156

出納帳　55

崇寿禅院　84

菅原峻　114

図書寮　31－33, 55, 240

青年会図書館　136, 143, 144, 147, 152, 209

積層書架　233

滄海　76

蔵主　95－98

造東大寺司　54, 55, 66

相馬愛蔵　127

た

大安寺　69, 70

代言人　150

太子　→　聖徳太子

大東工業会社　250

大日本教育会　144, 167

代本板　66

台湾総督府　116

大宰府　37－39, 42, 49

田嶋恩　257

田島壱号　250

田中稲城　102, 110

地域活動　150, 155, 168

地域産業（地域・産業）　146, 147, 150, 153

智憬　47, 56－61, 70

奝然　79

津田仙　127, 157

デューイ，メルビル　104, 226, 236, 237

殿主　95－97

典籍の貸し借り　59

転輪蔵　74, 79, 84

転輪宝蔵　85

東京建鉄　250, 251

東京鋼鉄家具製作所　250

東京社会科学研究所　123, 125

東寺　51, 76

唐招提寺　53, 66, 75, 76, 261

同窓会　136, 139, 147, 148, 152－155, 168, 193, 197, 204, 220

東大寺　41, 44, 47, 49－51, 54－59, 61, 66, 67, 69, 70, 75, 78

読書会　46, 167, 174, 212, 213

図書館運動　135, 136, 138, 139, 167, 170, 203, 213, 221, 222
図書館用品　226, 236, 237, 246, 247, 259
土蔵造　92, 93
外崎覚　165

な

日本鋼鉄家具　257, 258
農会　157, 158
農業図書館　145, 158
農事会　157, 158

は

バーチカル・ファイリング・システム　237, 243, 246
バーチカル・ファイル容器　240
バーチカル・ユニット　237, 243, 246
廿日出逸暁　132
藩校　60, 61, 93, 166
ビジブル・カード　237
広場としての図書館　40
ファイリング・キャビネット　243, 246, 249, 252
傅翁　82−85, 88
府庫　38, 39
藤沢周平　61
奉請　67
法政大学　123, 125, 126
宝蔵　76
法隆寺　27−29, 66, 68, 69, 76
保管庫類　246
ホリゾンタル・ユニット　237, 246

ま

前野長発　167, 212
松倉恂　166
マニ車　83
間宮喜十郎　171

索引　269

間宮商店　74, 234, 240, 243

三井物産　226, 228−231, 233, 234, 239−241, 246, 249−255, 257−259

三橋三吾　170

村尾元長　169, 212

名望家　170, 220

持ち寄り　168, 173

や

山口県立山口図書館　102, 103, 109, 110, 137

山上憶良　37−39

横山源之助　192

寄藤好實　207

ら

ライブラリー・ビューロー（LB）　226, 228−230, 233, 234, 236−241, 243, 246, 247, 249−255, 257−259

ランド・カーデックス社　237, 239

輪蔵　74, 79, 80, 82−86, 88−92, 99

レミントン・ランド社　238

良弁　49, 57, 58

わ

渡辺熊四郎　213

A-Z

Brown, James Duff　110

Dana, John Cotton　112

LB　→　ライブラリー・ビューロー（LB）

lending　111

lending library　111, 112

librarian　47

reference　109−113

reference library　111, 113

scholar librarian　47, 60, 61

［著者略歴］
小川 徹（おがわ・とおる）
1933年、京都府生まれ
元法政大学図書館司書、のち同大学文学部教員（司書資格課程担当）
日本図書館文化史研究会、としょかん文庫・友の会、小金井市の図書館を考える会などの会員
共編著に『図書館史』（教育史料出版会）、共著に『人物でたどる日本の図書館の歴史』（青弓社）、
『公共図書館サービス・運動の歴史』（全2巻、日本図書館協会）など

奥泉和久（おくいずみ・かずひさ）
1950年、東京都生まれ
元横浜女子短期大学図書館司書
日本図書館文化史研究会、日本図書館研究会、としょかん文庫・友の会などの会員
著書に『図書館史の書き方・学び方』、編著に『近代日本公共図書館年表』（ともに日本図書館協
会）、共著に『人物でたどる日本の図書館の歴史』（青弓社）など

小黒浩司（おぐろ・こうじ）
1957年、東京都生まれ
作新学院大学教員
日本図書館文化史研究会、日本図書館情報学会、日本図書館研究会などの会員
著書に『図書館をめぐる日中の近代』（青弓社）、編著に『図書・図書館史』（日本図書館協会）、
『図書館資料論』（東京書籍）、編・解題に『図書館用品カタログ集成』（全5巻、金沢文圃閣）、共
著に『人物でたどる日本の図書館の歴史』（青弓社）など

図書館と読書の原風景を求めて

発行————2019年11月22日　第1刷
定価————2600円＋税
著者————小川 徹／奥泉和久／小黒浩司
発行者————矢野恵二
発行所————株式会社青弓社
　　　　　　〒162-0801 東京都新宿区山吹町337
　　　　　　電話 03-3268-0381（代）
　　　　　　http://www.seikyusha.co.jp
印刷所————三松堂
製本所————三松堂
©2019
ISBN978-4-7872-0072-3　C0000

小川 徹／奥泉和久／小黒浩司

人物でたどる日本の図書館の歴史

佐野友三郎、浜畑栄造、田所糧助、韮塚一三郎、森博——日本の図書館の草創期に、苦闘を重ねて「開かれた図書館」づくりに邁進した5人の業績を詳細に紹介し、公共図書館が市民生活に及ぼした意義と成果を描く。定価8000円＋税

小黒浩司

図書館をめぐる日中の近代
友好と対立のはざまで

満鉄図書館や大連図書館などの設立過程をたどり、日本の図書館関係者が果たした役割を友好親善と、表裏の関係としての文化侵略という両面から問い直して、日中間の政治に翻弄された図書館の近代期を解明する。　定価3600円＋税

嶋田 学

図書館・まち育て・デモクラシー
瀬戸内市民図書館で考えたこと

情報のナビゲートを通じて市民の〈知りたい〉を支え、主体性の確立を促して地域の情報ハブとしてまちの連帯と文化的な発展に寄与する——社会の根幹である民主主義を守りまちを活性化する図書館づくりを訴える。定価2600円＋税

渡邊重夫

子どもの人権と学校図書館

「自分で考え、自分で判断する」権利を保障し、子どもの人権と学習権、プライバシーを守りながら成長をどのようにサポートするのか、教育装置としてのレファレンスサービスほかの重要なポイントを具体的に示す。定価2000円＋税

大串夏身

図書館のこれまでとこれから
経験的図書館史と図書館サービス論

本と知識・情報を収集して住民に提供し、仕事や生活の質を向上させ創造的な社会にするために、公共図書館の館員がレファレンスの専門職として知識と技能を高めることが必要——40年間の経験を織り込んで提言。　定価2600円＋税